西南大学历史地理研究所　编

中国人文田野

第七辑

巴蜀书社

编 委 会

川滇关河流域燕子坡“秦五尺道”遗址调查、考证

燕子坡川滇古道第一集中段石级

灵官殿到粑粑店古道

灵官殿到粑粑店古道

粑粑店到山顶黄泡嘴的逶迤古道

调查组查考竹林石碑文字

山腰粑粑店古石碑

川滇古道旁左山顶石盘上岩墓

川滇古道旁山下天堂沟岩墓

四川地区明清墓葬建筑考察之旺苍行纪要

花碑（左）和红碑（右）正面图

索家墓园中一座风化严重的墓葬建筑，雕刻依然精彩

郝占魁墓坊正面

查看墓碑明间内部雕刻

墓地与民居之间的关系

袁国清墓上被熏黑的墓碑二层左右次间的雕刻

袁文德墓葬牌坊正面

袁文德墓与旁边的住户

五郎坡杜氏墓全景

杜泽簧牌楼碑正立面

何斐家族墓群中的合体碑

杜氏祠堂旁边一处杜氏家族墓园

杜氏祠堂钟嘴祠祠堂碑

掩映在草丛中的明代杜胜将军碑

记录陈氏入川历史的碑亭

曾氏墓群旁边的李氏祠堂

曾家山曾氏家族墓群

王文学墓园全景

毗卢洞柳本尊十炼图

毗卢洞柳本尊十炼图中的第十炼膝与第八舍臂

千佛洞中的摩崖群像

华严洞三圣像

大般若洞被盗窃头部的罗汉像（左壁）

茗山寺第12号窟十二护法神像

卧佛院北崖

玄妙观造像石崖一侧

目录

田野学者风采

田野学术考察

中外田野学术交流

田野学者风采

丝绸之路东段青海道、唐蕃道、居延道实地探察记

李健超调查记录，李恭整理

作者简介

李健超，西北大学教授，1933年10月生，河南洛阳人。1957年西北大学地理学系毕业后，留校任教，潜心研究历史地理学。先后为地理系、历史系、中文系的本科学生、硕士研究生、博士研究生讲授中国历史自然地理学、中国历史人文地理学、中国历史地理文献学等课程。主要著作有《陕西地理》《增订唐两京城坊考》《汉唐两京及丝绸之路历史地理论集》《南水北调川滇线考察日记（1959—1960）》《汉·唐长安与丝绸之路》（即出），合著有《陕西军事历史地理》《丝绸之路沿线城镇兴衰》等，在国内外刊物发表论文60余篇。

李恭，陕西省考古研究所副研究员，1985年毕业于西北大学历史系，同年就职于陕西省考古研究所。1994年评为助理研究员，2005年评为副研究员，2010年5月任陕西省考古研究院资料室主任。撰写和发表文章十余篇，已出版考古报告两部：《白鹿原汉墓》（参与）、《陕西省明长城资源调查报告——营堡卷》（主编），即将出版《陕西省明长城资源调查报告——墙体卷》（副主编）及《陕西省早期长城资源调查报告》（副主编）。

1984年，我任职于西北大学，是我国20世纪中期著名地理学家王成组教授的助手。王先生1983年招收的第一名地理学史研究生赵荣，按教学计划要完成野外实习。鉴于王先生年逾八旬，不胜野外地理考察，我选择中国西北荒漠地区、河西走廊和巴丹吉林沙漠南部，黄土高原部分地区地理景观以及古代这一地区的著名文化遗址、遗存，进行丝绸之路、唐蕃古道、居延海道实地考察，以冀

为赵荣的学业和以后的工作打好坚实基础。于是，我选读了中国古籍及先贤对这一地区古迹的研究著作，于1984年6月28日至8月3日对青海省、甘肃省、内蒙古自治区和山西省进行38天的野外实地考察。一路同行者除本人和赵荣外，还有西北大学地理系教师刘亦频。

1984年6月28日下午6时52分，于西安乘北京至西宁121次火车，经兰州，于29日下午3时零1分抵达西宁，住青海师范学院招待所。

晚饭前，西北大学四年同班同学王攀峰来会，后到青海师范学院地理系郭耀文主任家。郭耀文也是西北大学地理系毕业的。

1984年6月30日

上午9时，乘湟中运输公司汽车，由西宁至塔尔寺参观。共六个点，有大小金瓦寺、大经堂、小经堂、花寺等。在小金瓦寺中适逢喇嘛为六七位藏民（似为一家人）念经，鼓乐吹奏，亦为往昔所未睹。

下午2时，由塔尔寺乘汽车返西宁。又到青海省旅游局和青海西宁长途汽车站询问线路、车票情况。晚至王攀峰家，青海交通医院家属楼，1单元4层2号。

1984年7月1日　雨

上午拜会地理系田井池先生，未遇。

午后1时许，与刘亦频同志到王攀峰家赴宴，攀谈至晚6时返住所。

晚8时，田井池先生来招待所相会。

9时许，赴师范学院历史系王德楹老师（四川人，1951年毕业于南京大学，是张政烺先生研究生）家，与王老师及夫人党老师（四川人，老三届下乡知青）漫谈，至11时返招待所，同去的有赵荣。

1984年7月2日　晴

上午到青海省人民政府文化厅文化局，苏处长系西北大学历史系毕业生，租车送我与赵荣到青海省考古所，由刘同志陪同参观库房中陈列青海省出土文物，有马厂、齐家文化遗址和墓葬中出土之陶器，还有骨器、青铜器等。有关文字除公开发表外，尚有《青海地方史志研究》创刊号上的《青海考古学文化概论》。亦有一些情况尚未公布，其中有三件文物最为注目：

1.陶腰鼓，类朝鲜腰鼓，有穿绳的地方，敞大头张皮革。

2.“西海安定元兴元年作当”瓦当，其中“元”字下方“兴”字不清，据记载此瓦当解放前出土于海晏三角城。

3.波斯萨珊王朝银币，展出2枚。据云有50多枚。

上午10时许由刘同志陪同参观后，即乘2路公共汽车到青海民族学院会芈一之先生，谈约一小时，于12时由民族学院返青海师范学院。

下午访青海教育学院教师梁今知于师院六楼宿舍，惠赠《清代唐代青海拉萨间的道程》一书，系青海省博物馆筹备处1983年印。

晚上梁今知同志回访，并约到张定邦同志家里拜访。张定邦为青海省地方志研究会副理事长兼秘书长。

1984年7月3日，与西北大学地理系刘亦频老师、赵荣研究生于青海日月山

1984年7月3日，青海湖环湖行570千米

晨5时20分，从西宁乘车，到82千米处的哈扎库图，即唐石堡城附近，这里海拔3150米，今日全城是一居民点，有土墙遗址，左右有两河，分别从西南和西北流经城东，再东北流。行至90千米处即日月山，唐赤岭。此地为第三纪红层，远望红色，故曰“赤岭”，高3500米，地势高寒。赤岭以西为青藏高原，均为高山草地，尤以青海湖湖滨牧草青葱，菜花金黄，可谓绿山、黄花、青海，景致极为爽朗。沿湖行约214千米至黑马河，原名大喇嘛河，原来水清今混浊。在此用饭，饮酸奶子，吃牛肉面。做饭燃料是牦牛粪。

1984年7月3日，青海日月山

从黑马河（即大喇嘛河）向东北沿湖17千米处至海滨观察，此地均为石灰岩砾石和大块石灰岩，海滨砾石中有很多湟鱼被海水冲出，风干，还有不少鱼子。石乃亥公社北，铁卜加故城[①]。即草原王国吐谷浑国都伏俟城，印象最深者此地蚊子之多、之大，犹如群蜂，信手拍去，即有捕获，手脸外露，均受蚊子袭击。

1984年7月3日，青海湖西南岸伏俟城（今称铁卜加故城）遗址内

① 笔记本留有空白，即对铁卜加故城的感观。铁卜加故城即草原王国吐谷浑国都伏俟城，藏族牧民称“铁卜加故城”，是1400多年前吐谷浑王夸吕修建的新都城。现遗存的城墙和断垣残壁，见证吐谷浑国强盛时的繁华，也见证了这个王国的衰落。

伏俟城参观后向北环湖至鸟岛参观，费时较长，鸟集中区有二个，其中悬崖孤岛上之鸬鹚景色更佳。从鸟岛返回之路口，即布哈河公路口，有捕湟鱼者，价极廉，一元五角购二十余斤，如在西安则要贵十至二十倍。晚8时至海晏县，观察王莽时海西郡城，名三角城，实乃四面均有墙之长方形城（见《考古》1984年第3期）。在文化馆院内有“西海郡始建国工河南”篆字石刻，刻于石虎之墓座前面，虎尾卷至背上，花岗岩黑云母成分重，呈灰黑色，虎高40厘米-50厘米，长110厘米-120厘米，古朴，王莽时物。石虎墓座厚重，大于虎身，两旁有小方石孔，似为移动时方便（小孔长约15厘米，从上到侧面宽约12厘米）。

时暮色苍茫，无多记载，驱车返西宁，于晚11时返回青海师院。

1984年7月4日　在师院招待所困居一日

1984年7月5日　雨　西宁—峨博

上午7时30分，由西宁汽车站乘车向祁连山区的峨博行驶，北川河谷较南川河谷地宽广，小麦尚未吐穗，菜花金黄，犹阳春三月景象。农业发达，居住宽阔，实乃富庶之地。公路沿北川河向北至60余千米处，沿支流西北行至88千米为南滩，住户两三家，今为牛场。大通县在西宁北300千米，人烟稠密，生产繁荣，适逢物资交流会，熙熙攘攘，路为之塞。近达坂岭，雨，路极滑，车速缓慢，地形嵯峨，极为壮观。越达坂岭至大通河，为门源县地，谷地开阔，遍地青稞、菜花，煞是好看。过青石嘴，路歧为三，向北沿平旷谷地缓缓上升至120千米处的长沟口东山坡上，雨中望见

1984年7月5日，峨堡（峨博）古城西北5千米之沟西古烽燧遗址，海拔3350米

雪山。174千米—179千米处的河谷中有淘金者，帐篷垒垒。又前行翻景阳岭，雨雪交加，海拔3300米，山坡广旷，牦牛、羊群、帐篷均笼于雨雪之中，但尚未披白，草原上青草葱笼黄花朵朵点缀其中，于风雪之中摇曳。今日为农历六月初七，想当初隋炀帝过此地风雪不足为奇。下午6时30分，始到峨博即由峨博养路段金书记（陕西省礼泉人）让常司机（陕西省渭南人常文祥）开车，向扁都口行车，峨博岭至15千米处（距峨博，越岭9千米）即返回。河沟中、山坡上仍有未消融之冰块。峨博岭上到处都有蜂窝状小洞，为挖煤者所开，山坡牛羊成群，地面有冰凌，山坡周围均有雪。晚住峨博公路段，冷，有火炉取暖。

1984年7月6日　晴　峨博—西宁

古堡的早晨，天气晴朗，东方朝霞披几缕彩带，因高原清冷，远处山上仍为雪所覆盖，草场青茵，房上有霜，脚下草地冰冻。峨博今称峨堡，古城巍峨高耸。城墙夯土筑成，高约5米，形制破坏不大，东南及西均有瓮城。南北长约350米，东西长约280米—300米。城内仅有四间新红瓦房及房屋建筑遗址。城内正中央从东门起有一土阜。从东向西北弯曲，阜上为青草覆盖，已霜冻结冰。城北墙没有城门和瓮城，背（北）靠峨博岭，墙中央有一东西长20米、南北宽约10米—13米、高约6米之土台，可能土台上有建筑，为防御之用。城内瓦片遗留尚多。

今峨博所有建筑均移至城外西南部及西北角外。

峨博城南对一东西走向之平坦河谷，即高山广阔草原，南北宽有2000米，再南为山，山半腰以上为雪岭。峨博正处峨博岭之峡口处东侧，交通及军事地位极为重要。城墙夯土层次清晰，每层厚约15厘米—12厘米。

峨博之北在沟口东坡上有烽火台遗址，高约5米，越峨博岭向扁都口方向大约5千米处，在沟西岸亦有一烽火台遗址，峨博古城所在地3350米，峨博山岭海拔4000米，或4100米、4500米。

上午8时40分，于峨博乘祁连县至西宁公共汽车，返西宁。沿谷东行至193千米，上景阳岭，至184千米下。岭宽约9千米。至170千米处又上大梁，河谷为淘金地段，翻起一堆堆块石，帐篷众多。岭沿河谷为东南西北向，翻大梁约为东西向，至162千米处即下，一起一伏，上下三五次，162千米向南沿东南谷地行进。达坂山北河沟中尚有大块未消冰块。

昨日阴雨雪，今日天晴朗，于下午4时许抵西宁，仍住青海师院招待所。

晚上先至王攀峰家谈购车票之事。10时至招待所2号房，会陕西师范大学史念海先生与西安师专曹尔琴先生，他们是青海师院邀请来讲学的。

1984年7月7日，因未购到西宁至格尔木之汽车票，暂休一日

1984年7月8日　西宁—乐都—西宁

乐都夏为西戎地，周、秦时称湟中部落，汉、魏为破羌县，汉属金城郡，魏属西平郡，晋称乐都郡，唐称鄯州，明称碾伯卫，1929年青海建省改为乐都县，此前与民和为一县，民国十八年两县分家。

乐都城：大古城，即现在县西面的大小古城，二城相连约1.5千米，为南凉郡城故地。乐都城原为碾伯卫堡故址，明洪武十九年（1386），命长兴侯耿炳文建。

旧城城垣，东、西、南三面及东关外故墙均陆续拆除，现仅留北城一面，则为古城遗址。

老鸦城：东去县城25千米，是汉破羌县故址，隋改为湟水县，唐开元年间在该城设老鸦兵三千守防，衣皆黑色，故称老鸦城。

汉霍去病进驻湟水，汉宣帝神爵元年（前61年），赵充国在此屯兵，东汉为雒都（洛都，落都）。三国时，仍为破羌县，属西平郡，东晋吕光（后凉）设乐都郡。安帝隆安元年（397），南凉王秃发乌孤迁都乐都，不久又迁西平。安帝元兴元年（402），秃发乌孤迁都乐都，义兴三年（407）由乐都迁姑臧（武威），义兴六年（410）南凉亡于西秦。梁武帝大同四年（西魏文帝大统四年，538），西魏在乐都设鄯州。

据马伟志同志称：大小古城均无遗址，唯有村名而已。

县文化局县志办公室墙壁上有书写的东汉灵帝光和三年之三老赵椽之碑，篆额隶书。据云解放前马步芳时，三老赵椽之碑在高庙镇下边庄子，今碑已不存在。按：拓片书写在文化局内，碑上篆字六个“三老赵椽之碑”。县文化局在西来寺，为青海省重点文物保护单位。

下午2时，乘公共汽车返西宁，先后到王攀峰家与郭耀文家辞行，并在耀文家用便饭。

摘录《洛阳伽蓝记》卷第五·城北·闻义里·下，杂采《惠生行纪》《道荣传》《宋云家记》编写：“初发京师，西行四十日至赤岭，即国之西疆也，皇魏关防，正在于此。赤岭者不生草木，因以为名。其山有鸟鼠同穴，异种共类，鸟雄鼠雌，共为阴阳，即所谓鸟鼠同穴。发赤岭西行二十三日，渡流沙，至吐谷浑国，路中甚寒，多饶风雪，飞沙走砾，举目皆满，惟吐谷浑城暖于余处……”

1984年7月9日　西宁—都兰428千米　阴、雨

早8时，乘西宁至格尔木之109次公共汽车，经湟水谷地湟源、唐石堡城。沿路两旁青稞青绿，菜花鹅黄。但至日月山为之大变（西宁—赤岭82千米—88千米），是草原景观。经青海湖南岸至黑马河后，又上橡皮山（即山顶处另用石头堆砌成路面，疑即道路翻浆之故，谓之橡皮山），越橡皮山垭口段，畜牧业兴旺，但下至盆地之中满目荒颓。颓山颓岭，乱石夹在土层之中，较新疆大戈壁为小，除少数耐旱小草外，无其他生物。茶卡盐湖可望不可及，在盐湖西北岸一条水道附近，形成大的建筑群，即为茶卡。过茶卡又在戈壁中上上下下，至380千米处阴雨，及至都兰已晚上10时余，行车15个多小时，除在湟源用早饭外，一直未停车休息。晚住都兰汽车站旅社，尚好。都兰即历史上的白兰。

1984年7月10日　都兰—格尔木

早晨天气阴沉，8时车发都兰，因不久即雨，瞭望不清，至香日德，上来一蒙古族青年才仁卓玛，1983年海西技校化工班毕业，在格尔木氮肥厂工作半年，已转正，工资148元，其父在香日

1984年7月9—10日，柴达木盆地骆驼群

德，为收购站长。车出香日德已上山，至建隆以后，地形平旷，与宋云所记略同，只在巴隆以西有沙漠。至诺木洪风很大，据云格尔木风有名。位于600千米处之大格勒，见汉墓垒垒，成千上万。上长陡坡禾本科植物，开着紫色和红色花。

从香日德河谷向上越过山口之后，典型之柴达木盆地，北部山地隐约可见，南部昆仑山，盆地之中戈壁、沙漠、丘垒，颇为典型。但天气一直阴沉，后又有小雨。至晚7时半抵格尔木，西方天边露出晴云，但非彩霞。晚住西藏驻格尔木办事处招待所。

1984年7月11日　格尔木（海拔2700米）

雨后天晴。近日格尔木多阴雨，反常。蚊子多出现在5—6月，7月已不多。风大，但近年已不多见。

柴达木盆地北通敦煌之路的历史记载：《魏书·世祖纪》："太平真君六年（445）高凉王那讨吐谷浑，慕利延于阴平白兰。……秋八月壬寅，故西秦王慕容璝世子被囊，逆军拒战，那击破之。被囊轻骑遁走，中山公杜丰精骑追之，度三危，至雪山，生擒被囊，什归及炽磐子成龙，送于京师。"

三危山，《水经注》在敦煌县南，《括地志》在沙州敦煌县东南三十里。雪山，《隋书·吐谷浑传》指今昆仑山。

由上述可知，杜丰由敦煌南之三危山追击被囊，当出当金山，在南部雪山之北擒之。这条路与今柴达木盆地格尔木通敦煌之路基本上是一致的。

上午从河西之西藏驻格尔木办事处，步行往东南之火车站，约行十余千米。中午在杨积怀家用丰盛午饭。积怀乃陕西扶风县人，为我校夏宝珍同志的妹夫。晚9时许，天色尚未黑，复至积怀同志家用面饭。

1984年7月12日　格尔木（海拔2700米）

清晨天晴有云，微风清冷，后一直阴天。下午在杨积怀同志家，招待刘司机等。

1984年7月13日

晨5时起候车，6时许甘肃酒泉运输公司来车三辆，我们三人分乘三辆卡车，由格尔木市向北行进。东方微亮，但有云霞。又数十里过察儿汗盐湖，地面之上盐碱，犹如地上雪或霜，流水之处或积水之地，状如结冰，实乃盐碱。盐湖桥长31千米，在盐层上用盐块堆砌路堤，再用卤水浇注形成路面。汽车行驶于盐块之上。上有尘土，故不易观察。又过小柴旦木湖、大柴旦木湖，于大柴旦镇用午饭，时上午11时。后又前行经青山、花海子，复沿花海子南向东，又西北直趋当（党）金山口。距山口约11千米处（路标371千米），汽车没油，此时风大且急，摇动汽车，然此地光秃戈壁，只有风声吼吼。当金山口上均有积雪（当金山口为259.5千米路标处）。至当金山分水岭是3500米，下山于晚9时抵敦煌县，住敦煌县广播站招待所。

1984年7月14日

晨7时半，由敦煌县城乘车，去千佛洞。会西北大学历史系校友孙修身同志，安排敦煌参观事宜，在千佛洞仅参观大佛卧佛、张潮仪出行图等少数洞窟。于11时半返回敦煌县城。

下午由张仲博物馆馆长陪同，参观敦煌县历史文物展览馆。观看张骞通西域图及敦煌莫高窟图、17洞出土唐残地志，原件存博物馆。晚饭后孙修身同志陪同参观在党河西岸的沙州城。据记载城是长方形，东墙残存不多，其他三面有断续城垣。东西宽718米，南北长1132米，残高16米，西北角有城墩，比城墙高出一倍多，下部夯土版筑，上部用大土胚砌成。因党河曾于1979年发大水，此城仅留西北城角与西门遗址。城内外全为耕地。

1984年7月15日　敦煌—南湖（阳关、龙勒、寿昌）64千米

上午8时半，乘公共汽车，经西千佛洞侧，又西南，于近10时在南湖乡下车，向西北之古阳关烽燧进发。烽燧周围以铁栏护围。

烽燧：汉（约公元前111—前102年）遗存，现残高4.7米，上宽，南北8米，东西6.8米；底宽8.8米，东西7.5米。此烽燧为古阳关候望之地，故有阳关耳目之称，今为铁栏杆保护，上有一碑“阳关古城”。

墩墩山地基整个为肉红色正长石，红色岩层，唯墩墩山咀系青色，砂岩略有变质。由墩墩山北望，遍地黄沙，中有一农场。南望沙梁起伏，直达阿尔金山麓，阳关正当一东西交通咽喉。

从上午10时至下午1时，在骄阳似火的沙漠之中考察，于1时抵南湖乡人民政府驻地。乡政府新建别墅式，花木葱茂，院落幽雅，设有接待室，室内陈设讲究，单人双人沙发、衣帽架、茶几等如宾馆，此虽乡村，实乃南湖别墅。在乡政府刘师的帮助下，用午饭，此后在乡政府午休片刻。

1984年7月15日，敦煌南湖乡古董滩（汉阳关遗址）

1984年7月15日，敦煌汉阳关遗址考察现场

墩墩山烽燧之构造，一层芦苇加三五层土胚或夯土层。

油印《阳关、玉门关》资料载：

“阳关位于敦煌县城西南七十公里处，汉时为都尉治所，晋时此置阳关县，唐后废。由于近两千年来的风沙侵蚀，阳关关址现已荡然无存，但风沙过后，常有兵器、陶器、货币、生活用具等残破遗物发现，当地又称之为‘古董滩’。1972年文物普查中，考古工作者从这里挖掘出大片版筑遗址，房基排列整齐、清晰，并有断续的城堡墙基，面积约一万平方米，从试掘出土器物判断，这可能即为阳关遗址。”（油印资料，南湖乡乡长存）

下午近3时，在乡政府秦克明同志（1966年高中毕业，敦煌人）和小吴陪同下，再赴古董滩考察阳关城。此时，当地温度极高，在赤日炎炎下，乘自行车至河畔。到沙漠边缘后，即登沙梁。其方位正在墩墩山之南约有一万平方米范围内，地面为条条南北向之大沙梁布满，东部尚少。在沙梁之间的低凹地面，布满了陶片和汉代绳纹瓦片，其中尤以生活陶片最多，并有大量铁块风化呈黑红色。有汉五铢钱碎片，阳关砖特别坚实，呈青黑色，还有铜装饰物、铜针等。有些地方显然像是渠道遗址，有弯曲，但土质呈黄白色疏松。有田埂痕迹、房屋框框，但均无夯土迹象。有整块整块的耕作田间间隔，并有清晰之耕作麦垄迹象，惜无作物遗存。这类遗物大面积分布与附近地形及西去道路状况联系来看，应当是阳关城址，也许是阳关县的县址。否则，这样大面积的遗物又表明什么呢？

疑问：田间仍布有大量陶片，田间之物哪里来？是房前屋后之田园欤？

阳关之废弃问题？河流改道，自然原因起什么作用？

这次并未见到断续之城堡遗址和墙基，据秦克明同志说，一个月前曾见到过，并且拾到不少铜箭头。

1984年7月16日，敦煌县西南南湖乡废寿昌县城遗址，风沙侵蚀城墙

胡戟等同志记录古董滩西过14个沙梁，即为阳关故址。实则古董滩布满沙梁，即阳关故址，非其西。

于下午7时走出沙漠返回南乡，其时不仅极为口渴，而且皮肤已晒为柿红色，相当疲劳，于8时左右用晚饭。晚9时向唐寿昌县城废墟进发。由南湖乡政府向东北越过湖坝，在东北之河畔东部为唐寿昌县城。全部为大沙梁所填充，城墙及遗址尚清晰，只是南墙仅留遗基。城四面均有马面，城墙不少段落被风吹侵蚀。墙之下部，平夯版筑，每层厚约12厘米—15厘米，城东一马面与城墙显然两个时代所筑成。全城城墙多为红色土版筑，城墙及附近地面仍为黑陶片，因近黄昏观察不清，未发现唐代遗物，仅有唐碎砖片。

于晚10时许，在暮色苍茫之中返南湖乡政府。

寿昌城在南湖公社（乡）东北约两千米处。汉为龙勒县，唐武德二年（619）改为寿昌县，隶属沙州。该城东临山水沟，北连沙梁湾，南、西紧靠北2一队耕地。城堡总面积为83,500平方米，南面只有墙基、马面残迹（东西北各二）。东、西、北三面城墙尚有残垣，北墙300米，东墙270米，西南墙由西向东58米处折向南180米再折东250米接东墙，呈┐型。城墙残高4.2米，上厚2米，下厚7米，全系红胶土版筑，从夯土中夹有灰、红陶片分析，该城在汉代之后，可能曾被加固过。城内沙丘起伏，约90%的面积被沙覆盖，墙址附近有很多古砖、瓦残片及红、灰陶片。

阳关——摘自《酒泉地区文物分布概况》：

位于南湖公社西面的古董滩上，距敦煌县城70千米，该处地面露显大量文物，如汉代兵器：铜箭头，残刀，铁器；货币：五铢钱，半两钱；玛瑙珠；丝织品；生活用具，汉代灰陶片，唐宋瓷片以及完整的陶罐等。

古董滩东靠农田，南面有元台子山，西面有青山子梁，北到墩墩山，茫茫流沙，一望无际。沙丘从南到北，自然排成二十余道天然垛墙，沙梁之间多为砾石平地，西边有南北走向的一条深约20米的河谷，泉水细流，为西头沟，沟两岸曾发现汉墓。

阳关的位置：《读史方舆纪要》载“关在寿昌县西六里”，《唐代长安与西域文明》载“古阳关有寿昌城，全部在古董滩”。

《两关遗址考》（国立中央研究院历史语言研究所集刊）第一本载：“而古董滩是汉以来的阳关，不过此处正是山水经过的地方，曾经无人管理，被山水的冲灌，再经风沙的侵削，将城垣削平了。”自南湖公社2、4生产队由东向西翻越14道沙梁之后，有一片大型版筑遗址，房基排列整齐而清晰，面积上万平方米，附近有断续宽厚的城堡塔基，加之陶片等遗物堆积繁多的现状判断，古阳关应在此。

1984年7月16日　南湖一敦煌

清晨天气晴朗，6时赵荣赴寿昌县废城拍照片。

复至秦克明同志房中，参观捡到的两个铜箭头及装饰品等物。

上午9时，乘公共汽车返回敦煌县城，仍住广播站接待室。

下午到孙修身同志家，畅谈有关历史地理问题，及王玄策使印度的壁画。

晚7时半乘公共汽车到敦煌附近鸣沙山与月牙泉参观游览，9时返回。

1984年7月17日　敦煌莫高窟

早7时30分乘公共汽车至莫高窟，经樊所长批转招待室，购两元票，观看一天，约60个窟可参观，但一天只能看20余个窟。

在导游同志陪同下参观：

322窟张骞通西域图，初唐人画。

320窟唐代最好的飞天。

莫高窟最早的北凉时代的洞子273、275、296，福田经变故事，有栩栩如生的泥画面及房屋建筑等。

286北魏飞天。

257北魏标准窟，九色鹿的故事。

249为最好的西魏洞子。

103唐山水画最好。

45唐塑像最好，并有西域胡商用马驴驮货等形象。

57唐壁画最好，称美人图。

39唐飞天很好。

上午11时参观结束。下午继续参观：

329唐代壁画飞天等。

407隋代兔子三只，洞窟造型好。

427宋乾德八年。

西平王曹元忠重修。

归义军节度使。

159张仪潮出征。

66盛唐塑像。

112特殊保护色彩。

独一无二的好色彩，云母画的，散银光，反弹琵琶。

137晚唐反弹琵琶与112相似，但尤以112为贵。

于下午4时10分参观完毕。

5时乘公共汽车返广播站接待室。

9时到孙修身同志家，等候西北大学西北历史研究室王宗维、周伟洲。他们由西安来敦煌，但未等到。

1984年7月18日　敦煌—酒泉（404千米）

早在汽车站，宗维、伟洲同志来会、送行，6时40分开车，向酒泉出发。于下午6时许抵酒泉，住县招待所二楼七号。

在招待所用晚饭后游览城中心、鼓楼及东、南、西大街。

1984年7月19日　酒泉城内

上午给研究室李之勤先生发电报一份（2.48元）。后至酒泉专署文教局，由王老师接待，未收集到资料。

9时许步行至东关外酒泉县博物馆。馆内陈列分两部分，一部分为出土文物，以东汉墓最多，且集中于东关地区。东晋墓，疑为西凉主李暠，但无文字证明。墓室、墓道及壁画均有模型。另一部分为地史、地志，多为酒泉郡之沿革。其中汉代玉门县，当在今玉门市赤金堡即上赤金湾南部分，酒泉郡治即今城鼓楼以西之地，汉曾改禄禄县，后改为福禄，至唐时在今城东南44千米处之下河清皇城地方，设福禄县。

参观展览后，听县博物馆刘兴义同志讲酒泉沿革，并获赠《汉代酒泉郡会水县位置考略》一文，油印稿。

下午到泉湖公园游览。泉湖之泉，原称金泉。据群众传说，古代一位将军打仗胜利，皇帝赐以酒，倒酒其中，谓之酒泉。此传说与历史联系，即传为霍去病故事。

1984年7月20日　酒泉—嘉峪关—酒泉

早上乘公共汽车，18千米至嘉峪关市，早饭后，步行一小时许至嘉峪关关门。嘉峪关始建于1372年，17世纪完成。关城周长3033.3米，墙高17.7米，面积33500平方米。东曰光华门，西曰柔远门，其上各建关楼一座，高约17米，飞檐凌空，二门内列有马道直达城顶。关城四隅筑有角楼四座，箭楼和鼓楼各二座，外有瓮城，回护城西重关，南北与边墙相接构成为军城。

购《万里长城——嘉峪关》一书（0.32元）。

中午12时许，由嘉峪关城楼下至公路上，乘公共汽车经嘉峪关市，回酒泉。

7月13日，我们乘坐从格尔木到敦煌的酒泉运输公司拉矿石的车，我向司机询问由敦煌去居延海的交通信息，司机告诉我，他父亲就是酒泉到居延海开公共汽车的司机，我即获知从酒泉去居延海有公共汽车。所以从敦煌赶到酒泉后，我将已搜集关于黑城的史料和报刊上报导黑城的资料抄在或贴在笔记本上。

黑城，位于达兰库布东南约30千米，海拔890多米。城址略呈长方形，东西长440米，南北宽374米，东西各设一门，并加筑瓮城。城垣四面有马面，东、西各四，北六南五，西北面耸立土塔一座。城墙残高9.2米，上厚3.7米，下厚11.6米，全系夯土筑成。城址东、西、南三面流沙齐城，城址附近有农田沟渠痕迹。

金塔县大湾城堡遗址，天仓公社以北10千米处的黑河右岸，大约是汉代肩水都尉的所在地。

金塔县地湾城堡遗址，天仓公社北面黑河右岸戈壁滩上，可能是汉代肩水候官的所在地。

破城子，在额旗南25千米戈壁滩上，汉居延都尉甲渠候官所在地。

小方城，额旗纳河中游东岸，可能是汉代櫜院候官所在地。

宗间阿玛，是汉代居延海最北端设施。

我国内蒙古自治区最西部有个额济纳旗，相当于县一级的行政单位。这个旗的面积特别广大，不仅比我国省一级的宁夏回族自治区还大，而且比两个台湾省还要大，它有8万多平方千米。

然而额济纳旗的蜚声中外，并不是由于它的面积之大，或者风景的秀丽，而是它有一个延居汉简，另一个是在神秘的黑城中发现的大量的西夏文书。说实在的，额济纳旗虽地处边陲，但它与中华民族的发展关系可太重大了。提起司马迁，几乎是尽人皆知，司马迁写《史记》是由李陵事件迫害中运作出来的，李陵的悲剧就发生在这里，让我们沉浸在历史的回忆之中……

1984年7月21日　酒泉—额济纳旗（396千米）

早7时，公共汽车从酒泉发出，经金塔县，为农业区，水果杏、西瓜极丰且便宜。距金塔城北约30千米即入戈壁，汽车在条条石山之间爬行，约300千米处即为沙漠，有疏稀之草原。于下午3时许抵建国营，经检查后，进入额济纳旗驻地达湖波来镇，住额济纳旗招待所。

下午5时许，拜访额济纳旗人大常委会办公室主任冯增华（华阴人，因三门峡库区蓄水，由华阴县搬迁蒲城县）。由冯主任陪同，会见旗长、副旗长，说明我们来此考察的意图。6时许，返回招待所。

晚7时半，漫游街容，寥落稀疏，大非酒泉、敦煌之熙攘可比。

酒泉—额济纳旗，每周2、4、6有公共汽车可乘。

额济纳旗—临河，每月逢6开行公共汽车，共三次。每月只有三次。

额济纳旗—阿拉善左旗，每月2、8、18、28日开行公共汽车共四次。

1984年7月22日　星期日　达湖波来镇

早冯增华主任来会。上午旗办公室主任张忠健同志来，并讲额济纳旗有关历史地理问题：

1.遮虏障不是一个广泛地区的设防工事，而是一个具体的地点，这个地点在哪里尚不清楚。

2.唐代时的宁寇军应在今五塔寺（黑城）附近。

3.关于神秘的地方，有东西20千米、南北15千米的建筑寺庙遗址，分布在黑城东北一带地方。可能是元代的，因有瓷片等等。

下午阅读有关居延地区历史文献资料。

1984年7月23日　破城子，古居延海遗址，进素图海子

上午7时半，旗政府来小车，送我们到破城子参观（司机李秀卿，山东人）。

车出达湖波来镇，向西南沿戈壁行，走约20千米至一墩烽遗址，在烽燧南已挖过之土堆灰层中，先发现铜箭头及汉简，均为木简，字迹清晰。又向前行至破城子，见一土胚垒砌而成的小土城，城内有房屋遗址、院墙、土台阶等。从土阶坡通外界，无门洞，上长方约23.3米，高约4.6米。土城外系一方城，东有瓮城遗址，东西、南北约47.5米×45.5米，已发掘。房屋烧土、灶坑均清晰，在清理发掘的废土堆中，拣到汉简数枚（破城子出汉简共2万余枚，包括第四燧及肩水金关）。

从达湖波来向南，在弱水西岸的戈壁滩上大约1000米—1500米，有一个烽燧遗址，一直连到高台，连绵不断。

下午3时，由旗人大常委会办公室主任冯增华陪同，乘小车出达湖波来之东桥过额济纳东河，向东共越过八条叉河。这一带胡杨林茂密。约25千米出额河地区，而至戈壁，起伏陂陀，共行约50千米向南，至进素图海子北海，此乃古居延海。

汉简

丝绸残片

今进素图海子分南北两部，北部小，南部大，中间为一沙梁所隔。水来源仍为额河，系黑城附近有一支通此海。

古居延海北部为一起伏不大的山地所阻，环湖皆为高地，南部为巴丹林沙漠。今湖水尚浅，普长小芦苇。水小时或涸。今湖水旁有残丘，系古代或过去湖底沉积物，层次分明，残高约3米余，距今水面3米余。这些残丘之间的湖面因风将土刮去，故呈今日之残丘地形。原湖底比今水面高3米，即原来水域较今大得多。

4时许，驱车越戈壁，返回路上至一蒙古包做客，主人因参加婚礼未归，有出门长女及弟二人，招待热情，茶、油果，按蒙人风俗坐于客位。上茶，上糖，后在蒙古包外与之合影。晚7时许，返回达湖波来招待所。晚9时，至冯主任家拜谢。

1984年7月24日

上午7时，由额齐纳旗人大常委会办公室主任冯增华陪同，乘车向索果诺尔出发，经过大片胡杨林后，绕道西北穿梭于柽柳丛中及戈壁滩中，于11时抵索果诺尔北岸。此地芦苇丛生，骆驼数十，摄影后即返回。小车陷入沙窝之中，几次没轮，后来又盘旋于柽柳之中，迷失方向，至下午2时方绕出湖滨区，到一蒙古包，当即前去用茶。

蒙古包主人是一中年妇女，按宾主礼坐定，即献奶茶、奶酪、奶皮、馍等食品。

下午3时半，返回招待所。

索果诺尔之行付出了巨大的代价，仅能观赏其一泓池水，绕路不知其数。因途中有积水，不得已绕道戈壁滩及柽柳丛。

1984年7月24日，额济纳旗索果诺尔（汉居延海移动湖）北岸骆驼群

1984年7月25日　实地考察黑水城—哈拉浩特

上午7时许由额济纳旗人大常委会办公室主任冯增华陪同乘车，过东边三条河，一条水小，一条水大，一条无水。为方便我们考察黑城，旗政府吴副旗长曾于昨天令河水关闸，故今日水小。汽车穿过河流往南开，又绕行于广漠的戈壁滩上，此处为第四纪湖相沉积，累积较明显，呈荒冢万千，冢上长满索索柽柳，因根系发达才赖以系住土丘，未被风吹去。行至黑城附近，为平原，接近黑城时，又上一级平台，均为戈壁。黑城四周为流沙包围，城有东西二门（无南北门）均为流沙壅塞，城内建筑夯土台基明显，陶缸、琉璃瓦及大量兽面瓦当、瓦片，遍地皆是。在北部城内偏西处有一建筑房舍遗址，清理有壁画，颜色尚鲜，惜无法保护。

城外西南角有一伊斯兰穹窿式建筑，与喀什喀尔之礼拜堂相似。

城外西北角有几处残塔，系土胚垒砌，有二塔中空，挖出大量泥制佛像和垒球式佛像，与沙子混在一起，计其数约有上万，一辆5吨重的汽车拉不完。无人管理，任人择取和摔碎。

城内外花岗岩石磨，完整与破碎者不下十数个。

城墙西北角有一塔式建筑，有白灰泥皮，似应为黑城之标志。

城内有积沙，但不太多。城墙西北角外侧，北边看，高超过10米，甚为雄伟。

身处黑城浮想联翩，黑城亦名黑水城，蒙古语称哈拉浩特，唐古特人称“亦集乃”，中国历史上称“海苏城”，元代意大利人马可波罗曾经到这里，称亦集乃。不幸由于河流改道等原因，这座西夏古城掩埋在沙漠之中。

黑城中捡到的两个瓦当

1984年7月25日，黑城子西北角古代建筑遗存考察留影

1984年7月25日，黑城子废城之石磨

1984年7月25日，黑城子西南佛寺建筑遗址

泥质擦擦（黑城子西南佛寺建筑遗址内）

中午近12时，驱车返回招待所。

下午与赵荣同访旗委办公室主任张忠健（陕西渭南县固市人，生长于兰州）。晚与刘亦频复至张主任家，主人以酒菜招待，9时许与刘亦频、赵荣至旗人大常委会办公室冯增华主任家道别，久等未遇。

1984年7月26日　额济纳旗—银根

上午乘内蒙古巴盟运输公司汽车（车号0–294）离开额济纳旗达湖波来镇，向临河出发。

车行至雅干边防哨所，车上查出中药材若干麻袋，存雅干哨所，此贩药者与司机等颇熟。

车行至乌力吉，尚未用饭，时已下午近4时，又向东至银根，汽车在戈壁沙滩上行，没有固定线路。东距银根约30余千米处，司机助手（售票员）开车，由于瞌睡睡着了，等猛醒后急刹车，我被抛出座位，头朝下，摔到门内台阶上，左腿流血，臂右部肌肉有痛感，左手食指有不适感，左臂有两处轻微擦伤。当时还有另一同排之军人也跌倒压在我身上，但并无严重跌伤之感。司机立即换下助手，自己开车。像这样在沙漠、戈壁中疲劳开车，遇险急刹车，似乎很平常，所以司机也无需向乘客表示歉意。

1984年7月27日　银根—临河—呼和浩特

晨6时，原乘公共汽车由银根发车，检查站于晚间曾验过通行证，故放行。经巴丹吉林沙漠北缘，草场较额济纳旗稍茂，海拔1300米左右。后越狼山山脉，下陡坡至河套平原，经杭锦旗，华莱氏瓜甚甜，农牧均发达，沟渠纵横，向日葵玉米密茂。继续东行，于中午12时50分，汽车开至临河火车站，购买火车票，下午1时32分搭乘银川至北京170次快车，晚9时左右抵呼和浩特市。由于人地两生，步行找旅馆，市招待所人满，复至牧民招待所，人也满，又继续南寻，边走边问，终无处投宿。踯躅多时，住内蒙古医学院知青招待所，睡架子床，斗屋之中住8人，窘甚。

1984年7月28日　呼和浩特市

晨5时起床，但闻室内气味腥醺难闻，洗漱后即乘公共汽车至旧城，转4路公共汽车至内蒙古大学。由历史系林沉先生接待，领我们到干休楼，即内蒙古大学接待外宾之楼，住205号，与医学院知青招待所有天壤之别。

上午8时许即赴内蒙古自治区博物馆，访西北大学历史系毕业的盖山林同志，在他家畅谈约1小时，后又乘公共汽车返内蒙古大学午休。

下午3时至5时，至五塔寺参观。

5时许在街上用饭毕，乘7路环线公共汽车，经火车站、鼓楼，复乘4路车返内蒙古大学干休楼。

1984年7月29日　内蒙古大学干休楼

早5时起床后，步行于校外，6时40分乘公共汽车至南茶坊，转郊区10路车，于8时至青冢游览昭君墓。

青冢土质灰黑，有夯土层，但层次不清，亦不均匀，不水平。高约50余米，在此平原之上，显系堆积而成，唯从地面至上约15米–20米处，有条带状红色层，似自然堆积之氧化铁层，疑青冢为在自然残丘剥蚀面上人工堆积而成。冢前碑碣六七，均为清嘉庆至民国时所立，其中有清代傅增湘与民国吉鸿昌以及绥远省主席李培基等立。

青冢为呼和浩特市之重要文物古迹，游者云集，又以青年男女与携带儿女者为多，甚为拥挤。9时20分，游青冢后乘公共汽车于10时至内蒙古博物馆参观。展厅陈列分四部分：一、内蒙古生物地史；二、内蒙古历史文物；三、内蒙古的蒙古族、鄂伦春族、达斡尔族；四、内蒙古革命史。

中午11时许，由博物馆返内蒙古大学干休楼。

下午漫步内蒙古师大等校。晚至内蒙古大学蒙古史研究所所长林沉先生家拜辞，后又至林干先生家拜辞。

1984年7月30日　呼和浩特—山西省大同市

晨起离内蒙古大学，6时24分乘头班4路公共汽车到四毛，转1路至火车站。7时30分乘呼和浩特至海拉尔之134次快车，经济宁、丰州于12时36分抵大同市，住九龙壁西侧之龙池饭店。

下午4时后，漫步大同南街普化寺外、西门外之新建大楼及广场，外观华严寺。

大同呈古城风貌，建筑多古朴，是中国古城中保留古代建筑最多、最好之城市，有些临街店铺虽经改造，但古今结合，颇具特色。

大同是古代雁北重镇，古城烽燧连绵不断，从北向南过丰州后有古城遗址及堡子湾古城、古代要塞之明朝边塞等。由呼和浩特向东到济宁地势愈高，具有高原景观。山势浑圆，草场繁茂，麦子稍黄，菜花有些正开，呼和浩特时令比大同晚一月左右。

1984年7月31日　云冈

晨4时40分起床，早饭后，乘3路公共汽车赴云冈，7时许抵达云冈石窟介绍牌。上午8时，购参观票入场。

1984年7月31日，李健超、赵荣于大同云冈石窟

云冈石窟位于大同市西部武周山北崖，石窟依山开凿，东西连绵1千米，现存主要洞窟53个，大小造像51000多个。

文献记载，北魏和平年间（460—465），由和尚昙曜主持，在京城西郊武周塞开石窟五所，现存16–20就是“昙曜五窟”。其他主要洞窟也大多完成于北魏太和十八年（494）孝文帝迁都洛阳之前，从刻字铭文风格看都是北魏遗存。

题材内容：有神态各异的宗教人物，有风格古朴、形制多样的仿木构建筑物，有主题突出、刀法娴熟的佛教浮雕，有构图繁复、优美精致的装饰纹样，还有古代乐器等。

在雕造技艺上，多继承秦汉时代雕刻艺术的优良传统，又吸收融合了犍陀罗佛教艺术的有益成分。

1500年来遭遇地震、风化、水蚀，损毁严重；被盗往国外的佛像、佛头达1400多个，斧凿痕迹至今犹在。

上午10时半乘公共汽车，于11时返大同市。

下午赴上、下华严寺参观，均为辽代建筑，塑像逼真古朴，栩栩如生，为浩劫之年幸存。庙宇建筑规模之大，亦为罕见。虽古香古色，但以香烟缭绕之故，塑像多熏黑。庙内跨度大，柱少、敞宽。

由上寺迁到下寺的博物馆谢馆长，谈及平城与大同火山问题。

4时出上华严寺，经善化寺（南寺），此寺之大雄宝殿亦为辽代所建，东西两侧塑像况静秀丽，盛装艳服的贵妇，东西各一（南数第三），尤以西侧之年龄较大，但更美娴。余为十余尊武文将官等。内有金大定十六年之石碑，此碑为颜字体。另外，寺有五龙壁，系1980年由南门外兴国寺迁来。

5时赴东大街九龙壁东之雁北文物工作站，由张站长介绍平城与大同火山群问题。北魏平城遗址破坏殆尽，在今火车站西北尚有城墙遗址可寻，其规模尚待研究。

1984年8月1日　大同市—西坪（大同县）火山（浮石山）

上午8时，从东门外大同县汽车站乘公共汽车，于9时许至西坪，步行向东，经一村至当地群众称之“浮石山”。此山系一火山，在火山之上建有庙宇，今已毁。有公路建设等单位于此开山取石作建筑用。此山石呈红褐色，浮石极多，下部似为流纹之火山岩，捡浮石数块，于中午12时左右乘大同市公共汽车返回市区，仍住龙池饭店。

下午至龙池之九龙壁参观，此壁原为明洪武初桂王府门前照壁，1954年曾改移28米。4时许，去火车站询问，寻觅北魏平城遗址，唯在火车站西北约1千米处有城墙夯土一段，长约9米，残高3米许，每层夯土约8厘米，每30余厘米为一层，共四层，比较清晰。据云：此类墙尚有四段，每段长亦如此。据1953年到此之工人称，此墙为抗日战争时藏火车头而建，不知确否？由此西北行，过一铁路桥，曾有城儿村之名，亦有墩台。但今为一片楼房所占，无法辨识。北魏平城只有待雁北文物工作站考古发掘了。

1984年8月2日　大同—太原

上午7时50分，乘大同至太原火车，于晚上7时28分抵太原市，排队购到回西安之火车票后，在街道食堂就餐。晚10时半，乘3路电车抵山西大学，住山西大学招待所。

1984年8月3日—4日　太原—西安

上午8时，乘公共汽车到晋祠游览，于下午2时返太原，漫步游览市容。晚上7时15分，乘太原至西安之285次快车，经过14个多小时运行，于8月4日上午10时零8分返回西安，结束38天青海、甘肃、内蒙古、山西四省区野外实地历史地理考察。

附录一：野外考察前读书录

长江著《中国的西北角》，天津大公报馆出版，民国26年1月五版

祁连山南的旅行（九）西宁至新城（十）过大板山（十一）浩门河上游（十二）祁连山中，门源至大梁计程一百二十里，大梁过后即景阳岭，景阳岭后又是平川，黄果遍野……行八十里，至一破旧古城，俗名俄博城，图上曰博宝城。遍请本地之（知识分子）无□知此城来历者。按张骞回来道路走祁连山南的事实推之，骞虽到此，亦未可知。城市破旧，无一间完整之房屋，农耕和商业都无可言。这里猎户是第一等人物……（十三）走出祁连山，博望城四周本皆藏人，畜牧地，因避汉回人势力，故远避山中。扁都沟长八十里绝无人家……东乐（今民乐）原名洪水，清顺治时还是汉人和藏人相互做交易的官定市场。……城内住户恐难满二百户，穿城不过半里。东乐至张掖尚有一百四十里。

《徐旭生西游日记》

民国十六年初夏，徐旭生与瑞典斯文赫定，率领西北科学考察团至西北进行科学考察。考察团是中国学术团体协会与想来西北进行考察（已来西北考察过数次）的斯文赫定订立合作办法十九条，中国十人，欧洲十七人，从北京经包头到额济纳河，黄文弼先生寻找古城……

第一册　一二三页

黑城为一正方土城，东西南北各半里余，垣堞大体完整，城外西南角有一庙，建筑上为一大圆顶，前为一大圆门，门向东南，余三面亦有小门，不似中土式。内多积土，佛像全无。圆顶已缺一小部分，露天，然余部分有些地方，石灰尚未脱落，若专就外形观，时代似非太早。……少休息到城内（从西门进，城只有此一门）潦草一看城正中为一大土台，或当年的瞭望楼在其上，北面正中墙未全倒，旁有琉璃瓦片，建筑似颇宏壮，土台前有一佛龛，神像无存，但圆泥佛像颇多。余还有不少的砖墙断垣。西北隅有一深沟大约是Kozlov、Stein、Warner诸人在此地掏摸古物的遗痕。西北城角上有一塔大约系和尚坟。远处所见，即此塔影也。城外西北隅有塔，有破庙，弃掷圆泥佛像甚多，再往西还有此破墙，大约是庙的留遗。……（向额济纳河）得一小平原，道左又有断垣数条，此间不临大道，并无汉人居住，故臆度其与黑城有关……乃往西南断垣处一观，当年建筑似为方形，但现在则只有东南隅墙尚存，墙甚厚，墙上有孔穴甚多，皆系当年贯木的地方，木材现存者不少，且有突出墙外一二尺者，不知何用。周围甚低似为当年壕沟，壕沟外东西尚有破墙。据引路的蒙古人说黑城北面，有这样的古迹五六处。据我推想，黑城是当年顶重要的城，这几处是附近营垒保护大城者，还有一处证明，庄永成王启臣等在黑城及此地，捡到古钱有十几个之多，大多数系宋钱，绝无宋以后者，足证此两地同时，且黑城毁于元初记，大约可靠（侯仁之先生认为毁于明初）……二十八日，路颇平坦，路西方有土塔四五座，皆已中空，大约是Kozlov、Stein、Warner数人掏摸经卷时所作的事情。有一塔边，尚架有木棍数条，大约也是他们当日所登。

《居延出土汉简》EPT59：582记有从长安到河西的驿置（即驿站）名和里程（甘肃省博物馆发掘号，E额济纳，P破城子，T探方）。

此乃为研究西北历史交通的重要文献（赵姓存文）。

甘肃居延考古队《居延汉代遗址的发掘和新出土的简册文物》（《文物》1978年第1期10页）中有“发现长安至河西的驿置里程简，横排四行，列京兆、右扶风、北地、安定、武威、张掖郡二十个地名和里程”记载。

浩瀚的沙漠，并没有能阻挡我国各族人民东往西来，千百年来，沙区广大人民犯险涉滩，经过不断地探索实践，卒开通途于平沙广漠之中，闻名中外的东西大道——“丝绸之路”……在这条沙尘弥漫的古道上，飘拂过张骞、班超的旌节，驰骋过法显、玄奘的车骑，摇曳过马可波罗和无数商旅的驼铃，构成了一幅十分壮观的瀚海旅行图。说明我国沙区悠久的开发历史和灿烂文化……大量的典籍文物，为探索沙区历史及其变化提供了有利条件。

赵性存《中国古代沙漠地区的交通开发》（《中国沙漠》1983年2期）载：“从居延到张掖，沿途设官防守，烽燧相望。经过漫长的岁月，故道虽早为流沙湮埋，但沿途断壁残垣，仍指示着古道的遗迹，想见当年刁斗之声，如闻仿佛。”

《括地志》（辑校本）卷四

甘州张掖县

汉居延县故城，在甘州张掖县东北一千五百三十里，有汉遮虏障，疆弩都尉路博德之所筑。李陵败，与士众期至遮虏障，即此也。长老传云障北百八十里，直居延之西北，是李陵战地也。（《史记·匈奴列传·筑居延泽上》正义引）

居延海，在甘州张掖县东北（千）六十四里，地理志云居延泽，古文以为流沙（《史记·李将军列传·过居延》正义引。又《史记·五帝本纪·西至于流沙》正义引无“地理志”以下文）。作“千六十四里”。按：李将军列传正义引脱“千”字，五帝本纪正义引有。《元和郡县志》记“居延海在张掖县东北一千六百里”，疑括地志亦是。此（十四）两字或（百）字之烂文。

《元和郡县图志》卷第四十

甘州张掖县：“居延海在县东北一百六十里。即居延泽，古文以为流沙者，风吹流行，故曰流沙。”（今按：殿本同，它本作一千六百里）

删丹县：“大斗（枝〔拔〕）谷，在县南二百里，隋大业五年，炀帝躬率将士出西平道讨吐谷浑，还此谷，会大霖雨，士卒冻馁死者十六七。”（枝应为拔，即大斗拔谷）

肃州酒泉县：遮虏鄣，在县北二百四十里，李陵与单于战处。隋镇将杨玄于其地得铜弩牙箭镞。

据殷祖英所写之《额济纳蒙古地理考察报告》称，“额济纳之旗政府即喀尔喀庙，到张掖驼路为8站，620里，到酒泉10站，738里。以此推称古居延海在张掖东北一千六百里，或一千十四里”，均非事实。据殷祖英报告称从额济纳旗东路25站，1，775里，骑骆驼到宁夏银川，其路线为：80里乌兰川集→60里巴士克必力格→60里托菜图→50里博罗川集→50里石屋子→60里大来胡图克→80里沙枣泉→85里拐杞泉→80里定丐胡同→30里胡鲁素→30里笔架山→50里兰牛坡→80里三个井→20里到本胡同→40里哈拉门台→50里到布尔克→30里东干乌苏→20里头冈胡同→70里向马乌苏→80里扫克图→70里定远营→70里贺兰山→宁夏。（连宁夏只有23站）

胡文康撰文《揭开罗布泊之谜》，《人民画报》1984年第1期

位于新疆塔克拉玛干大沙漠东部的罗布泊及其临近地区，是一块吸引着中外史地学者的充满神秘感的谜一般的土地。

这里，曾经有过一个变幻莫测的大内陆湖——罗布泊，我国先秦时期的地理名著《山海经》称之为“泑泽”。一世纪时的汉书描述它“广袤三百里，其水徬居，冬夏不增减”。湖水的丰盈曾使古人误以为是黄河的上源。

这里，曾经有一个人口众多、颇具规模的古代王国——楼兰，公元前126年，张骞出使西域归来，曾向汉武帝上书“楼兰、姑师邑有城郭，临盐泽”，楼兰城地当东西交通要冲，是古西域的政治、军事和经济重镇，其盛名曾使古代诗人留下许多关于它的优美的诗篇。

这里……一度商旅仕宦不绝于途，使者、僧侣相望于道。……曾几何时，繁华兴盛的楼兰，无声无息地退出历史舞台，盛极一时的丝绸南道黄沙满途，行旅裹足，烟波浩渺的罗布泊，变成了茫茫盐泽……

附录二：
对丝绸之路东段青海道、唐蕃道、居延道的实地探索感言

李健超　1984年9月

从上小学时我就爱地理，爱伟大祖国的锦绣河山，尤其憧憬祖国的大西北。

后来，我有幸在西安读书和工作。实现遨游大西北，是在1980年夏季，我抱负“不辞暴露于风霜，自愿跋涉于沙碛”的决心，从古都西安出发，只身“丝绸之路”行。践流沙之浩浩，陟雪岭之巍巍，天山巉岩之涂，瑶池波涛之路，所经万有余里，虽各地民族风俗千别，自然环境险恶万重，但所至无梗，心获从愿，见所未见，闻所未闻。至今虽然四年有余，但不论是我脚踏岭南，或者置身于漠北，都忘却不了我国西北令人神往的地理景观和历史胜迹：那冰封雪岭之中的瑶池仙境，火焰山下的瓜果飘香，伊犁河畔的边境卡伦，库车城里的巴扎盛会，还有那库木吐拉和克孜尔千佛洞，是多少艺术家把他们梦的憧憬描绘在宝窟的洞壁上，雕刻在神情永恒的泥塑彩像上，这在我心中形成一种神秘的色彩和美的魅力，这在我脑海里与无数历史交织在一起，浮现出这样的幻影：仿佛我在风沙弥漫的戈壁大道上听到古人的声音，看到张骞、班超出使西域的车骑，霍去病战马驰骋的身影，细君公主远嫁乌孙王时那依依惜别的哀苦，法显度过沙河时望着死人枯骨为标帜，玄奘过莫贺延碛时只身孤影。还仿佛听到摇曳过马可波罗和无数商旅的驼铃，这一切不是都发生在“丝绸之路”上吗？这使我为了探索古人犯险涉足在我国西北地区开辟出来的“丝路”和条条支路的踪迹，于1984年夏季又到青海、甘肃的河西和内蒙古西部地区进行了一次丝绸之路路线考察。

盛夏八月，我国北方大部分地区麦收已毕，而进入炎热的夏天，然而青海却凉爽宜人。当火车进入湟水谷地，这里的景色尤如江南的暮春三月，山花烂漫，绿草如茵，田野里的麦子正绿浪翻滚，菜花一片金黄，这完全是一幅农业地区的景象。

环游青海湖，当我站在青海湖西南约7千米处的石乃亥乡铁卜卡古城遗址上，这是草原王国吐谷浑的国都——伏俟城，这个由我国东北地区西迁到青藏高原上的吐谷浑，在350年的历史上开创了诸多奇迹，成就了丝绸之路南道和唐蕃古道几个世纪的繁荣，如今却只有几处断墙残壁，掩埋于蔓草荒野上，但给予我终身难忘的是这里“蚊子”之多、之大，使外来之人惮于方便。

日月山，海拔三千多米，山势南北走向，唐代叫赤岭，因土石皆赤，是第三纪的红层，不生草木。说它不生草木，倒也未必，虽然参天大树这里不能生长，但青草葱茂，倒是很好的牧场。赤岭为古时中原黄土高原的西界，是对西藏地区和西域的交通要冲，北魏时宋云自洛阳到印度取佛经，唐太宗贞观初年，王玄策等曾四次由长安经青海日月山、拉萨、吉隆到印度，因为中间要经过吐蕃，所以后来称由青海黄河源头经拉萨到印度的道路为“唐蕃古道”。

为了躬睹柴达木盆地的自然风光，步先人跋涉此地的后尘，我们放弃了乘西宁到格尔木的火车（火车行驰夜间，不能观察地形、地物），选择从西宁到格尔木的长途汽车，亲眼目睹生活在这里的人们、骆驼群和世界上稀有的大小盐湖。当我们乘坐的汽车到达都兰时（这里曾是历史上的白兰），遥想一千多年前唐代这一带曾经是“东女国”的地域，东女国的苏毗人曾保留着母系氏族社

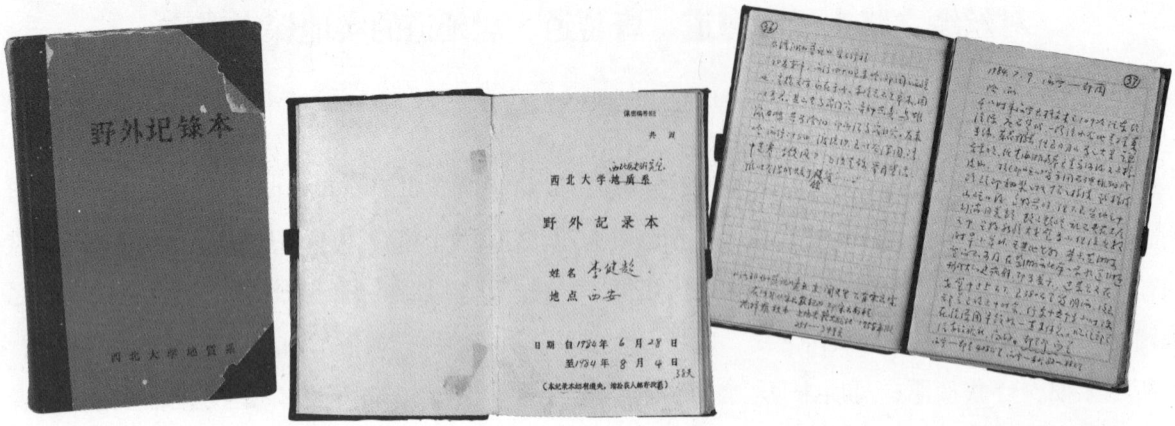

李健超先生野外记录本

会的残余，重女轻男。《新唐书·东女国传》记载：“俗轻男子，女贵者，咸有侍男。”东女国实行一妻多夫制。《唐会要》记载：“其女子贵者，则多有侍男。男子贵不得有侍女。虽贱庶之女，尽为家长，尤有数夫焉，生子皆从母姓。”《隋书·东女国传》记载：“苏毗女国在葱岭之南，其国代以女为王，王姓苏毗，字末羯……”这种母系氏族社会婚俗，至今在我国横断山区的川滇毗邻地区仍有残存。

在我们乘车来到沙漠深处的额济纳旗时，思绪万千，额济纳旗只是内蒙古自治区的一个旗，相当于一个县级行政单位。然而它面积之辽阔竟大于宁夏回族自治区或者相当于两个台湾省。它蜚声中外，不是它面积的广大和自然资源的优美，而是三个奇迹。一是西汉武帝时为确保丝绸之路的畅通、安全，于额济纳河下游构筑一条军事防线——遮虏障，切断游牧民族匈奴沿黑水南下。二是在遮虏障这一军事防御线上的烽燧遗址中，发现东汉时期的居延汉简，震惊世界。三是神秘的西夏黑水城（或称黑城，蒙古语称喀拉浩特），这座今已荒芜的古城，曾经有过辉煌的历史，是西夏王朝历史、文化的宝库，是一座人口众多、颇具规模的中国古代城市，在这里不仅有蒙古铁骑的暴行，也演绎出非常神秘的西夏时代的传奇故事。但更重要、更令人惊奇的是这一片地处边陲、沙漠化的土地，关乎中华民族发展太重大了，事件发生在这里，却在首都长安酿造一场惨祸。提起司马迁，可说是尽人皆知。西汉时李陵与匈奴作战时被俘的地点，就在此向北不远的地方。司马迁慕李陵之为人，有君子之风，不会为匈奴所用，故而仗义执言上奏，却被汉武帝处以宫刑，司马迁忍辱负重，顽强地留下“千古绝唱”的《史记》一书，为中国留下无与伦比的文化财富。

虽然在从额济纳旗开往临河火车站的公共汽车上再次受伤，幸无大碍，后来又在呼和浩特游览了青冢，在山西大同参观了云冈石窟，在大同县考察了地质时期的火山群，并愉快顺利地回到西安，结束了36天的青海、甘肃、内蒙古、山西四省区的丝绸之路有关线路为主的实地考察。

田野学术考察

浙江苍南县金乡卫及其所城考察报告

郑　琦

作者简介

郑琦，硕士，教授级高级工程师，注册城市规划师，台州市住房和建设规划局路桥分局总工程师。从事古城墙、古塔等历史建筑的调查与研究，发表论文20余篇。

海门卫晏清门全景

海门卫晏清门门洞

在椒江东山公园行走，于东门岭头偶然发现了晏清门，这是海门卫城的唯一遗存。回到家查阅资料得知，海门于明洪武二十年（1387）筑城设卫，以御倭寇，始称海门卫。嘉靖三十六年（1557）设台金严参将，首任参将戚继光。以前对城市城墙有过关注，也作了一些研究，但对卫城、所城有所疏忽。台、温地区作为当年倭患的重灾区，曾分布着大量如海门卫一样的卫城、所城，几百年过去了，经历了康熙年间的迁界和开海禁的风风雨雨，这些卫城、所城现在怎么样了？萌生了考察卫城、所城的想法。

2014年10月4日，经过提前几天做功课，考察终于成行。计划考察金乡卫及其下属的蒲壮所城、壮士所城作为开始，并把位置最南、保存较好的蒲壮所城作为第一站。

一、蒲壮所城（蒲门所城）

在沈海高速观美互通下高速，沿着S232省道往渔寮、蒲壮所城方向走，沿途路况不错，在一处四岔路口右转马站镇方向。穿过繁杂的马站镇，来到了蒲壮所城。蒲壮所城的所在地蒲城，在百度地图上标为蒲城乡，实际上早已撤乡并入马站镇。

清乾隆《平阳县志》对蒲壮所城这样记载：“蒲门城周围五里三十步，高一丈五尺，趾阔一丈二尺，城门三座，垛六百十一口，敌台六座，窝铺二十二座。”

未到所城，最先进入眼帘的是一座敌台和长在敌台上的大榕树，过敌台不到百米，就到了所城东门威远门，这是蒲壮所城的标志性景观。蒲壮所原名蒲门所。明洪武十七年（1384），信国公汤和奉命巡视，蒲门即于此时兴筑城墙。当时可能尚未有建制，到了洪武二十年（1387）十一月，汤和再次“度地浙东西，置卫所”，于是金乡卫以及蒲门、壮士、沙园等千户所防御体系形成，蒲门所城为“濒海筑城五十有九”之一。正统八年（1443），雾城“壮士所”并入后，合称“蒲壮所城”，现称蒲城，实际是一个村庄。

威远门瓮城方形，沿城墙边立了几通碑刻。内城门朝东，瓮城门朝北，均用较规则的条石砌成拱券，朝向上两门呈90度垂直。在以后的考察中发现，瓮城型制基本类似。

顺马道上城后往北，大榕树吸引了眼球，让人不由自主地往前走去。城墙上的大榕树，已属古树，牢牢地扎根在墙面上。边上还有晏公庙，至于晏公庙的来历，还真是被疏忽了，但听榕树下的阿公讲，每年有闹花灯、抬高阁、做道场的纪念活动，大概是属于地方性的信仰。再过去就是一座寺庙和王氏宗祠，元宝形的镬耳山墙和复杂的屋顶雕刻透露出闽粤风格。

蒲壮所城敌台上的大榕树

蒲壮所城东门威远门

俯视威远门瓮城

晏公庙

东门街

折回到威远门，沿东城街往西走。这里的街道、建筑还没有被商业化的气息所侵扰，保留了它淳朴的本质。虽然有了一些钢筋混凝土的现代建筑，但石头砌成的房子随处可见，粗犷随性而少人工雕琢，墙上爬藤更显一丝古意。蒲壮所城的道路以奠基石为中心，呈十字形，与城墙内的东南西环城马道构成“田”字形格局。向东延伸至十字街，经横街转到东城门为东城街，路长305米，宽4.5米；向南延伸至南城门为南门街，路长142米，宽4米；向西延伸至西城门为西门街，路长183米，宽4米；向北延伸至龙山脚下的城隍庙止为仓前街，路长149米，宽2.4米。城内街巷围绕“田”字形设计，排列整齐，街街相贯，巷巷相通，倘若遇战事，疏散极为方便。其他小街巷在“田”字形方格内进行划分，并向四条街回形扩散，连通中心街与环城路，组成小城内的道路网络。狭窄而又幽深的道路用块石和卵石铺面，城内街巷至今几无变动。

石屋形成的狭弄

狭弄爬藤

蒲壮所城南门正阳门

蒲壮所城西门挹仙门

南城墙顶面的水泥沙浆抹面，影响了一定的观感

蒲壮所城呈不规则长方形，南北较长，东西略短，城内面积约0.33平方千米。东、南、西三向城门依次为威远门、正阳门、挹仙门，北面城墙依龙山而筑，故无设置城门，其余各城门皆建有城楼，城门和瓮城门，形制、规模相似。城门外左右两侧各筑敌台一座。从西门上城往威远门回走，城墙顶面的结构层已遭破坏，为了省钱，用水泥沙浆抹面，影响了一定的观感。

蒲壮所城基本保留了原来初建时候的格局，还保存了一批历史、人文建筑，周围山上还有一些烽火台、墩等。蒲壮所城保存完整，选址、布局科学合理，对研究东南沿海抗倭和明代军事城镇建设具有重要意义。1996年公布为第四批全国重点文物保护单位。

二、壮士所城

从蒲壮所城出来，沿原路返回，过马站镇后，在十字路口往渔寮方向直走，沿途有不少卖四季柚的摊贩。行车15千米左右，过了顶魁山隧道后，望左侧看去，公路下方一列长长的城墙已出现在眼前，这应该就是壮士所城了。尽管出发前已做过功课，仍然有“蓦然回首，那人却在灯火阑珊处”的感觉。

壮士所城远眺图

壮士所城南城墙

壮士所城始建于明朝洪武十七年（1384），有雾城的美誉，相对于后来的蒲壮所城又有了旧城的别称。明正统年间（1436—1449）以防守困难把人员迁入蒲门所城办公，隆庆年间（1567—1572）正式并入蒲门所。

在路边临时停车，走下公路。展现在眼前的是南城墙，南城墙的块石砌面还十分明显，顶部长满了植物。墙外是农田和一条小路。与蒲壮所城类似，所城北面靠山，有南、东、西三面城墙和三个城门。壮士所城的南城门偏西，有小桥与公路相连，护城河变成了小溪，仍有农妇在溪边洗衣。

小桥通入的缺口应该就是当年的南城门，位置偏于南城墙的西部，已看不出瓮城的迹象。城内有一些农舍和经济树种、农田。建筑基本都是新的，原有建筑基本无存，城隍庙是所城唯一的老建筑。

开车往东几百米，把车停到雾城村。远远的可以看见，壮士所城的东城墙正在砌筑新墙，把原土墙包在块石内。走进瓮城，工人们正在忙碌着，文物保护碑只有“苍南县文物保护单位”碑，而这里在2006年5月25日，与白湾

壮士所城南城墙和护城河

东瓮城内忙碌的工人

苍南县文物保护单位

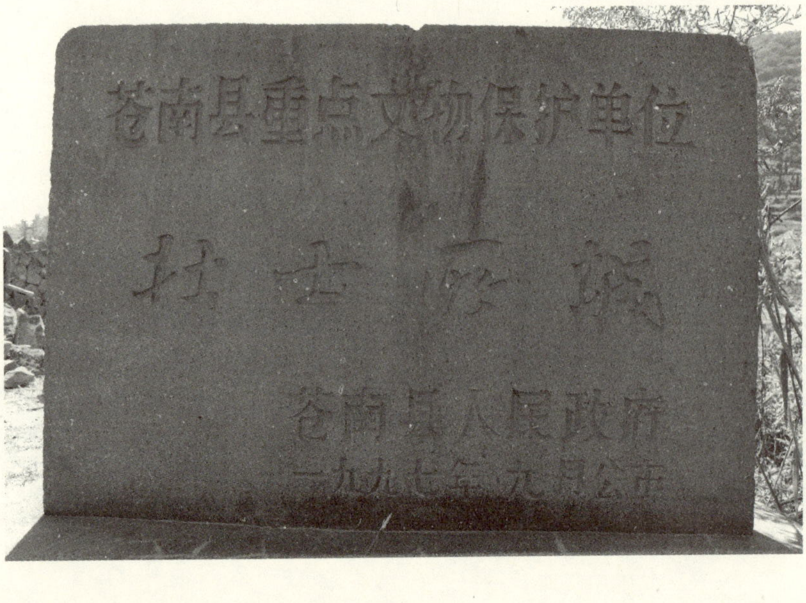

东瓮城内文物保护碑

直贯所城东西的机耕道，不知是否当年的主干道

从机耕道往南看，城内一片农田

新修的壮士所城东城墙

堡、巡检司遗址一同归入第四批全国重点文物保护单位壮士所城，应该还有一通全国重点文物保护碑才对。一打听，原来在这次施工中已被推土机推于泥下，原先位置与县级文保碑分别在内城入口的两侧。

从内城门往城内看，一条机耕大道直贯所城东西，这条道是否当年城内干道已无从知晓，毕竟废弃荒芜太久了。干道的两侧种满了经济作物，没有遮挡地看到整个南城墙内侧。

出来后，回望壮士所城，东城墙的外侧已基本砌成，外观上焕然一新。对于城墙修建，国家文物局在2011年6月曾经有一个意见，当时有“壮士所城城墙的保护应立足于现状加固为主，防止过多复原，如：敌台残高1.5米，要修复至相接城墙同高（7.8米），没有必要。对城墙已严重损坏部分，建议在原址的边界上作出标志，以利识别”。并认为“方案对残损城墙的顶面采用防渗、排水的做法，是有必要的，但要防止残余城墙的顶面外观过于平整、光洁，影响壮士所城的历史风貌”。显然，这些意见都是非常正确的，具有指导意义。但从正在进行的修建看，并没有遵循指导意见，过多的复原影响了历史风貌，沧桑感正在远去。我不知道，当这里出现一座崭新的城墙的时候，人们将做何感想？是高兴，还是失落？但让我想明白了一件事，就是为什么一些文物爱好者一听说政府要对哪件文物进行保护性修复的时候，就急急忙忙要去现场考察、记录，好像文物明天就将消失。今天，我也有相同的感觉。

金乡卫护城河

金乡卫来爽门

三、金乡卫城

放弃了附近雾城海滩、渔寮海滩的游玩，往金乡卫奔去。

壮士所城到金乡的直线距离并不长，但沿着弯来弯去的滨海公路行驶，还是有蛮长一段路的。

规划中的金乡卫西门瓮城鸟瞰图

金乡卫虽然是蒲门所、壮士所的上级机构，规模也远大于两者，但拆墙远比两个下级积极，古城墙毁于1958年，除了西水门、北城门，其他已荡然无存。

金乡卫城护城河至今保存完好，河面宽阔，有10几米到60米不等，古城墙拆除后变成了今天的环城路，把整个古城限定在护城河、环城路的范围之内。卫前大街、南门大街、北门大街、东门大街、西门大街仍然是今天城内主干街道，城市格局基本完整，但房屋的形态已发生了变化，多是八九十年代的建筑。走访中感觉索然无趣，老的骨架、新的面孔。考虑到城墙已毁，只留来爽门、望京门，就直奔主题。

来爽门是金乡卫西门，打听了几个人，在一个弄堂口找到这个不起眼的城门时，感觉跟小小的院墙没有两样，但墙标着“来爽门”三个大字明确无误地告知了这一信息。附近居民也非常坚定地肯定这就是历史上的“来爽门”。但从开门方位分析，应该是瓮城门。推土机已隆隆作响，边上的居民告诉我，这里将重建一座大型瓮城。果然，在西门大街我看到了新建瓮城的效果图，按照《苍南县金乡卫城城墙修复设计》，将重修城墙680米，从西水门魁星阁开始，其中瓮城150米。城墙高度约6.3米（包含箭垛约1.8米），墙底宽约7米，顶宽约6.5米。规模真的不小，与眼前的现状不可同日而语。

金乡卫望京门

沿着护城河来到北门，保留下来的望京门应该是瓮城门，方向朝西，红色块石砌成，布满了爬藤植物，显露出沧桑感。北侧护城河水面开阔，波澜不惊。

四、结论

通过这次匆匆的考察，有了一些发现和感触：

1. 明代抗倭城堡防御体系非常严谨，有一整套卫、所、堡、燧的防御体系。而卫、所、堡城也都按照护城河、城墙、瓮城、敌台自成体系。基本上会有一侧临山，成为制高点。

2. 从保存状况来看，好坏不一。像蒲壮所城基本完整的已属少数，更多的会是金乡卫这个样子，有城的轮廓或影子，但没了城墙的环绕，孤立的有少量城门遗存。

3. 地方政府对历史文化逐渐重视，有修复、重建城墙的冲动。这种修复或重建对于历史建筑、地方文化来说是好事还是坏事，尚难确定。

4. 我们与其花这么多的精力去折腾，一会儿拆城墙，这会儿又建城墙，倒不如好好地花精力去保存、保护城墙。

川滇关河流域燕子坡“秦五尺道”遗址调查、考证

周基华　杨　东　周　萌　彭立铭

作者简介

周基华，男，四川宜宾人，1948年12月生，宜宾市史学会理事、唐君毅研究会理事、史志协会理事、《宜宾市志》总纂编辑。研究方向：地方志、史学。

杨东，女，1980年2月生，宜宾学院法学院讲师，硕士研究生。研究方向：区域经济。

周萌，男，1980年1月生，宜宾学院美术与艺术设计学院讲师，硕士研究生。研究方向：美学、设计学。

彭立铭，男，1968年5月生，宜宾县双龙中学教师。

一、准备工作

2010年4月，中央电视台、中国国家博物馆、四川省文物考古研究院、中共宜宾市委宣传部在宜宾进行了对“秦五尺道”、“盐道”的考古调查，获得了不少可喜的调查研究成果。“秦五尺道”遗址作为国家层面的历史文化研究，引起了宜宾党委、政府、文化界的普遍关注和高度重视。

在国家文化、宣传部门对“秦五尺道”探险考古活动的激发下，出于对宜宾文化建设的热情，我们根据自身多年研究掌握的历史文献和地情资料，决定对关河流域的川、滇古道展开探险调查。于是从2011年起，我们开始搜集、查阅相关文献、档案，并分人分段对宜宾城—新村—柏树溪—豆坝—安边—横江—黄桷—天堂沟—石盘上—石梯湾（捧印）—黄泡嘴—燕子坡—新场—滩头的路段进行了初探。确定了燕子坡为我们深入考察川滇古道遗址的重点。

二、向燕子坡进发

燕子坡，今属四川省宜宾县双龙镇黄复村永东队、永心队、全心队的地界。从山脚燕子坡渡口沿关河东岸台地上的古道往南行20千米即为云南省滩头乡。从山顶（黄泡嘴）沿古道东北行20千米即至捧印场（光绪时为捧印镇）；由捧印东北行25千米即为宜宾县横江镇。从地图上可以看出，滩头—燕子坡—捧印—横江—安边—柏溪—宜宾城基本居于由南而北的一直线上。元、明时这一带名前屯乡、后囤乡，为著名边关之地。清嘉庆《宜宾县志》记：“明镇边总兵邓海旸墓葬于此。”太平天国翼王石达开在横江、双龙等地与清军激战两月余，牺牲将士4万余名，被迫经燕子坡而下，渡横江河退回云南（见《骆文忠公奏议》）。1915年，护国战争爆发，蔡锷护国军左路军由昭通、盐津、滩头至燕子坡，与北洋守军激战，攻占燕子坡，直下横江、宜宾。从河边古道至山顶黄泡嘴民间里程为5千米。河对岸为云南盐津—水富公路。

2011年8月14日晨，调查组从宜宾城出发，到达云南水富县楼坝镇（今名向家坝镇）后，舍弃高速公路，沿云南水富—盐津旧公路前行，历经两个多小时颠簸，隔岸便看见了河对面地属四川的燕子坡。

燕子坡山体高大，平齐如城，山下为燕子坡渡口，目测从河面到山顶的垂直高度约800米。此时云雾已经散开，阳光洒在山峦之上，树木葱茏，青翠欲滴。

我们从公路边往下行，扒开小路两边的茅草，小心翼翼地踩着乱石梯，走向河中心的铁索桥。行前我们还担心若走在桥上铁索乱晃，下面波涛汹涌一定非常危险。及至走上铁索桥一看，桥下江水由于下游2.5千米修建杨柳滩电站，昔日的波涛汹涌，早已渠化，波浪不惊，桥上铁索、木板亦比较牢固，如履平地。

过了铁索桥，方知至燕子坡渡口还有2.5千米，路上遇见一个十二三岁的当地小姑娘，听闻我们要去燕子坡，立刻自告奋勇为我们带队。一行人正埋头上行，忽闻带队的小姑娘大喊：“跑快点！这里很危险！”我们抬头一看，两团云盘纹状的巨石悬在路口当空，下面用几根大树干撑着。所有人立刻紧张起来，从巨石下快步跑过，真担心那巨石会瞬间从头上塌下来。

经过这危险处，心慢慢平静下来，但很快又进入了悬崖边的纤路。这纤路不知建于何代，宽仅一至二尺，旁边是恶竹、树丛，脚外则是十余丈的悬崖。本地人走在这道路上健步如飞，而我们却苦不堪言，不得不手脚并用，佝偻着身体行走，如此走了一两千米，终于到达燕子坡下。

山脚下有两三户人家，听说我们是考古队，且向导又是他们所认识的当地中学的彭老师，于是对我们格外热情，眉飞色舞地向我们介绍："这山脚下，解放前非常热闹，有10余家饭店、马店，专供行旅人们的食宿。山顶名"黄泡嘴"，旅店与马店更多，约有二三十家。燕子坡渡口立有好几座石碑，但是现在已被电站的蓄水淹没……"令人遗憾的是，这些老百姓竟没有人认真阅读过这些碑刻的内容。有关部门也未能到此做过相关的查勘与实录工作，因此，碑文的记载便只好沉封于水底了。

小歇过后，我们与热心帮忙的当地农民分为两组，一组在河边查看，一组担任主力，爬山考察燕子坡古道。

燕子坡是什么样？当小学生时，我即已有耳闻，但从未到达过。1985年后，因从事地方志编撰工作，知道它是川滇交界处重要的关隘之地，于是，总想亲临现场吊古。但是，询之同行、同辈，均言太远、太险，竟无一人愿意来此，这一想法便搁浅了。近年又询问搬到宜宾县城居住的原捧印老乡，均绘声绘色地向我描绘燕子坡的黄桷树、菩萨像、石垒、石板路、马帮。但若问及燕子坡古石板道是否还存在，均摇头摆手，告知时间久远，恐怕早已经毁了。

今天，我们终于到达了这里，跟在扛着锄头的老乡身后，想到即将爬燕子坡了，心中却有几分忐忑。路基越来越陡，零星的石板路好像伸出手把我们一步步拉上楼梯。突然，一个"之"字拐弯后，气势磅礴的场景霍然展现在我们眼前，在高大的树木和遮天的竹荫下，一条我们从未见过的宽大、坚固、厚实、整齐的古石板道，霸气地层层叠叠向山肚中伸去。我们大喜过望，立刻拿出尺子丈量，详细地考察、记录。

三、古道现状

川、滇古道全为石板路，俗称"官道"，迄今大多已毁。燕子坡区段，因地处偏僻之地，故迄今仍保存两段很有规模的石板大道：

一是由燕子坡山脚陈姓人家坎下，沿河岸南行经两条小溪过燕子坡渡口，至1958年所修的内昆铁路路基涵洞前，约有石板路600米。石板路面宽约1.5米，虽全被草丛覆盖，但保存完好。

二是从燕子坡山脚河岸陈姓人家屋后至燕子坡山顶黄泡嘴（老百姓步行称10华里），共有石板路约3000级。

第一集中段：起点陈姓屋后，终点灵官殿。该段石板路坡度陡直，类于爬楼梯。石板最宽大、厚实，石质坚硬。半数石板宽达1.5米—1.7米；普遍厚达12厘米—15厘米，形制十分壮观，共有石梯400余级。步上400余级后即到达灵官殿。

第二集中段：起点灵官殿，终点粑粑店，共有石级500余级。坡度仍较陡，石板半数长1.2米，长者1.7米。道路普遍镶为1.5米宽。若石板宽度不足，即以其余小石板镶铺。终点名粑粑店处，路边田中有戴帽立柱石碑一块。因今年雨水过盛，该段中途路经竹林处，出现滑坡长达100米，致使路面中断10余米，于是我们只能抓住竹子，踏着泥沼路艰难而上。

第三集中段：起点粑粑店，终点山顶黄泡嘴。道路由山腰逶迤缓缓而上，石板连绵不绝，普遍宽达1米—1.2米，石质坚硬，共有石板约2000级。

四、道路上的文物

（一）溪口竹林立柱石碑

溪口与朱提江相隔约20米，原溪上有古石桥，今已毁，桥石已杂于乱石中。四周竹林环绕，有一方形石头露出地面约40厘米，此石有多深，能否有发现，很费人猜测。观察之后，我们决心挖出来看一看。事遂人愿，果然是一块立柱石碑。

该石碑高1.6米，见方40厘米，立于溪口古道旁竹林中。

正面（面对滩头方向）碑文：

□□必获俱祥，博施济众，名曰燕子坡，□□有□□□，南通滇省，北达叙城，人马往来不乏，现有古今□□□桥□□，春夏辄泛滥漫至□□□□阻碍不少，必距跷足而□能□，公适于斯睹而感，喟然曰：培修非一人之能堪者，□□□□□今日吾有是心久矣，二人忻然乐而共事焉，始自嘉庆丁丑年，……□□□虹，行者歌，观者悦，倾□……

背面：碑额横排书“万古”二字。

正中竖行：伍洪伦　向思俊　仝修。

右侧面：碑额横排书“不朽”二字。

中间竖行：皇清嘉庆二十二年仲立。

（二）灵官殿

爬上400余级石梯处，即见一平整石板坝，有大榕树遮荫。石坎外边为悬岩，内边有一袖珍庙“灵官殿”遗址。长3米，高2.4米，宽2米。屋顶、石基、石刻现存，侧面刻有道光二十年修建。原灵官神像已毁，今所供菩萨二尊，为今人所设。路中间竟有灵官神庙供人祈保路途平安，商旅之盛足以为证。

（三）粑粑店戴帽立柱石碑

粑粑店位于燕子坡山腰上。该戴帽立柱石碑立于古道旁坎上水田中。

此地地名粑粑店，立有石碑，可见此处坎上过去不是水田，而是一处路边的食宿店。

碑露出水面部分高172厘米（含碑帽），石料为青石。

碑帽为四面坡碑帽，每边宽67厘米，碑帽高33厘米。

碑额刻“永垂不朽”四字，楷书，每字见方4厘米。

正面（刻碑文面）40厘米，两侧面各为33厘米。

正面碑文为楷书，每字见方2.5厘米，风化严重，字形不美。

山腰粑粑店古石碑

山腰清代旅栈马槽

由于碑下部没于水中，字迹模糊，我们被迫伏在水田中用手扒开水下淤泥，一边舀水一边仔细查看其文字，全文曰：

尝思积善之事，亘古至今而存念者，藉为世代之长颂，揆厥由来久矣。今者□□□□岩，□□□□路道崎岖，上通滇省，下达蜀戎。兹因商贾熙攘，营生者不少，亦且乡士赶集之要道。嗟之，足不□□之维艰，宁无睹而伤心乎？不得□生心，而今□顿然改观矣！固为补修之建耳，今功成□□矣！不朽矣，是序。

会首　伍洪伦修路八丈，陈友兴、□□□、邓尚久各二丈，□□□、杨□□□□、王尧辉修路二丈，杨朝荣、熊文亮、□□□、李万□、□□□、欧长洪修路二丈，杨朝荣□□□□、彭□仕□□□□□□□、王廷相修路二丈，伍芝栋出□丈、陈友凤出□□丈，□□□□、□□□□

大清嘉庆八年腊月吉日　立

匠士宫太顺修

（四）马槽

马槽位于山腰距古道约50米之古民居遗址处。该民居住户已迁徙更迭数姓，故首住户姓氏已不可知。马槽年代最迟为清中期，长400厘米，宽80厘米、高35厘米。

五、古道修建考证

（一）有关道路的直接证明

1. 燕子坡石板古道规模宏大。现存集中段即有3000石级。石板宽度普遍为1.2米—1.7米，厚度普遍12厘米—15厘米，石质坚硬。

如此宏大的石板道路，何时、何人所修呢？山腰粑粑店路旁石碑碑文云：此路“上通滇省，下达蜀戎，兹因商贾熙攘，营生者不少”；溪口竹林石碑亦称此路“南通滇省，北达叙城，人马不乏”，由此可知此路是由宜宾深入云南的“官路”。因此，该路的修建自然是国家行为，因为地方政府是无权越省修路的。况且，地方政府也决无此实力，无此动机。山腰立碑明确记载：此路于清嘉庆八年补修。此前近百年为明末清初四川战乱和“湖广填川”移民奋斗创业之期，因此，已说明此路修建时代最晚也在明代。再由燕子坡山腰碑文中“宁无睹而伤心乎”一句，可知208年前补修道路的人看见道路的残破，都忍不住伤心落泪，其路修建年代确实久远。

2. 嘉庆《宜宾县志·山川志》记：“天仓山：治西，前代屯兵墩台遗址尚存。岩壁有唐乾封二年（乾封为唐高宗年号）詹君秀《复修古戎州道记》。”

嘉庆《宜宾县志·金石》又记：“唐古戎道碑：治西，天苍山岩壁间，有唐乾封二年詹君秀修道记，笔画遒劲。”天苍山在什么地方呢？宜宾市志编纂委员会、宜宾县志编纂委员会校注为：“天苍山：‘在真武山左侧，治西五里’。”

嘉庆《宜宾县志·山川》再记“石城山：治西一百（四十）里，山势高峻，环列如城，即古石门道也。”

把此唐初期时的古戎道碑和今燕子坡现存的古道山腰碑结合审视，便知唐以前的古道是由宜宾城出发沿关河而上，经石城山下，由北向南“上通滇省、下达蜀戎”的。清嘉庆《宜宾县志》所记“石城山……古石门道也”，确是当时人目睹这一古道后考证记入的，而非误记。而燕子坡古道亦正是“唐古戎道”中的一段。

3. 不仅上述两碑互为表证，今双龙镇黄桷铺（清代驿站名）至捧印古道所途经的蒿枝坡（高约400米，坡路2.5千米）山上、山下的文物更可确证。山下地名天堂沟，在此川、滇古道右面仅50米远处即为天堂沟岩墓群，共有24座，全为宋代墓。而蒿枝坡山顶上的川、滇古道左边50米远处，长100米的岩壁上也并排凿刻了22座岩墓。每座岩墓凿刻时间不一，石刻苍古，其年代为晚唐至宋代。这两处不同时代的岩墓刚好分布在古道两侧，有力地说明了这条古道在唐以前早已存在。这两处墓一望而知都是部落酋长的家族墓。山下是良田千顷，这些古代民族的生存需要，决定了他们一定要走出去。道路就在这两大墓群地中间，怎么走出去呢？当然是沿面前的这条道路上至云南（朱提）、下至古戎州城。

4. 隋、唐时期开边县的设置与迁徙

据《宜宾县志》（1990年出版）考：从四川宜宾县安边至云南盐津间的朱提江流域，史载有两处开边县城。一为隋、唐时的开边县，《隋书·地理志》：“开边县，开皇六年（586）置。”废于唐上元元年（760），治所在盐津县野容川，即今仓房河与朱提江汇流处，今名滩头。一为唐宋时的开边县。唐永泰二年（766）复置，废于宋乾德五年（967）。城治在今宜宾县西南安边镇小岸坝朱提江与金沙江汇流处（该处曾发掘若干县城文物遗址）。

为何开边县公元586—760年间在云南朱提江畔盐津县的滩头，而766—967年却要搬到四川横江与金沙江汇流处的宜宾县安边小岸坝呢？剖析隋唐时期中央王朝与云南的关系，我们便豁然明白。

隋文帝对地方行政实施重大改革，国力强盛，积极向川西南和云南开拓，585年，黄荣从戎州开石门道以通爨地，进逼爨部。597年西爨首领爨翫起兵反隋。史万岁率兵南征，西爨首领投降。598年爨翫又起兵反叛，隋军再次征讨西爨，活捉西爨首领爨翫，并押至长安处死。中央王朝强盛之师向南挺进，为地方政权南伸、建立铺平了道路，于是开边县在云南盐津县的滩头设置。

但到唐玄宗时期，中央王朝和云南的关系却发生了根本的变化。南诏与唐王朝失和，决心以武力驱逐唐朝在云南的势力。玄宗天宝十年（751）南诏王阁罗凤攻陷云南郡，又掠取唐朝所设置的32个羁縻州。之后，与吐蕃结盟，两次大败唐军。先是吐蕃和南诏的联军在西洱河（今云南洱海）全歼六万唐军，统帅剑南节度使鲜于仲通只身脱逃。天宝十三年（754）剑南节度使留后李宓再次率军七万进攻南诏，结果在太和城全军覆没，李宓本人也沉江而死。南诏与吐蕃的联军威逼四川，开边县岌岌可危，唐王朝只好于上元元年（760）废置开边县。永泰二年（766）唐王朝复置开边县，而县治却只好北迁至今四川宜宾县安边镇小岸坝朱提江与金沙江汇流处。隋、唐开边县治的迁徙，正是沿关河流域通道进退的。

上述四个史证、物证不容置疑地为我们指出了燕子坡古道修筑时代应远溯于隋代以前。

（二）燕子坡古道是否“秦五尺道”路基遗址

1. 地下文物的补充和证明。由宜宾城区——新村——柏溪镇——安边镇——横江镇、云南水富楼坝镇——燕子坡——滩头，沿河两岸从新中国成立后至今，先后出土了大量秦、汉时期的文物，主要有：

（1）宜宾县弓字山东汉崖墓，在宜宾县柏溪镇弓字山脚。出土三具画像石棺。有画像浮雕11幅，包括杂技图、观禽捕鱼图、厨炊宴饮图。

（2）横江镇油房坝东汉墓，位于横江镇东1千米—2千米的河畔台地边的山丘脚下。先后发现三处：其一为20世纪50年代自然塌方露出；其二为80年代人为盗墓；其三为1998年新修内昆铁路挖出。三处均出土不少陶房、陶俑、陶器物。尚可见的未发掘汉墓在该处有十余座。

（3）1989年4月16日至5月16日，昭通地区文管所在横江镇对河岸的楼坝镇对黄沙坡岩墓群和张滩坝土坑墓群进行了发掘。黄沙坡岩墓群共发掘9座。张滩坝自然村竖穴土坑墓群分布面积达4000平方米，发掘其中的土坑墓5座。“两地共出土较完整的陶器65件、铜器22件、料器6件、铁器7件、钱币2000余枚。陶器有碗、罐、俑、牛、鸡、狗、鸭、房子、釜、壶、豆、耳标；铜器有龙首器柄、鎏金杯耳、洗、碗、剑、矛、钺、削、锯、印章；铁器有剑、斧、环首刀、斤；钱币有五铢、剪边五铢、大半两、小半两、传文半两；料器有玻璃珥珰、玻璃球。从出土文物看，崖中陶俑着右衽式长袍，戴平顶小帽或高冠，均为汉代服饰，器物多为汉式风格，具有浓烈的汉文化特点。土坑墓出土的文物，除具有一定的中原文化特点外，还大量地反映出典型巴蜀文化特征。如铜器中柳叶型剑、短弓耳矛、舌型钺、扁薄瓦纽巴蜀符号章，陶器中细绳纹颈罐，以及铜器上的铸手、心、弹、菽龙纹饰与川东巴县古墓中出土器物相同或相似。”

这些大量出土的战国——东汉文物，充分展示了中原物流、巴蜀物流向云南移动的交通轨迹：秦汉古道是从宜宾城由北向南经关河流域而入云南的。

2. 秦代是当时傲视世界的东方专制主义强国。它的交通技术“勘测选线、施工组织以及道路的结构形式等，均领先于当时的世界”①。当我们在关河流域的川、滇古道间时上、时下、时左、时右地前行时，我们无法知道川、滇古道为何这样修建。但当我们打开地图仔细察看所经之处时，恍然明白：古道从宜宾城出发，经新村（《新唐书》记：唐代此为马湖镇关隘）、安边、横江镇（南宋置巡检司，元置水驿）、捧印、燕子坡到云南滩头、盐津豆沙关，乃是从宜宾城出发，南下云南最短、最直、坡度最缓的选择。这与1958年苏联专家勘测设计的内昆铁路和1998年中国重修内昆铁路的勘测选向完全一致，我们不得不佩服此路的勘测设计水平。公元前214年，秦筑秦直道（由今陕西淳县——内蒙古包头市麻池古城），长700多千米，平均宽30米-60米，所取之土，可绕地球半圈。其惊人的特点即是选线巧妙、整体笔直，常常巧妙避开左右夹击的自然大冲沟。故秦灭亡100年后，司马迁从北到南穿行了秦直道，对其作了这样的描述：“道九原，抵云阳，堑山堙谷，直通之。”充分说明了秦人在当时筑道时便已能迅速掌握大地精确方位，娴熟、精确展开测量、定向。把燕子坡古道和秦天下第一道“秦直道”比较，立刻可以明白，今燕子坡古道的选向、定向刚好符合了秦人筑路的一贯思想理念、科技水平。它恰好说明燕子坡古道的路基确是《史记·西南夷列传》中所说的“秦时常頞略通五尺道”的古道路基遗址。

综上所述，秦五尺道应由宜宾城出发，经安边、横江、捧印、黄泡嘴、燕子坡、新场、云南滩头而入云南。现存燕子坡古道的路基是宜宾市内最宏伟、最集中、最典型的“秦五尺道”路基遗址。

至于其余路线，《四川简史》载：“五尺道由宜宾通往云南昭通一带，是连接四川盆地与云贵高原的重要通道，有利于行军用兵及使节往来、商旅通行。”②“公元前130年，汉政府又命唐蒙发巴蜀、广汉的数万人民修筑‘南夷道’，从今宜宾、高县、筠连一带凿石修路，经云南镇雄、贵州毕节到威宁直通牂牁江和滇池地区。”③可见五尺道、南夷道不是同一路线。

云南昭通地委办公室、昭通行署地方志办公室所编《昭通地区概况·五尺道和南夷道》载：“公元前316年，秦惠王取巴蜀之地，任命李冰为蜀郡太守时期，于僰道崇山峻岭中开山凿岩，开始修筑通往云南的道路。秦始皇统一全国过程中，派常頞继续李冰的事业，把道路从宜宾经昭通延伸到曲靖，因路面宽仅五尺，史称五尺道。西汉隋唐时期，经过昭通地区通往云南的著名通道有

① 王子今：《中国古代交通文化》，三环出版社，1990年，第23-24页。
② 陈世松主编：《四川简史》，四川省社科院出版社，1986年，第32页。
③ 同上，第37页。

二：一是以宜宾为起点，往西南沿关河，经昭通到云南的道路，史称石门道；二是以宜宾为起点，往东南经四川省的高县、珙县，云南省的威信、镇雄，贵州省的赫章、威宁进入云南，史称南夷道。”①

又《昭通市·大事记》载：“至元十三年，立乌蒙路，隶四川省，境内属之。同年，赛典赤命爰鲁开乌蒙道，陆出乌蒙，水由马湖。乌蛮纠都掌，圈豕鹅夷诸部落反元，爰鲁率军至筠连州，所过城寨未归附者全部攻陷，水陆置传。”“至元二十八年（1291）鉴于乌蒙至叙州水路险恶、舟多破溺，改由叶稍出陆，经中庆，又经盐井、土老、必撒至叙州庆符，治为陆驿。”雍正十二年（1734），修通自沾益松林驿、宣威、威宁到昭通道路，全长545千米。又修通自四川高县安宁桥、镇雄州牛街到昭通路，共13站。

又民国《盐津县志》记：“盐津北通四川宜宾有三道：一经筠连、高县、庆符循南广河过江至宜宾县城，即叙州府。一由盐津县治沿朱提江东岸北行九十里至普洱渡，又五十里至滩头，又十五里至三仙桥，与宜宾太平场交界。折上燕子坡，经捧印村至横江一百一十里，再沿江五十里至安边场，又五十里至柏树溪，又四十里至宜宾，总计陆路四百零五里。一由滩头渡江，循西岸北行，经螃蟹滩、石罗滩至铜鼓溪五十里，又五十里至新滩场，再五十里庙口，即与四川宜宾交界。庙口至四川横江三十五里，较东路多十五里。”

上述道路，都是“秦五尺道”宜宾段在后世的变衍。

六、尾声

考察完毕，已是午后4点，山上酷热难耐，步入老乡陈家，土墙青瓦倍觉凉爽。热情的主人早已准备好饭食，刚从河里网起下锅的鱼，鲜嫩味美。一大盆苦丁茶端到桌边，任人舀取。红红的喝到嘴里，满口回甜，甚感意外，不禁连声称赞起来。几位农民一听这话，高兴地说：“这苦丁茶都是从屋边的树上采摘的。这山上的苦丁茶均是此味。”我于是支支吾吾表示要向主人买几斤苦丁茶回去喝。主人因为茶叶已经不多了，便很有点舍不得。旁边虎虎的小伙子是主人的女婿，在昭通饭店当厨师，正回家度假，听了我的话，立刻高兴地跑进去把岳父的苦丁茶包了一大包出来送我。我要给他钱，他却坚持不收。酒酣之际，小伙子眉飞色舞：“燕子坡不仅鱼多，苦丁茶好，沟中的螃蟹可不得了，夏秋半夜只要去沟中搬螃蟹，一搬就是一口袋……”我一听，不禁感叹：“真是得天独厚的生态之乡！”

傍晚，陈老汉怕我们再走回头路，于是急忙跑到屋下解开河边上的小船，让我们乘船直达对岸。小船划开镜一样的水面，在绸面般的水波上轻轻滑行。我们坐在船上，恋恋不舍地回望燕子坡，蓝绿的山影渐行渐远，心中不禁产生无限感慨，燕子坡这个著名的历史文化之地，生态之乡，却至今仍与世隔绝，实在可惜。

---

① 云南昭通地委办公室、昭通行署地方志办公室编纂：《昭通地区概况：五尺道和南夷道》，1985年。

四川地区明清墓葬建筑考察之旺苍行纪要[1]

罗晓欢

作者简介

罗晓欢，男，四川南江人，1972年9月生，艺术学博士，重庆师范大学美术学院副教授，硕士研究生导师。长期从事中国古代艺术史、西南民族民间美术研究。主持和参与多项省部级人文社科项目，发表相关学术论文多篇。

前　言

2012年以来，笔者开始关注和系统研究四川东、北片区明清以来的墓葬建筑（地上部分）及其雕刻艺术。从前期个人单独出行的初探，到后面带领研究生进行的正式考察，已经持续了两年多，涉足四川巴中、广元、南充、达县等地的10余县市，上百个乡村。在教育部人文社科基金项目《四川巴中地区清民间石碑雕刻艺术》的资助下，这一考察范围和层次得以扩展。考察获得了大量的一手材料，为进一步的深入研究打下了基础。本文记录了2013年国庆期间带领研究生去旺苍进行考察的一些情况，从中可以管窥四川东、北片区的明清墓葬建筑及其雕刻装饰艺术之大要。

旺苍之行安排在2013年9月30日——10月7日国庆节期间，带领研究生一行七人（江涌、邓霜霜、彭文婧、郑从芳、刘贤俊、邓亚文）。出发前就考察的诸事项都有交代，对包括图片拍摄、测

① 本文获2012年度教育人文社科项目《四川巴中地区清民间石碑雕刻艺术》基金资助（课题号：12YJC760058）。

量、记录、访谈等工作进行了大致的分工。第一次带这么多学生，且大多数是女生前去考察墓葬，心中有些打鼓。

一、初见的震惊

9月30日下午，我们到达旺苍县城，在城中一家宾馆住下，找了一家有很多当地人就餐的餐馆吃晚饭，味道还不错，大家兴致很高。但坐了一天的长途车，都有些累了，简单交待了一下第二天的计划就休息了。

10月1日一早，根据县文物局向长卫局长的建议，我们选取了距离县城较近的尚武镇榆钱村作为考察的首站。向局长是一位很有热情和专业素养的部门领导，他在国家文物“三普”工作的基础上，花费了很多心力编著了一本《旺苍明清墓葬》[①]，这是目前我国第一本涉及四川明清墓葬的图集。更令人敬佩的是，他对于我们的来访持开放和欢迎的态度，正是因为他的这本书以及这种态度，使我们的考察能够如此的顺利。

在一个村子的聚居区，当地村民热情为我们指路

但我们寻找的墓葬建筑毕竟处在荒野之中，只有当地人才知道确切的地点，加上农村如今常住人口很少，很多都关门上锁，不容易碰到人。好在当地老乡都十分热情友善，在确知了我们的善意之后，都会指路、带路，甚至帮忙清理和介绍相关的信息（他们也对外来的陌生人充满戒心，尤其是关于古墓的问题，近年来，墓葬或墓碑建筑雕刻构件被盗现象多有发生）。

无人居住的农舍关门上锁，只有大门上依稀的门神画像和墙体上“文革”期间的标语犹存

在榆钱村，我们首先看了王氏家族墓群中被称为“红碑”、“黑碑”和“花碑”的三座清代墓碑。之所以有这样称谓，主要是因为其碑体的雕刻和装饰的缘故。

黑碑和花碑为素色（未着色），黑碑是因为位置低，阴暗潮湿，长此以

① 旺苍县文物保护管理所：《旺苍明清墓葬》，重庆出版社，2013年。

往，碑体黝黑；花碑则是因其雕刻复杂精美（在这一地区，常常称雕刻精美的墓碑为花碑）；红碑是雕刻的表面再施红色彩绘，现仍然可见多处红色涂绘的痕迹。王氏家族墓地位于居住地后面坡地，这三座墓散落其间，彼此间隔20米左右，墓碑均为砂石仿木结构，形制近似，都为多开间的重檐庑殿式，风化较为严重，有的构件都已经掉落，有些破败。红碑因为处在较为干燥的位置，保存情况稍微好些。该墓为六柱五间，五楼庑殿顶，明间上方有两层亡堂，左右外分别雕刻两立像，碑顶已失。最高一层的亡堂为整块石头雕刻出的一个中间内凹的形状，一般在亡堂里面会有墓主牌位或者雕像，但这座墓碑较小，亡堂内空无一物。亡堂外凸方形立柱雕刻素面方框，方框里面对称雕刻一手拿朝板、一手做题写状的文官立像，立像外雕刻方框内龛开敞，里面似乎素面无文。二层亡堂外有门罩，内间开口较小，依稀可见内有神主牌位，门罩外同样对称雕刻手举器物（不知道为何物）的立像，亡堂外立柱有联：向丑忆万；坐未斯千。

它表明墓葬的选址和朝向。墓葬的选址和朝向极为重要，根据信仰，这既关乎死者能否入土为安，也关乎生者（后人）的吉凶祸福。晋人郭璞著《葬书》，其中内篇曰“气感而应，鬼福及人”，即是这个道理。正如司马光在《葬论》中所讲：“今之葬书乃相山川冈畎之形势，考岁月日时之支干，以为子孙贵贱、贫富、寿夭、贤愚皆系焉。非此地、非此时不可葬也，举世而信之。”[①]至今莫不如此，可见葬俗的延续和固执。

墓碑明间和左、右次间内刻墓志和碑序等文字，右侧明间文字已经不可识，按照惯例应该是墓志。明间内碑版上正中竖向阴刻墓主：

故显考（妣）王公讳自志（高太君）二位正性别之墓志

碑板左上有：大清道光五年十月立

左下应该是匠师的名字，现已模糊不清。

明间立柱刻联：山清水秀招福泽，地灵人杰增光辉。

明间上方有额枋，浮雕“双龙戏珠”图案，手法圆润、厚重。额枋的明间外置门楣，浅浮雕花饰，红地绿饰，正中有一块匾，上书：极乐宫。

左侧次间刻有文字，内容主要涉及墓主所置办的田地的情况，现可以清楚识读的部分列出：……各家田地一？东至齐沟，南至齐独田，沙坡□□地，二？田弯子水田，三坵□坝水田一坵大堰口水田一坵□一□半水井沟坡地，一□萌子坡田，四坵达青岗林，□地一分沙上□田，一坵房严阁园子一块，竹林沟园子一块，古墓地一□，坵房基一块，物房坝田二坵詹家湾花石头岩上岩下坡□大岩，还过时代为计耳。……

这些关于田产的记载，以及该地区墓葬建筑中关于家族迁徙、宗支、家风、禁忌乃至争讼等碑刻，内容丰富，资料翔实。姚永辉在《自治与共存：清代川东北南江山区的墓祠——以马氏墓祠为中心的研究》一文中说，该地区的墓祠群“呈现出鲜明的地域色彩，其中，马氏墓祠相对保存完

① 李清泉：《“一堂家庆”的新意象——宋金时期的墓主夫妇像与唐宋墓葬风气之变》，巫鸿、朱青生、郑岩编著《中国墓葬美术研究（第二辑）》，湖南美术出版社，2013年8，第320-337页。

整，无论是其空间布局、建筑装饰，抑或族内禁令、族规、四止界畔等石刻铭文，都为探析南江山区的墓祠文化提供了一个颇具代表性的读本。此外，在空间布局上，墓祠、风水塔等链接着多姓杂居、各有分区、合作共存的乡村秩序网络，我们可借由对马氏墓祠的解析，探寻在一个经济落后、自然环境和文化都相对封闭、宗族财力和权势悬殊较小的山区，不同的宗族之间如何实现自治与共存的”。[①]这表明，墓碑作为历史的重要遗存，给我们留下了丰富的历史文化信息。而其建筑形制、装饰工艺等也是当时人们的丧葬习俗、工艺水平和审美趣味的直观体现。

可以看到，除了围绕明间、次间等进行装饰，在墓碑的额枋、立柱、抱鼓、匾额、门罩、屋脊等各处都以雕刻、彩绘手法进行装饰，题材有花卉、瑞兽、戏曲人物、世俗人物等。该墓稍间分别刻有骑马官员的形象，雕刻手法稚拙、粗犷，但生动有趣。惜风化比较严重，下半部分已经剥落殆尽。

短时间测量、拍照后，我们动身往附近的索家村。据村民们说他们是湖广填四川的移民后裔。这一家族墓地以及前面一座据说曾经是川北最好的祠堂现已变成菜园子，数十座墓碑散落其中，索家后人说起这已经不见踪影的祠堂满脸复杂的表情。其时，索家正在编写《索氏族谱》，该族谱记录了榆钱村索家人的来源：“孝感离家：索氏都是通过徒步而行，经过大洪山直到襄樊县，进入陕西安康、汉中府，爬走平阳关，到了大巴山，通过朝天门才进入四川……索光玉等流落在广元、旺苍县尚武镇榆钱村，现有千人左右。”[②]尽管该族谱才完成初稿，但据说编著者仔细考察了这一家族墓地的碑文，想必是非常认真和虔诚地在叙述自己家族的历史。很遗憾，我们没有能够找到编写者。

从我们收集到的不少近现代族谱可以想见其完成的状况，尽管这都是民间自发的行为，但是族谱对于一族姓氏而言也是有着特别的意义的。如四川南江县铁香炉刘家湾《刘氏族谱》序言所说[③]：

路遇索家后人（一位残疾的退休教师）热情地向我们介绍情况

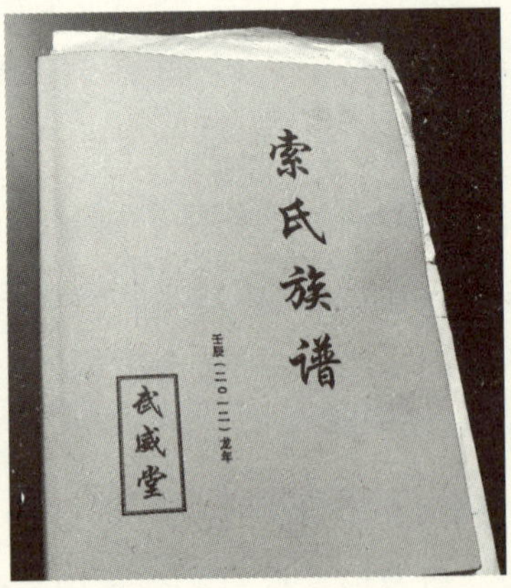

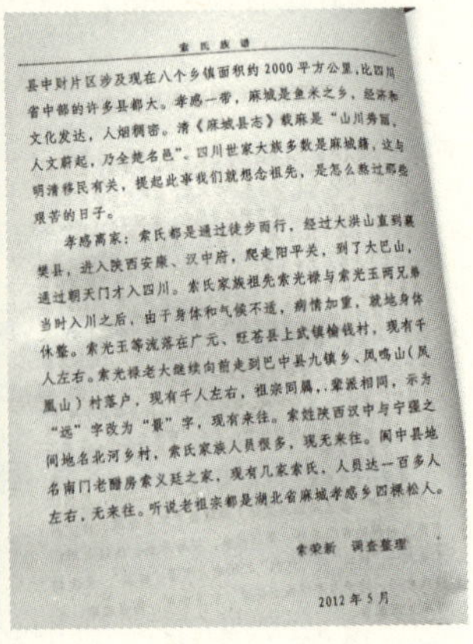

索氏族谱

县中财片区涉及现在八个乡镇面积约2000平方公里，比四川省中部的许多县都大。孝感一带，麻城是鱼米之乡，经济和文化发达，人烟稠密。清《麻城县志》载麻是“山川秀丽、人文蔚起，乃全楚名邑”。四川世家大族多数是麻城籍，这与明清移民有关，提起此事我们就想念祖先，是怎么熬过那些艰苦的日子。

孝感离家：索氏都是通过徒步而行，经过大洪山直到襄樊县，进入陕西安康、汉中府，爬走阳平关，到了大巴山，通过朝天门才入四川。索氏家族祖先索光禄与索光玉两兄弟当时入川之后，由于身体和气候不适，病情加重，就地身体休整。索光玉等流落在广元、旺苍县上武镇榆钱村，现有千人左右。索光禄老大继续向前走到巴中县九镇乡、凤鸣山（凤凰山）村落户，现有千人左右，祖宗同属，辈派相同，示为“远”字改为“景”字，现有来往。索姓陕西汉中与宁强之间地名北河乡村，索氏家族人员很多，现无来往。阆中县地名南门老醋房索义廷之家，现有几家索氏，人员达一百多人左右，无来往。听说老祖宗都是湖北省麻城孝感乡四棵松人。

索荣新　调查整理

2012年5月

《索氏族谱》

① 姚永辉：《自治与共存：清代川东北南江山区的墓祠——以马氏墓祠为中心的研究》，《民俗研究》2010年第4期，第180-189页。
② 《索氏族谱》，第50页。
③ 铁香炉刘家湾刘氏族谱筹委会：《铁香炉刘家湾刘氏族谱》，2009年，第7页。

墓上生长的树木杂草已经破坏了墓碑的结构

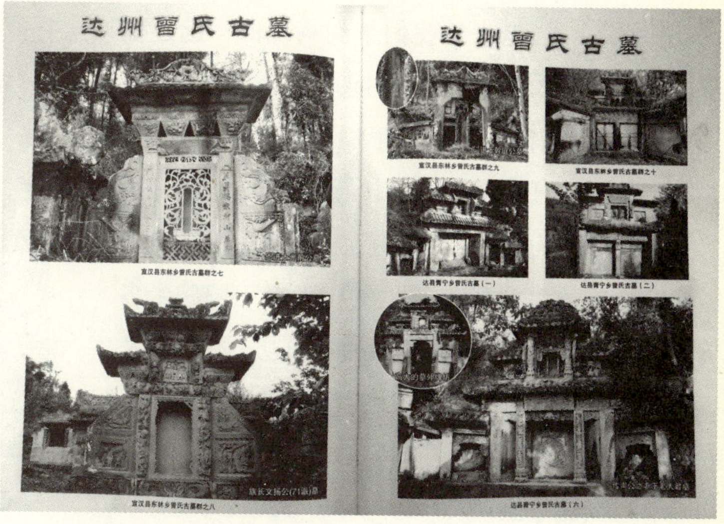

《四川达州曾氏族谱》内页的曾氏祖坟图片（《四川达州曾氏族谱》第二卷，宣汉县万源市卷，2011年9月）

国有史，则可辨忠奸，论贤能，记得失，知兴衰，鉴治天下；家有谱，则可明本源，序昭穆，别世系，正伦理，激励子孙。

秦巴《冯氏族谱》[①]也说：

族之宗谱，如国之史录也。族谱之编修，可以溯源流，正伦常，明发展之势，晓盛衰之理，可知子孙多寡，能见一族兴衰。有美德旌而表之，使人之有所勉；见邪行驱而击之，使人知有所惩。与方志国史仅内容广狭之别，其义一也。

正因为如此，近年来民间修谱之风日渐兴盛起来；而在学术界，专门研究家谱、族谱的“谱牒学”也成为了一门重要学科，且成果颇丰。值得我们注意的是，很多比较完备的族谱会将本家族的祖坟或者重要的墓葬建筑图片放在族谱中，这也成为当代族谱编写的新趋势。这些新族谱的出现，为我们的研究提供了更多的材料，应该引起重视。

经过简单的清理，我们发现现存的十多座造型各异、时期不同的墓碑建筑上的雕刻都非常精彩，工艺精湛，风格各异，题材广泛，真是极好的研究素材。但是想到曾经的祠堂和眼前破败不堪、风化严重、几乎要倾倒的家族墓碑建筑，不禁让人唏嘘。

郝家河墓

快到中午了，我们回到尚武镇上草草地吃了午饭，赶去一个重要的地方——张华镇，那里有一处省级文物点，据说其建筑规模和雕刻工艺在四川地区都是很突出的。饭后，租了一辆长安面包车，一路上边走边问，好不容易到达了目的地——郝家河。

① 冯刚等：《冯氏族谱》，巴中飞侠印刷厂，2008年，序言1。

当老乡把我们带到墓地前，远远望见那高大的墓坊，我们兴奋之余也被震惊了，真是名不虚传。郝氏家族墓地共有5座成规模的墓葬建筑，其中尤其以郝占魁墓最为壮观，为道光二十三年孟秋月立。特别是墓前牌坊，七开间，六楼庑殿顶，残高4米多。该墓由墓前台阶、拜坝、墓坊、仪墙以及墓碑组成，墓坊、仪墙以及墓碑合围成一个四合院式墓园。墓碑紧靠山体，墓穴应该是横向掘进呈横穴式，这样的葬式较为少见。整个墓葬占地近200平方米。墓葬建筑结构复杂、高大宏伟，上有数百幅雕刻，主题内容涉及戏文人物、花草瑞兽、吉祥图案，手法囊括了几乎所有的石雕技法。该墓地旁边还有几座郝氏家族的墓葬，占地1000多平方米，也都有雕刻，但是从体量到工艺都不能与这座墓葬相比。根据住在旁边的郝氏后人（也是地方政府委托的文物保护责任人）讲述，该墓葬以前还有大型立柱和保护性建筑。而如今，我们只有从墓坊前面的几个大型雕花柱础、石柱和前面宽阔的台阶想见当初的辉煌。墓葬如今被列为省级文物保护单位。不可想象的是，一座规模如此宏大、雕刻如此精美的清代墓葬伫立在这样偏僻的乡野，而这样的墓葬在四川、湖北等地并不少见。这让我们有理由相信，在清末时期，乡野的经济、文化并不是我们今天所想象的那样贫穷落后。这样的墓葬需要耗费的人力、物力、财力和时间在今天看来也算是大型工程，更不用说墓葬建筑上雕刻的那些戏文故事和装饰纹样。在司机师傅的一再催促下，我们匆忙往回赶。的确，不知不觉天色已经晚了，但是留给每一个来访者的确是震惊和思考。

老乡在墓坊顶上帮忙清理

郝家后人给考察者讲述墓葬相关的传说故事

在郝占魁墓坊前合影留念

二、生基

10月2日，我们按照计划去柳溪乡，路程比较远，连续的上坡，终于到达荣华村，小雨的天气给我们带来了些微的麻烦，在村小学的一处医疗站终于打听到了我们要找的袁氏墓葬。

袁国清墓外景，墓碑就在这座碑亭之内

首先是袁国清墓（清光绪六年，1880）。该墓葬在一家院子里面，三开间的抬梁式穿斗结构瓦屋之内，这种屋子一般称为“坟罩”或者“坟亭”，墓葬的土冢在屋外，而单独的墓碑却在屋内，该地区很多家族墓葬的墓碑都是这样保护下来的。其实“坟罩子”与当地农村民居一般无二，要不是先前知道的话，到了面前都找不到。因为主人家不在，我们只有冒昧地进去。房间进深不深，但屋子里面的柴禾堆得满满当当，我们实在没有办法移开它们，只能见到墓碑的最上面两层。这房子想必原来是有人居住的，墓碑已经被熏得漆黑发亮，但是雕刻保护还很完好。二层两次间一边雕刻一具“真容”坐像，男左女右。男女主人都是端坐，左手拿长长的旱烟锅，右手拿其他东西，左右各有一名侍者，左边男性侍者点烟，右侧则有女子站立，拿长烟锅抽旱烟是该时期常见的习俗。

另外，该“坟罩子”的正立面有雕刻精美的垂花柱、白粉墙壁画和花窗，都显示出它又和一般的民居建筑不同。白粉墙上的六幅壁画保存还算完好，墨线勾勒，青、黄两色点染，描绘的人物众多，情节复杂。但是由于旁边的墨笔解说太过潦草，无力识读，似乎是《风尘三侠》和《封神榜》故事。当初修建墓葬以及“坟罩”时的“经营”很难猜测。

在距离袁国清墓不远的地方，我们终于寻到了另外一处省级文物保护单位——袁文德墓（清同治十一年，1872年）。当我们绕过一座大院子，首先看见的是一座牌坊式建筑，位于院坝边。这座墓葬建筑又再次让我们感到吃惊。一座占地100多平米的墓园，同样是由墓坊连接围墙和墓碑构成的四合院式的墓地，墓地中间条石铺地，左边的条石围墙已经拆毁，以方便旁边的居住者出入，还可以在这块空地晒晒粮食或平常休息。根据这家袁氏后人讲述，这座墓主人是做布匹和贩盐生意的，而且生意做得很大，常常把银子拿出来晒，墓地为他生前所建。当地人称这种墓地叫做“生基”。

《巴州志》有：

葬则造坟，谓之“修山”；未死预修者，曰“生基”。坟前多用石旗杆及石狮子，不自知其僭①。

① 道光《巴州志》十卷，清道光十三年刻本，引自丁世良、赵放等编《中国地方志民俗资料汇编·西南卷》（上），北京书目文献出版社，1991年，第348页。

可见，这一地区的墓葬修筑不仅普遍，而且格外重视墓前的诸多附属建筑以显示墓主地位和身份，甚至不惜冒着僭越的风险。墓葬建筑上也同样有高大的木结构建筑，早已经拆毁，留下来的石头建筑包括墓前的牌坊和墓碑。墓碑形制系单檐、十一楼庑殿顶，在坊的两面和墓碑的立柱、横梁等地方莫不雕刻装饰各式人物、花卉图案。如果细看墓碑屋脊上的"吻饰"就足以让人觉得叹为观止，造型、纹饰各不相同，而且工艺精湛，一丝不苟。墓葬整体雕刻的图幅都不大，但是构图饱满，结构严谨，雕刻精美，充满了热闹欢腾的场面。这样的装饰与墓坊上的"快哉亭"和墓碑亡堂上的"逍遥台"字样的匾额内容倒是十分契合。确实，尽管作为墓葬建筑似乎应该是庄严、肃穆的，其整体的设计和主题并没有超越这一点，那些墓联、亡堂和化纸库依然让我们深切地感知这一建筑的"墓葬"属性，但是喧闹的装饰，坦荡的匾额，甚至亡堂上的多彩灯笼装饰又让人丝毫感觉不到那种丧葬的"哀"的氛围。正如谢肇淛在《五杂俎》中提到明清时期的丧葬习俗"丧不哀而务为美观"①，这座墓葬建筑似乎印证了这一说法。难怪，墓碑尽管就在这家人的院子边，但我们访问的那位老人讲，他们不管白天还是夜晚从来都没有感到过害怕。从小到大，他们就在这墓坊和墓碑围成的平整园子里晒粮食，聚在一起谈天说地，甚至摆桌子吃饭……在他们心目中，这座墓葬与其他的建筑、环境空间并没有什么不同，生死之间的距离是如此之近，看待生死的态度是如此的豁达！

大约两个小时左右，信息采集的工作终于完成，时间已近中午，我们打算往回赶，在马路边见到一处雕刻精美但已经损毁大半的墓葬。残存的半截碑板显示为"……马老太君以为长生……"其明间立柱外侧上方有文字：

奉告上下两房以及弟兄子侄大小男妇老幼尊卑已生未生人等知悉，为碑工暗坏事情因袁恩福（健）之母马氏青年守节预修寿藏于斑竹湾。祖茔右侧苦心孤诣，历年□五尚未告竣，并无异□，岂料去岁，代卖茔树上下两房攘成讼端，因此事出偶□，于本年三月初八日忽见佳城之侧狮耳处铃铃被人打坏，马氏母子心血难甘，当即请凭房族约证点验实属可恶，今有族长约证同心苦劝，虽无指正情节可疑，意□鸣官究治，恐拖累左右房族人等，？保一□子孙，特将族内□文赔□一千六百文以补缺，□谨

已经面目全非的马老太君墓

① 谢肇淛：《五杂俎》卷十四，事部二，上海辞书出版社，2001年第293页。

戒下次侯后查访，若有人异日后复为损坏践踏速将此人公出，不得隐匿家族，心甘意悦愿将族内钱文凭约证与里邻之人送官究治，今垂公白于佳城之侧，晓谕示众云。

此碑刻显示了比较丰富的历史信息，包括墓碑的选址、修建原因等，更主要的是关于墓碑雕刻破坏之后的处理，族人解决“讼端”的方式。如此，这些碑刻就成为了研究该地区历史、文化、民俗、民间美术的“石刻档案”。

回到县城住所，我们一行吃过午饭已经是下午3点多了，我们决定再去一处距离县城很近的自来村看看。据说该处有3座清代墓葬碑楼。但是我们到那附近问了好几个人都说不知道。最后终于问到一位中年人，他正好是那座牟家墓的后人，他告诉我们，距离那个地方还比较远，但是他愿意用农用车带我们去，不收钱。我们自然很高兴了。尽管这车很破旧，学生们只有站在后面的车斗里面（其实这是很危险的）。但是，下车后学生们告诉我，他们从来没有这样的乘车经历，一个个就像在豪华跑车上兜风一样，在车上摆出各种造型拍照，连《泰坦尼克号》中的经典造型都有，真是不注意安全啊！我坐在车里和牟师傅聊天，真看不出，一个地地道道的农民，却经常到处旅行，几乎走遍了大半个中国。颠簸了大约20分钟到达山下，他给我们指了墓地所在就自己回去了。

我们爬到半山腰，眼前一片灌木林，墓碑都被掩映在茂密的野草、荆棘丛中，根本没有办法走近。我们向附近的农家借了砍刀，好不容易才收拾出来一处。这座墓碑尽管体量不大，但是保存还完好。雕刻尽管没有人物造型，但是颇具特色，尤其是墓碑二层额枋上的镂空龙凤雕刻，细腻生动。

牟家墓的结构和雕刻局部

另外值得注意的是，该墓碑结构对木结构建筑横梁的特意强调和模仿。除了多根带柱础的石雕方柱，重点在明间、次间上方的“倒凹形”拱，既是门楣，也是建筑的横梁结构，同时还是墓碑雕刻装饰的主要部位，而且还是双层的。可惜的是四重檐的墓碑建筑只剩下最顶上的一对“鱼龙”吻饰还完整，其余三层脊饰都已经掉落。我们在该地发现几件残片，都是变形花卉，线条流畅，布局有序，甚为精彩。

杨师傅给我们讲关于墓碑的种种讲究

在四川的广大农村，人们对于墓葬，尤其是墓碑的修建非常重视，尽管不是每一个都像我们前面提及的那些拥有雄厚的财力修建高大豪华的墓碑，但是我们还真不应该忽视那些众多小巧而精致的墓葬。很多时候，这些小型墓葬建筑的造型、样式、雕刻装饰以及碑刻文字都是重要的研究材料。

经过好一阵子的忙碌清理出这处墓葬，都很累了，再加上回去没有车，要走好长的路，就连忙往山下走。回到村民居住区，有人告诉我们，旁边还有几座“花碑”，当时我们还真没有发现，有些遗憾。

走了大约半小时，到达马路边，看见一处墓碑加工厂。如今，这样的墓碑加工厂在四川地区比较普遍，在一些公路沿线，时常会看见。不知道从何时起，利用现代机器设备和电动工具加工墓碑的“生意”红火起来，为祖先“打碑”成为了富裕起来的四川农村村民的一项重要事情。

引起我注意的是墓碑广告牌上的联系人——姓杨，因为这几天我们所见到这一带墓碑上的“匠师”（在明间碑板的左下角都会刊刻墓碑建筑的匠师姓名）好几个都姓杨，而且我们一直想打探到墓碑雕刻或修建的传承人，于是我们很兴奋地打了电话。一会儿功夫，一位穿着蓝色上衣的中年人出来了，我们还是失望了！他也是“半路出家”，没有家传。但是，他给我们讲了好多关于“打碑”的讲究和禁忌，我们还是感觉颇有收获。

三、家族墓地

10月3日，按照计划我们将移师旺苍县木门镇。头天晚上，我院丁月华老师带了两学生也来了，此行就成有10人的大队伍了。

木门镇，位于四川省广元市旺苍县东南边缘，与巴中、南江、苍溪等市县接界，自古就是兵家必争之地。《南江县志》（道光七年版）载：

木门道，在县北一百八十里，地势狭隘，两岸奇峰壁立，世传即三国张郃战死处[①]。

木门镇北现有地名“射郃坪”，传说即为魏延设伏乱箭射死张郃之地。

木门镇在明清时期一直是重要的经济、文化重镇，这一地区也是四川东、北明清移民和明清时期墓葬建筑代表性的区域之一，该镇还存留或修复了好些明清以来的家族祠堂，见证其移民历史。因此，我们完全可以将之视为与邻近的南江、巴中、苍溪等地墓葬形制、工艺、装饰等传播、演变的重要节点。

这一带大族聚居比较普遍，历史上多武将。因此，我们决定主要考察杜氏、曾氏、何氏等家族墓葬集中之地。

10月3日上午到了木门镇，镇子比较小，住宿条件和交通状况都比较差，乡村道路路况也不好。我们联系了一个长安面包车（这种车成为该地区农村客运的主要车型），去第一个目的地——

① 《南江县志·上卷·古迹》，道光七年版。

木门镇五郎坡杜氏家族墓。根据《杜氏宗谱》记载：这支杜氏可追溯至元末将领杜赞（官居翰林院）。明洪武元年（1368），“杜赞父子被洪兵追急，击釜为执，各奔前程（见南江书房祠吾族分锅序），杜赞三子，长曰通伦、次曰通贤、三曰通乾，俱系举人。通贤执锅腰铁入楚，通乾执锅底铁入黔，通伦执锅边铁谐父入蜀。木门杜氏钟嘴祠（今旺苍县化龙乡石川村）碑云：‘兄弟分袂（音昧），打锅为记，自元及明时居于此。’又据杜氏祠堂嘴祠‘宗支谱’载：‘我杜氏发源于木林窝（亦称木窝、木窝子）’，‘姓无二姓，锅无二锅。询以宗器皆我杜氏之孙也’。”①

杜氏家族墓，也被称为五郎坡墓群，在木门镇茶园村，座西南向东北，占地近千平方米，共有十余座大小不等的墓碑，如今是省级文物保护单位。整个墓园分为两行排列，前排有杜泽黉牌楼式墓碑（清嘉庆二十五年，1820）。杜泽黉牌楼碑的明间刻“杜泽黉、王太君二位正性之灵墓”，典型的仿木结构建筑，五重檐，四柱三开间。特别引人注意的是该碑的选料巨大，仅仅碑座就是一整块厚0.8米、长6.5米、宽1.7米多的巨石，墓碑高6米。整个墓碑建筑高大，墓碑二、三、四层为石雕斗拱，最上层是亡堂。它也许是四川地区最大体量的单体墓碑了。此外，该墓碑次间上阴刻的楷书文字，布局工整，笔法俊美，是碑刻书法艺术的典型范例。

墓地前排紧挨着的是杜文还及白、徐、张君四人墓碑，为四方碑亭，四面均有雕刻，碑立于亭内正中。后排则一字排开不同时期、大小不等、造型各异的墓碑，紧靠土冢，每一座墓碑都经过精心的雕刻与装饰，其中左侧的杜茂元及张君合葬墓尽管尺度不算高大，但造型和雕刻极为复杂，八字形出檐并有廊柱、斗拱、栏板、门窗等，极尽繁复。作为家族墓园，往往会这样围绕一座大型的墓碑，有序地排列出各式墓葬。这类大型墓葬的主人，往往是家族中最具影响力、或者地位最高者，而后人也会以这位祖先为荣。

何氏家族墓群

① 旺苍《杜氏宗谱》，第8页。

3日下午，我们到天星村，队伍分成了两组，我带着3个学生去考察了何氏家族墓，以何斐（据说是一位将军，后人敬称为“斐祖”）墓为中心，该墓地有自乾隆以来的清代墓葬10余座，其造型、雕刻和书法都很有特色。文字记录、传说以及雕刻的题材、内容大多保存完好，很多墓碑的色彩还比较鲜艳，墓碑的造型样式和装饰工艺变化多端，是一处值得特别重视的家族墓群。但是时间太仓促了，等我们草草清理出来，天色已经比较晚了。令人担心的是，由于山体变动，整个墓园的墓碑都向前倾斜，我们在清理和测量时都担心会倒下来。

四川农村山高路不平，从访问到回来，要走很长的路，看着天已经晚了，便往山下赶，与另外一组在公路上汇合。下坡走得急了，回到住地，感觉双腿都有些颤。晚上，我们“奢侈”了一回，饱餐了当地有名的卤鸡和河中的鲜鱼，算是犒劳一下自己。

10月4号一早，我们一行再次出发，目的地是曾家山的曾氏家族墓。途经农科村，发现另外一处小型的杜氏家族墓，其中的杜占魁墓（清光绪十五年，1889）最具特点，为四方碑，保存很完整，造型庄重，雕刻精美。

在该墓不远处就是有名的钟嘴祠。根据《杜氏族谱》记载，该祠堂始建于明嘉庆年间，王三槐过境时被焚，于光绪二十四年重建。“文革”期间再度被毁，但外墙和地坪仍然较为完整，杜氏家族刻意保留并打算重建，尽头正中尚存并联三通祠堂碑，旁边还存宗支碑一通。族谱上讲：

明末清初，张献忠入川（1639年），清军、明军、地方武装彼此征战，四川濒于战乱，岁欠年荒芜，瘟疫流行（过去全归咎于张不符合历史事实），我木门杜氏见时事大坏，聚族于祠堂嘴地土土扁碎锅铁（第二次将原锅铁打碎）为执，外出避难，大部分人于崇祯十五年（1643）随四川流民入陕……二年后，大清定鼎（顺治三年），肃清王授川（1647年），四川乱息时人口锐减，根据当时统计全省仅50余万人，鉴于此，清政府推行“安官投粮，插占为业”政策，这时，客居陕西木门杜氏一部分人先后回归木门故土；一部分人四川择其地插占为业；一部分仍滞留客地（现汉中炊烟千余户）①。

另外，据《南江县志》记载：

明威烈将军杜公名胜墓，在禹门场，墓侧里许，有杜氏祠堂。将军事迹无考，惟存铜锏兵器，上刻杜胜二字，以此知为将军故物。今子孙繁衍文武生数人，廪生杜承露、庠生杜长甫、杜柔（其墓地在五郎坡杜氏墓群中。作者注）、杜长荣皆其宗裔也②。

我们一行沿着村道行车不到十分钟，便找到这座杜胜将军墓。尽管已经被荒草和后代乱葬所包围，墓碑造型和装饰显得简单，碑文模糊不清，但墓前的方柱带帽盔状顶饰桅杆配置说明其地位很高。前后比较，我们发现，杜氏族谱、祠堂碑和宗支碑以及县志等文献对杜氏家族迁徙变迁的记载比较清晰，是研究家族变迁史的好材料。

---

① 旺苍《杜氏宗谱》，第9页。

② 《南江县志·下卷·杂记》，道光七年版。

3日上午10点多，到达曾家长乐村山，在路上休息时发现一处四柱顶帽的碑亭，亭中一块圆首碑。碑文显示为乾隆岁次丁酉年，上面还有："溯□公源□祖籍□陵，自我朝定鼎之初徙居于斯已经二百载矣"等文字。据此，旁边居民七嘴八舌地讲了关于"八大王剿四川"的故事，这样的故事这几天常常听见，但是各有不同的版本，比较有意思。

访谈曾氏家族传人

曾家山墓群据此不远，约步行十分钟左右便到。曾家也是这一地区的大家族，约占该乡人口的一半。据一位83岁曾姓老人讲，曾家是由湖南永州祁阳县填四川的，最早落户蓬州，后曾氏夫妻带个孩子外迁到此山下给邓姓家人做长工，并与邓家结为姻亲，有"邓曾二姓是一家"之说。

传说在为邓家人开荒过程中发现一坛银子，就此发达。这块地方早先属于李家插占为业，名曰李家山，后曾家买了大量的土地，人丁渐望，于是这个地方便开始称为曾家山。在这座墓的前方便是曾家的大祠堂，"文革"期间被毁，现已重建。但因管钥匙的人不在，我们没有能够进去。这是一栋五开间的穿斗结构瓦房，正房屋顶为歇山顶，外墙漆成了红色，整个屋顶起瓦垄，勾白线，显得大气而庄重。之前，该祠堂被作为学校使用，现在学龄孩子少，且都去乡镇小学读书，祠堂便空出来了。倒是旁边同时期修建的李家祠堂让我们能够想象当时的全貌。这座李祠主体建筑尚在，一座小型的四合院式结构，院前的石牌坊主体还在，有住家户在此出入。但祠堂正房堆满杂物，祠堂碑上的文字，包括雕刻、彩绘都被破坏。从石牌坊以及被敲掉头部的诸多石雕人物不难想象当年的气象。现在看来破坏得实在可惜！

曾氏家族墓就位于曾氏祠堂的背后，李氏祠堂的左侧，墓园大体一字排开。特别引人注意的是墓前高大的带斗桅杆，表明墓主人在世时的功名和地位。整个墓地有乾隆以来的清代墓葬10余座。像其他家族墓地一样，该墓群主要是曾孝翁及其家人的墓，曾孝翁墓位置比较靠前，其余的墓属于曾孝翁的几位夫人以及五个儿子中的三个，稍微靠后一字排开，排列紧密。曾孝翁是南江县的一位官员，墓碑主体为四方碑与"二升官"的复合样式，碑柱上的雕刻精美，人物众多。但是正如前面所讲，"文革"期间这些雕刻人物都被敲掉脑袋，而且破坏者非常"认真"，整个墓园的石雕头几乎没有遗漏。墓碑二层正面有竖立带"官印"的"皇恩浩荡"的赐匾，上书：

特授保宁府南江县三堂加五级记录十□，道光元年六月寿民曾朝举准此吉日

该墓地集中，墓碑建筑造型多样，雕刻的题材、内容和手法也比较丰富。尽管有很多的人为破坏，但风化较小，雕刻、书法等保存相对清晰。另外，墓葬之间的相对位置和家族关系清楚，是比

测量曾氏家族墓群

在曾家山吃地道的农家饭

较值得关注的家族墓葬。特别引人注意的是墓前高大的带斗桅杆，旗杆粗壮也印证了墓主人的功名和地位。我们一行格外用心测绘和记录。据前面那位老人讲，该墓可能是后人或族人出资后来再建的，因为该碑的面紧邻已有高大的神主碑，紧挨着的是一座桃源三洞碑，三重檐，庑殿顶，雕刻精美，是其两位夫人的合葬墓。曾孝翁没有和他的夫人们合葬，颇有意味。

中午，我们一行在曾家山曾氏墓碑近处一农户家吃了饭，我亲自下厨，学生们在锅旁边拍了我炒菜的镜头，一片忙碌和欢笑。我们给主人钱，他们执意不收。老人70岁啦，儿子女儿都不在身边，老两口带着孙子，孙子大的读大学了，小的还在读幼儿园。言谈中透出骄傲和满足，说：“现在政策好，家里谷子上万斤，猪每年卖四五头，过上小康生活了。你们重庆这么远的客人，请都请不到，怎么能要钱。”令人动容！

曾家山的曾氏祠堂

吃完午饭，我们继续出发，前往化龙乡亭子村。根据《旺苍明清墓葬》，这座墓碑的造型雕刻比较精美，保存也很完整。途中参观了一处修复的王家祠堂，像前面提及的民间修谱活动一样，现在有些地方又逐渐开始恢复祠堂。这座王氏祠堂便是在这样的背景下修复完成的，祠堂三进，正房为三重檐，庑殿顶，高高翘起的飞檐和鱼龙吻饰，与民居建筑相去甚远。显然是传统的高度等级建筑的形制，这正是此类建筑的典型特征，礼仪性和宗教性特征十分明显。据祠堂碑文记载，王家是清代从山西太原迁来的。

化龙乡亭子村的王家祠堂

距离王家祠堂不远处就是我们要找的王文学墓所在。当我们到那里时，村民说该墓被盗了，见到我们来也似乎并不欢迎。好不容易才取得他们的信任，并借了砍刀等清理墓地的工具。

该墓在一处坡地之上，好不容易爬到跟前。墓园碑长满了荆棘杂草，墓碑雕刻保存完好，墓前的四方亭子碑的4根石柱已经不在了，尽管巨大的顶帽还是比较稳固。失去了柱子的亭子显得消瘦而脆弱，极不成比例，全然没有了完整时的那种大气而优雅的美感，非常让人遗憾。好在土冢前的两通墓碑保存得很完整，体量巨大，结构严谨，雕刻工艺精湛。戏文人物、花卉、吉祥鸟兽都布局合理，动感十足；而墓碑上的书法也结体大方，富于变化，也算墓葬建筑中的上品了。

从化龙乡回到木门已经下午5点半了，但还是坚持去了附近的盐井村。到了地方，天色已晚。但令人兴奋的是终于发现了一处保存非常完整的墓，雕刻、文字几乎没有任何损坏。我在清理该碑上的树枝时，额头被马蜂叮了一下，好在是晚上，马蜂没有群起而攻之，万幸！这是我跑了两年多墓地，第一次遇到。尽管以前也提醒自己要小心蛇、马蜂等，但还没有遇到。以后要加倍小心了。草草地拍摄和测量后打算离开，有学生告诉我说，听说一位李家编写族谱的李永远知道墓碑上的戏

王文学墓碑雕刻局部

王文学墓碑雕刻局部

王文学墓碑亭正面雕刻

文内容，于是决定探访。天已经黑了，江涌、邓霜霜、刘显俊和我一同前去，但访问效果不理想。从李家出来，走山间小道下山，这些学生都没有经历过，很害怕，又有点迷路，我殿后，一路还吓唬她们说遇到“鬼挡墙”。尽量找话说，好不容易带到了马路上，远远看见我们的车打着灯从山路上开下来，心里顿时踏实了许多。回来在一处烂泥路段又堵了一会儿，终于回住地。因为晚了，就

全体成员在巴中市南龛石窟前合影留念

取消了晚上的总结会，决定第二天去巴中，看水宁寺石窟和巴中南龛石窟。

我们在巴中南龛石窟前合影留念，此次考察便告一段落。

后 记

值得一提的是，经过几天的考察，学生们都表现得特别认真，平时看上去柔弱的女孩子，在墓地上爬上爬下，在墓碑中间钻来钻去，实在需要勇气和毅力。她们原来对墓地、墓碑的敬畏变成了对古代工匠技艺、古人对待死亡方式的感动，学生们访谈、记录、拍照、测量都特别投入，令人感动，我觉得我低估了他们。

想想现在的研究生培养，有多少愿意走出校门，把研究建立在具体的调查、考察、访谈等基础工作、放在对一手信息的收集整理上？个人以为，这应该是美术学研究生培养的必要环节。以具体的美术事象、具体的置于原初“场景”中的艺术作品以及对产生该艺术作品的“生态”和时空的了解为基础，所谓“研究”不正该如此吗？有了这样的研究起点，后续的文献爬梳、资料分类整理、作品形式分析和文化阐释等展开便有了切实的路径，对于研究对象的学术理解及其学术表达将更为有效。诸多有成就的艺术史家、艺术理论家都是从这样的基础工作开始其研究的。

但是，在考察中也发现很多问题，主要是关于墓葬建筑的保护问题。这些年来，农村人口大量外流，自然和人为的破坏使得这些墓葬建筑及其雕刻正面临着“文革”以来的第二次破坏，虽然说不上浩劫，但是情况依然严重。构件被盗、或者整座墓葬被毁的情景不断出现在我们面前。地方政府不可谓不尽心尽力，但是由于人力、物力、财力的原因真是力不从心。我们的这项工作，在地方有关部门总是比较矛盾，一方面希望这些墓葬的价值能够被认可和确证，另一方面又担心公开之后带来不可预见的后果。这也是我们深感困惑的地方。但是，主动出击、加紧调查整理和研究毕竟还是有价值和意义的。

另外，这些墓葬也是研究“湖广填四川”的移民史和家族史的重要材料，这一点得到了西南大学蓝勇教授的肯定和热情支持。

考察过程中，我们也得到了很多地方政府、地方文物部门领导及工作人员以及当地老乡的大力支持和帮助，使得我们的考察总体来讲比较顺利，在此表示感谢！

四川安岳石窟考察记[①]

符永利　罗洪彬

作者简介

符永利，陕西凤翔人，生于1978年，2001年毕业于西北大学，获考古学学士学位；2012年毕业于南京大学，获博士学位。现为西华师范大学历史文化学院讲师，硕士生导师。主要研究方向为佛教考古及佛教文化遗产。

罗洪彬，四川宜宾人，生于1990年，现为西华师范大学历史文化学院专门史在读研究生。

著名学者刘长久先生曾说过：“四川石窟就其数量多、分布广而言，堪称中国石窟之冠。而安岳石窟的分布之广，又可谓四川石窟之最。特别是安岳石窟中极为精美的宋代造像，可以说是中国晚期石窟艺术的一颗璀璨的明珠。”[②]计有10万余尊的安岳石窟造像，多为唐、宋精品，上承广元、巴中石窟盛唐造像风格，下开五代两宋造像的新局面，已经摆脱了中原北方的影响，逐渐形成了四川地方特色，并对闻名于世的大足石刻产生了传启、铺垫的重要作用。因此，无论是历史研究价值还是艺术性，安岳石窟都不愧为四川石窟的精华集中所在。

---

① 本文获以下基金项目资助：国家社科基金西部项目（批准号：11XKG003）、国家社科基金青年项目（批准号：13CKG014）、西华师范大学科研启动基金项目（项目编号：12B003）。

② 刘长久：《安岳石窟艺术概论》，载其所著《中国西南石窟艺术》，四川人民出版社，1998年。

近年来，西华师范大学历史文化学院致力于西南地区石窟造像的考古调查与研究，而安岳石窟便是我们长期关注的焦点之一。2012年9月30日至10月7日，借国庆长假的机会，由七名师生组成考察队，专程前往安岳县进行石窟寺考察。9月30日上午从南充嘉陵车站出发，因无直达车，中途又由遂宁市转车，下午方至安岳。先到县文物局，请付成金局长帮我们开取了便于和各处文管所接洽的介绍信。具体的考察工作在10月1日正式开始。1日考察了石羊镇的毗卢洞和华严洞，2日主要考察顶新乡茗山寺和双龙街乡孔雀洞。由于3日以后连日下雨，加之考察地点比较分散，路途较远，大大延缓了进度，以致最后四天只能每天考察一个地点。10月3日考察岳阳镇千佛寨，4日考察岳阳镇圆觉洞，5日考察八庙乡卧佛院，6日考察鸳大镇玄妙观。除原定计划中的石鼓乡木门寺因时间紧迫未及考察外，对安岳县境内其余八处被列为全国重点文物保护单位的石窟寺均完成了考察任务。

位于安岳县城东南五十千米的石羊镇

毗卢洞所在的厥山

毗卢洞

10月1日早上8点左右，大家赶到汽车站，准备搭乘公交班车去石羊镇。石羊镇位于安岳县城东南，相距约五十千米。按理说路程不远，应该一个多小时足矣。可是现在要坐的是公交车，旅客众多，车辆不够用，往往要等半天。好不容易挤上去了，一路上又走走停停，不断地有人上来下去，耽误了不少时间。不过着急也没用，只能望向车窗外，欣赏沿途风景以自遣。外边天气阴沉，有些许寒意，很快又下起了小雨。但见青山绿水，薄雾轻绕，一派田园风光，诗意得很。路经一片柠檬园，一棵棵的柠檬树很整齐地排列在田里，绿色的小柠檬挂在枝头，很可爱地摇晃着脑袋。忽然想起网上的介绍，说安岳县是中国柠檬之都，有30万亩的种植园，其规模之大，的确不凡。当看到柠檬园门口挂的白色纸牌上赫然用墨笔写着“偷摘柠檬一个，罚款200元”的字样，不禁哑然失笑，看来擅自摘柠檬者大有人在。

上午11点半，终于到达石羊镇。街上人山人海，热闹异常，看得出是周围一带相对较大的中心场镇。据说，此镇因东南塔子山上一座唐代石塔上刻有一只“山羊”而得名，不知是否如此，无从考证。今天是国庆节，又逢赶场天，虽然下雨，但丝毫不能减弱人们的热情，街上人流熙攘，车辆拥挤。这时已近中午，于是先安顿好住宿，将不必要的行李放在宾馆好轻装上阵，在吃饭休整后，便出发前往距镇上最近的毗卢洞参观。

毗卢洞就坐落在距镇上一两千米的厥山上，因为路程比较近，又有水泥路直通景区门口，我们选择了步行。过油坪村向西南方向约500米即为厥山，山势虽不高，但风景清丽，谷幽石秀，安岳通往大足的公路即从厥山下经过。

毗卢洞造像分布在一片高11米、宽118米的红砂岩石壁上，此壁距山脚大概有60米，坐东向西，开凿有20个窟龛，造像计有465尊，分别集中于5个大窟，即毗卢洞、幽居洞、观音堂、千佛洞及玉皇洞。另有铭刻与碑记32通，佛塔2座，东汉崖墓10处。

进入景区大门，最先映入眼帘的是毗卢洞（编为8号）。此洞又叫柳本尊十炼窟，为长方平顶型，高6.6米，宽14米，深4.5米，窟檐正方有一长12米、宽1.5米的窟楣，楣上正中刻五方佛，均各自独立为龛[①]。五方佛两侧镌有题记，按照字体及大小辨别，有三幅对联，即“天长地久，国泰民安”；“菩萨因中誓愿，显扬护国降魔”；“定果熏修真秘密，正心莫作等闲看”。另有楷书小字刻有柳本尊的简传，左侧为：“本尊教主者，始自嘉州城/北，有柳生瘿，久而乃出婴/儿，邑都吏收养。父没，继其/职，以柳为氏。审详斯义，岂/在今之操修。自凡入圣，即/法身也。梵语毗卢遮那，华/言遍一切处。或云种种光/明，或云处处清净，或云不/可思议法，或云不可思议/境界，乃至多种义理，不可/穷尽。”右侧为：“又，本尊贤圣者，本自无/为，超过诸有，名本尊也。/有大菩萨，名金罡藏，了/悟本尊无为妙理，修菩/萨行，已超十地，常游十/方，助佛扬化，愍苦众生，/来入浊世，隐菩萨相，现/凡夫身。入红尘里，转大/法轮，因名本尊教主为/号也。”通过现场识读比对，我们发现在已有的资料中，对此处题刻的记录，均有不同程度的疏漏[②]。此类失误虽小，但也提醒我们考察过程中应当尽可能做到细致严谨。

---

① 曹丹、赵昤二先生认为毗卢洞窟楣正中所刻五尊造像，“中为三佛，左为柳本尊，右为赵智凤造像”。而刘长久先生则认为赵智凤是南宋时人，若此处有赵智凤造像，则此窟开凿年代就应该是南宋末年，甚至比大足柳本尊十炼图晚出。实际上据碑文镌记和县志等材料记载，前者开凿于北宋初年，而后者开凿于南宋，故此处不可能出现赵智凤的造像。笔者认为刘长久的观点更具说服力。参见曹丹、赵昤：《安岳毗卢洞石窟调查研究》，《四川文物》1994年第3期；刘长久：《也论安岳毗卢洞石窟——兼与曹丹、赵昤二君商榷》，《四川文物》1995年第5期。

② 如《安岳毗卢洞石窟调查研究》一文中，在“自凡入圣”之后直接略去了“即法身也，梵语毗卢遮那，华言遍一切处”一句；再如《也论安岳毗卢洞石窟——兼与曹丹、赵昤二君商榷》中，在录入“梵语毗卢遮那，华言遍一切处”时，“毗卢遮那”四字后凭空添出一“佛”字；另《安岳、大足“柳本尊十炼图”题刻和宋立〈唐柳居士传〉碑的研究》文中，则遗漏了“或云不可思议境界”一句，缺“又”字，误“世”为“地”字，亦存在不同程度的谬讹。

毗卢洞龛楣的五方佛造像

毗卢洞中所雕刻的内容十分特别，主要为柳本尊十炼修行图，阐发的是四川密宗的主要教义，可以认为是完整的四川密宗行化道场。正中的主尊为毗卢遮那佛，也是柳本尊的法身像，高4.5米，结跏趺坐于莲台之上，座下由两个半身力士托扶。主像左右两侧分上下两层用十组雕像来表现柳本尊十炼的情景，主要有炼指、立雪、炼踝、剜眼、割耳、炼心、炼顶、舍臂、炼阴、炼膝，除了直观图像之外，还配刻有文字解说，图文并茂，就像一幅刻在岩壁上的连环画，极富观赏价值。主尊毗卢佛左右两侧有一男一女二立像，据工作人员介绍，此二像身份现无定论，可能是前蜀王建及其夫人。这种说法似有不妥，若联系第九炼的碑文来看，柳本尊洒水使丘绍死而复苏，于是丘绍夫妇“俱来侍奉，以报恩德，不离左右”。可见，这男女二像当指丘绍夫妇才妥当[①]。

这里不得不提到柳本尊其人，他是唐末五代初剑南西川一个著名的宗教首领，但关于他的生平事迹，除了上述安岳毗卢洞第8号窟中的柳本尊十炼图，现仅见于大足宝顶山小佛湾所存南宋绍兴十年（1140）沙门释祖觉修撰的《唐柳本尊传》碑（已残）、大足宝顶山第21号柳本尊十炼图所刻颂文。根据这些极为有限的资料可知，柳本尊名居直，生于唐大中九年（855），卒于前蜀天复七年（907），嘉州龙游县玉津天池坝（今四川乐山市境内）人。他本为弃婴，由邑都吏收养。养父死后，继父职，以柳为姓。后素食纸衣，律身清苦，专修“大轮五部咒”（金刚界大曼荼罗），每日念诵《瑜伽经》，发愿持咒灭灾，自号密宗祖师，在汉州弥牟设立道场，招收弟子，弘扬密法，声势很大。蜀主王建为此曾授予他“唐瑜伽部主总持王”称号。柳本尊以居士身份修习密宗，并根据自己的理解和修行，创立了一个以部分密教经典为主体思想的宗教组织，其活动范围主要在以

① 王家祐先生将毗卢主尊左右的两身立像判定为净饭王夫妇（佛之父母），表禀赋初生之意，亦似缺乏可靠依据。参见王家祐：《安岳县毗卢洞造像》，《宗教学研究》1985年S1期。

毗卢洞主尊毗卢遮那佛造像

成都为中心的川西地区，学界为将其与唐代正统佛教密宗相区别，特名之为“川密”①。作为这一地道的四川地方性教派的创立者，柳本尊问题的重要性，不仅在于安岳毗卢洞、茗山寺以及大足宝顶山等石窟造像的部分题材内容与之密切相关，而且在于该类题材的出现对于四川石窟地方化特质的形成和发展起到了极为重要的作用，当然，对于“川密”问题的深化研究也是大有裨益的。

观音堂石窟（编为19号）中主要造像为水月观音，又俗称“紫竹观音”，造型优雅，被誉为东方美神，中国的“维纳斯”。此像高2.8米，曲眉大眼，双目微闭，容貌秀丽，身披璎珞，腰系彩带，下身着裙，游戏坐莲叶上，右脚踏莲花。这尊观音像完全是一个典型的四川女性的写照，身材比例适度，小巧玲珑，给人以倜傥而不轻佻、温雅而又端庄之感，是神与人、心灵美与外在美的有机结合，不愧为安岳唐宋石刻艺术的代表之作，已成为安岳县对外宣传的一张标志性名片，游客来安岳不看“紫竹观音”将成为终身憾事。

千佛洞内主像为西方三圣②，左右两壁上部为十八罗汉坐像，风格与主像有明显的区别，时代较晚，可能为明代添刻。正面龛台及两侧岩面上刻有322躯小坐像，各自刻于排列整齐的圆形小浅龛内，俗称“千佛”，实为捐资人坐像，有僧、尼、会首、供养男女等功德主，难能可贵的是像侧还刻上本人姓名。千佛洞左侧的玉皇洞内所供为玉皇大帝像，开凿于清道光三十年（1850）。玉帝本为道教主神，佛教将之吸收为崇拜对象，是佛道融合的表现。这种清代的石刻，比起北宋的作品来，艺术性要逊色得多。

① 胡文和：《安岳、大足“柳本尊十炼图”题刻和宋立〈唐柳居士传〉碑的研究》，《四川文物》1991年第3期。
② 据景点介绍牌上的文字，千佛洞内主像为华严三圣，但经实际考察和查阅资料，确定此处主尊当为西方三圣。

考察千佛洞

考察队成员在毗卢洞紫竹观音像前合影

千佛洞中的摩崖群像

千佛洞功德主小坐像

千佛洞功德主小坐像

华严洞

离开毗卢洞后，我们下山在石羊镇上租了一辆小三轮车，又出发赶往华严洞。华严洞位于石羊镇华严村西北1.5千米的箱盖山上，此处山高路陡，树木繁茂，路况不是很好，几乎都是七绕八绕的盘山路。

华严洞主要有两个石窟，一大一小，大洞为北宋开凿的华严洞，小洞为南宋开凿的大般若洞，均为长方形平顶窟，内有宋代摩崖造像159尊，历代碑刻题记24处，大洞外现还保存有清代所建的庙宇大厅。据介绍，“文革”时“破四旧”，安岳的石窟造像遭受了很大的破坏。但是由于华严洞距离县城较远，且山势陡峭，交通不便，当地农民又用自家粮食堆满洞窟以掩蔽精美的造像，在窟门堵塞柴草作掩护，这样才使之免遭劫难，得以完整地保存下来。就目前所知，华严洞是我国现存最精美、保存最完整的宋代石窟，这里边自然少不了当年乡亲们自发保护的功劳。

洞因供奉“华严三圣”得名，高6.2米，宽10米，深11.3米，窟内正壁为华严三圣像，中为毗卢遮那，头顶花冠中坐一居士像（柳本尊形象），两旁文殊、普贤，左右各侍立一弟子。左右两壁各坐五尊菩萨，右壁为圆觉菩萨、净业障菩萨、威德自在菩萨、弥勒菩萨、普眼菩萨，左壁为贤善首菩萨、普觉菩萨、观音菩萨、清净慧菩萨、金刚藏菩萨，菩萨的头光均为尖桃形，内饰火焰纹。左右壁上部为“善财童子五十三参”经变故事浮雕，源于《大方广佛华严经》的入法界品，叙述的是善财童子参拜53位善知识者的故事。窟顶正中阴刻有一个巨大的“唵”字，为密教六字真言之首字，既可代表六字真言，也可代表密教尊奉的本尊大日如来，象征一切法门，瞻拜者若念此字便能使之死后上生天界。

考察华严洞

华严洞顶部正中阴刻巨大的“唵”字

华严洞大般若洞中的主尊像

大般若洞位于华严洞右侧20余米处，是儒、释、道三教合窟，高4.2米，宽4.2米，深4.8米。正壁主像为释迦牟尼，左右雕刻有孔子和老君造像。左右两壁分三层雕刻，上层为十大弟子，中层为二十四诸天，最下为十八罗汉。令人遗憾的是此洞中的十八罗汉和释迦佛左右的阿难、韦陀造像，头部均已缺失，据说是在1996年的一个夜晚被盗，案件至今未破。幸运逃过“文革”劫难的文物精品，终究没有能躲过盗贼的魔爪，令人痛恨。考察中发现，主像释迦牟尼佛肉髻低矮，螺发较大，髻珠处留白多，头大身小，整个造型比例不协，面相五官较为集中，与宋代舒展、大器之风迥异，怀疑受到过明代的改镌。果然，在洞窟左壁的一通明代万历功德碑上，找到了明代镌妆的确切依据。碑文载道：“洞本遗留，象像新作，始为宋朝年间本尊为记，至到而今未能成也。”于是有一对夫妇发心镌妆罗汉九尊、白莲童子两尊。虽未明确提及主尊，但已足可印证明代装修洞窟的史实，主尊极可能是在那场功德活动中被改凿过。窟顶刻有类似一正一倒两个“人”字的图案，外饰圆圈，此字无人能识，故当地人有谚曰：“两个人字颠倒颠，认到就是活神仙。”这个神秘的字吸引了不少人进行考释，有释为“仁”字、“化”字、“佛”字者，也有解释为“道教太极图”、“双人图”者，等等，可谓众说纷纭，莫衷一是，直至今日仍未见有一种公认的定论。笔者比较赞同赵辉志先生的见解，觉得解释为“佛”字比较妥当些。首先，与大般若洞以佛教为中心的造像主题相一致；其次，与“佛”字古体“仏”相似，可能是“佛”字的别体字；再次，洞名“般若”，意即智慧，谓通过智慧到达涅槃之彼岸，而“佛”指佛法，亦即般若，与洞名吻合①。

大般若洞右壁头部被盗的罗汉像

考察华严洞完毕后在山门前合影

下午四点多钟，乘坐三轮车返回石羊镇。今天的考察暂告一段落，晚上就住在石羊镇。

---

① 详可参见赵辉志：《安岳华严洞大般若洞“丫人”字辨释》，《四川文物》1996年第3期。

茗山寺

考察茗山寺

茗山寺第1号窟东岳大帝像

10月2日，晨起发现绵雨如注，原定的7点早饭后出发的计划不得不推延，只好呆在房间整理资料。直至中午见雨势稍小，遂安排大家去吃午饭，每人一碗刀削面，主要是为了省时省事。饭后，到十字路口准备租车去茗山寺。由于雨仍未停，很多车主都不愿意去，好不容易找到一辆车，司机却不大认识路，所以只有边走边问。

茗山寺地处顶新乡民乐村西南1.5千米的虎头山颠。虎头山雄踞群山之中，形似猛虎眈视诸峰，显得十分雄伟壮观。汽车绕盘山路逶迤而上，将至时余1千米变成了泥路，只好下车打着伞向前一步一滑地走过去。茗山寺始建于唐代，但早毁，现在所见的山门、天王殿、内殿等均为后建，内有佛、菩萨、送子娘娘像及清代几通碑刻，从造像风格来看多属清代，也有一些现代增补的。最宝贵最精彩的是寺外山腰环绕一周的宋代摩崖造像，凿于红砂石崖壁，共13龛63尊造像，其中5至7米的造像有8尊，1至4米的造像有50尊，碑刻题记27则。造像内容主要有十二神将、毗卢佛和东岳大帝、观音、大势至、文殊师利、毗卢佛立像等，风格特征与大足石刻十分相似。值得一提的是其中的3号窟，为文殊师利立像，高达6米，左手托经书外伸1.5米，重达数百公斤的重量，全靠2.2米的落地袈裟支撑，由于设计巧妙，终能历千年而不坠。这与大足宝顶山5号龛华严三圣像使用袈裟作为重力支撑的作法如出一辙，均为古代雕刻家精心设计、巧妙利用力学原理、将科学与艺术完美结合的典范。

总体而言，茗山寺的造像不算多，但形制均较大，保存也基本完好。破坏较严重的是十二护法神将和观音势至二菩萨坐像，尤以前者受损最为严重，已面目全非，仅余轮廓。之所以出现这种状况，据管理员介绍说是因为该窟顶部岩石上面原曾住过一户人家，常年往下倒水所致，现已得到整改。

冒雨参观完茗山寺，大家又乘车赶往下一个目的地——孔雀洞。在途径双龙街乡文库村3队地界的时候，突然发现路边一处石壁上有几龛造像，于是大家忙下车查看。经考察，此处唤“菩萨崖”，共有8龛造像，形制较小，剥蚀严重，且头部均残损。内容多为佛或者菩萨坐像，惟一龛内疑似道教神像。其中有一龛雕佛陀说法图，上刻有天宫图案及云彩装饰，非常精美。后来经查阅资料，未见相关介绍，故推测此处窟龛造像很可能还未被文物普查者所发现。四川多山，谷深林密，不少造像本身规模又不大，常处于隐蔽状态，这往往给调查者带来了很大困难。

在茗山寺文殊师利造像前

在茗山寺调查中讨论相关问题

考察途中无意发现的位于双龙街乡文库村的菩萨崖造像

孔雀洞

孔雀洞位于安岳县双龙街乡附近的孔雀山麓，现存遗迹有大小佛龛10个，造像75尊，分别凿于孔雀洞、三佛洞、阿弥陀佛洞、观音经变龛和地狱变龛内，最引人注目也是保存最完好的便是孔雀明王造像龛。据管理员周先生介绍，这附近本有一尊高大的佛像，“文革”时被当地村委会炸掉了，本来还想炸孔雀洞，但当时该洞右侧住有一户人家，故未施行。后来他家堆积大量柴草将孔雀洞完全掩蔽住，“破四旧”的红卫兵来时未曾寻见，悻悻而去，孔雀洞这才得以保存下来。由于长期作为住房，烧火做饭，烟熏火燎，孔雀洞的造像多处被熏得发黑，美其名曰“烟熏妆”。孔雀洞高4.2米，宽4.4米，深2.5米，主像为跏趺坐于金孔雀之上的孔雀明王，他头戴化佛宝冠，身着长裙，左手执法器，一副能为大众消灾解难的慈悲形象。洞之左右壁刻“孔雀明王经变图”、“阿修罗大战帝释天”。此龛与大足同类造像极为相似，孔雀稍显壮硕，羽纹逼真细腻，设计布局时可能由于没有充分考虑到石质地形等因素，未能雕出双足，但这丝毫不影响它的整体艺术性。工匠凭借高超的手法，着重刻画孔雀那挺拔的身姿、机敏有神的双目，使神鸟浑身散发的那股神骏威武之气，生动淋漓地展现出来，令人叹绝。孔雀洞右侧原有一个观音堂，现已倾圮。孔雀洞左侧有一些形制较大的佛窟，内原刻大型佛像，早毁，现佛像为后人所补修。佛窟下还随处可见当初被砸下来的巨大石佛头。

考察孔雀洞

孔雀明王像

被今人补修一新的孔雀洞左侧龛像

孔雀山上的经目石塔

孔雀山上有一座报国寺，大雄宝殿后建有一座高台基单檐式经目石塔，塔高15米，分八方三层，每层各有亮柱八根，柱分八面，向外的六面上刻有佛经经名，共计144部，字迹古朴，苍劲有力。塔身四方各层上壁，浮雕跏趺坐小佛像，共24尊。此塔呈现的应该是晚唐时期的风格。经目塔往后是一座三清殿，内供奉有元始、道德、灵宝三位天尊。为何佛寺大雄宝殿之后会是道教的三清殿？这多少让人产生一些疑惑。经询问，得知是烧香的老婆婆们弄错了，把后面的大殿按照三清殿的规格整修了一翻，才出现这样的情况。不管实际情形是否如此，这恰恰说明民间普通信众对道教、佛教的区别并不看重，只要是造像，都认为是菩萨。

下午，参观孔雀洞时小雨渐歇，但土路上满是泥泞，弄得大家满脚脏兮兮的，有点狼狈。因为包车司机不耐久等，几番催促，我们只好匆忙地结束考察。下午4点20分，回到石羊镇上的宾馆。按照原定的考察路线，我们需返回安岳县城，因为时间有点迟，遂决定在石羊镇再住一宿，明日回城。

千佛寨

10月3日，在石羊镇上吃过早饭，乘车返回安岳县城，仍旧住在汽车站附近。安顿好之后，出发去岳阳镇贾岛村的千佛寨。先从安岳汽车总站乘3路公交车至西大街，此时已是10点多了，怕进入千佛寨之后，没有地方吃饭，于是在西大街上找了家小饭馆，每人吃了一碗面条暂时充饥。再乘通往城西乡的公交车下乡，在车上摇摇晃晃40多分钟后，终于到达千佛寨所在的大云山下。下车后，发现景区门口由于进行改造施工，又加上接连下雨，造成路面泥泞不堪。我们沿着山路一步一滑，艰难行进，费了好大劲终于蹭到了千佛寺。这座寺庙原来的建筑早已废弃，现存是今人后建的几座房子，佛和菩萨像都露天站立院中，显得很简陋，倒见不少信徒前来朝拜，香烟缭绕，唱经声不绝于耳。再向山上走，寻见一条石梯路，好走多了。

行走在通往千佛寨的泥泞山路上

考察千佛寨

坐落于山顶的千佛寨，整个属于森林公园所有，为一个由西向东呈狭长形的古城寨，拱形的寨门前有一座半圆形的水池。摩崖石刻就分布在此寨外围的一圈山崖上，整个造像区长达705米，分南、北两岩，共开凿有大小龛窟105个，现存造像总数3061尊，另有摩崖浮图7座，唐碑3通，历代题刻26则。千佛寨摩崖造像是安岳两百多处石刻中开凿最早的一处，也是造像延续时间最长的一处，最早可追溯至隋代，而最晚可至民国二十二年，以唐开元至南宋庆元的460多年为其营建的鼎盛时期①。题材主要有西方三圣、三世佛、七佛八菩萨、接引佛、药师变相、千佛、千手千眼观音、不动明王等。

考察千佛寨

千佛寨第96号药师佛经变龛

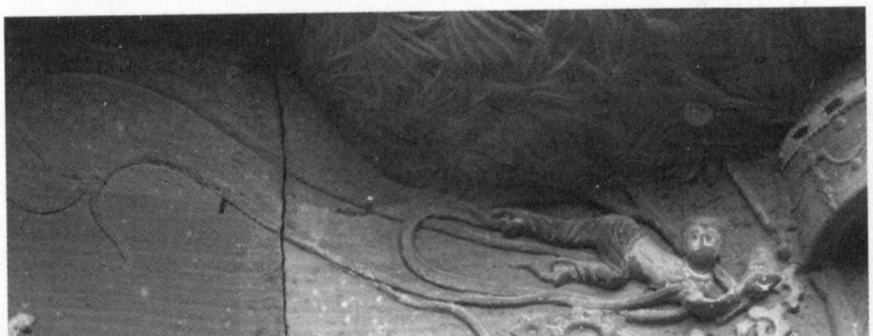
千佛寨第96号药师佛经变龛的男相飞天

损坏严重的千佛寨造像

① 安岳县文物管理局：《安岳石刻导览》，中国文史出版社，2008年。

据现场考察，我们觉得千佛寨造像充分展示了我国石刻艺术各时代的风格和特征，有很高的历史、美学研究价值。除了具有隋代遗风的造像之外，盛唐雕塑所占数量最多，规模最大，内容也最丰富。盛唐造像大部分集中在南岩，大型造像较少，内容多以释迦说法图为主，有两处较为大型的莲花化佛群雕。而北岩则多以站立的佛或菩萨群像为主，规模多比南岩大，但多数年代偏晚，表现的多为五代和北宋的艺术风格。在形制、题材等方面，千佛寨石刻亦具有自身显著的特点，如窟龛形制以小型、平顶、桃形龛为主，龛高、宽一般在1.5米至2米之间，深1米左右，龛楣为桃形，龛沿以六瓣莲花装饰。多千佛、力士造像，艺术性高，而药师经变、明王等题材虽不多，但均具有独特的造像风格和雕刻手法。

以北岩96号龛为例，这座著名的药师佛经变龛，是中国石窟同类题材中内容最丰富的一窟。不仅刻有头顶华盖的药师佛坐像，饰有飞天，左右侍立八大菩萨，佛座下并排站立药师十二神将，而且在龛左右两壁上分别刻有十二组“九横死”和“药师十二誓愿”经变故事。故事中所刻造像高不盈尺，采用圆刀作浅浮雕精工细琢而成，造型生动，设计巧妙，形象地勾画出千百年前的社会风貌和世态人情，简直是一幅刻在石壁上的历史画卷。这样完整的药师经变摩崖造像，不但在四川地区未见，在全国石窟雕刻中也是绝无仅有的。

原本计划在千佛寨考察3个小时，不料由于这里的造像实在丰富，让人流连忘返，一直到下午6点半天色渐晚，才不得不结束。千佛寨造像让我们叹为观止的同时，也为其严重的损毁情况而深感痛心。由于此地归属林业局主管，有些工作文物局不好插手，公园又看重门票收入，对保护工作不上心，所以到目前为止，仍不能杜绝损坏现象的发生。希望有关部门能改变观念、协调关系，做好文物保护这一项功在千秋、无愧对子孙的事情。

圆觉洞

10月4日上午，我们前往安岳县城东南相距仅1千米的圆觉洞参观考察。

圆觉洞地处云居山上，宋代叫灵居山，最早的寺院因山而得名“灵居寺”，明朝时又改成云居山“真相寺”。后因寺内有北宋开凿的“圆觉洞石窟”而更名为“圆觉洞”，并沿用至今。现圆觉洞山门已按新的旅游规划进行了重建，气势恢宏，手笔很大。景区内配套设施完善，窟前

考察圆觉洞北崖

圆觉洞第11号龛净瓶观音像

在圆觉洞舍利塔附近考察

位于圆觉洞第11号龛右壁上方的老年状善财童子像

增建有休闲长廊，铺设了参观便道，增建有防护铁栏杆，环境已经得到绿化和美化，并新建有秦九韶纪念馆、安岳恐龙展厅等，又有距离县城较近的优势，所以游客比较多，是安岳石刻旅游的热门景点。安岳县文物局的办公室就设立在此。

圆觉洞造像始凿于唐开元年间，历前蜀、后蜀，宋代达到鼎盛，前后400余年。造像分布在云居山的南北两面，北崖造像区长达75米，存22个窟龛，大小造像87尊；南崖造像区长111米，有81个窟龛，大小造像1844尊。常见题材有华严三圣、释迦佛、净瓶观音、莲花手观音、六臂观音、地狱变相、说法图、舍利塔、碑刻等。

考察从北崖开始。此区造像较少，但形制较大，以大型洞窟为主。第11号窟内刻净瓶观音立像，高6.8米①，头戴宝冠，胸饰璎珞，左手提净瓶，右手执柳枝，脚踩并蒂双莲，妙相庄严，姿态优雅。左右壁上部各刻一着短袖彩裙、云朵托身的飞天，形象为女相，与千佛寨药师佛经变龛中出

① 关于此尊观音像的高度，说法不统一。胡文和、陈其昌先生在80年代发表文章中提供的数据是6.75米，付成金先生在90年代的资料中记录为6.8米，而现在所见圆觉洞景区介绍牌上却记录为6.2米。由于付先生是安岳本土的老文物工作者，主持参与过实际测量，故本文采用他的数据。参见胡文和、陈其昌：《浅谈安岳圆觉洞摩崖造像》，《四川文物》1986年第1期；付成金：《再识安岳圆觉洞摩崖造像》，《四川文物》1991年第6期。

现的男相飞天有别[①]。左壁中层刻有献宝龙女，可惜头部被毁[②]。左壁下层有三尊供养人像，其中最外一人为未完工的石坯，造像旁边题记已无从辨认。右壁中央刻一善财童子，头束高髻，上身袒露，下身着裙，双手合十当胸，右侧身跪于祥云上。令人奇怪的是此像长眉有须，额、脸和颈上均布满皱纹，是一副老者的形象，与常见童子造型不同，未知出于何种缘故。右壁下层亦有供养人像及题刻。

第15号圆觉洞，正壁刻“三身佛”造像，左右两壁刻“十二圆觉菩萨”，题材源于《大方广圆觉修多罗了义经》。据介绍，此窟这十五尊造像的头部均为现代补塑，神态极为相似，应是仿照宋代风格使用同一个模子所致。

再往右侧，是两个较大型的窟龛，一为16号释迦佛窟，一为22号莲花手观音窟[③]。其中16号窟中的释迦佛高6米，螺发，着双领下垂式佛衣，右手施说法印，拇指与食指间夹一毕波罗花果，左手施与愿印。造像一改佛教仪轨中的正面律，身体与头颅偏向右侧，表情微笑，与窟右下壁下方的迦叶尊者目光对接，神态和蔼可亲，一扫庄严肃穆之感，拉近了参拜者与佛的距离。这种采用侧面进行雕凿的佛像，十分少见[④]。22号窟为莲花手观音像，高6.51米，颇有唐代遗风，脸型圆润，体态丰腴，显得雍容而华贵。

圆觉洞第16号龛释迦牟尼立像

圆觉洞南崖石龟

① 千佛寨药师佛经变龛中，在主尊头顶左右刻有两身男相飞天，赤膊披长飘带，着长裤，飘然临空，在安岳石窟造像中十分少见。飞天一般指乾达婆、紧那罗，为专司娱乐和歌舞的神，据说他们是夫妻。飞天中的人物起初有男有女，成对出现，像新疆地区的石窟中就有不少男女并肩的飞天。至敦煌石窟，仅在早期见到少量男性飞天，如莫高窟第407、412窟，榆林窟第25窟，均有身披袈裟的和尚飞天。十六国北朝时期，敦煌女性飞天仍多带有较明显的男性特征。直至唐代，敦煌飞天方全部女性化。仅据此点来看，千佛寨药师佛经变龛的年代也可能要比目前所断的五代或北宋适当提前，至少也要到中晚唐时期。

② 据说是1983年4月13日被一精神病人砸毁的。参见付成金：《再识安岳圆觉洞摩崖造像》，《四川文物》1991年第6期。

③ 胡文和、陈其昌二先生将11号、16号以及22号窟的造像合为“西方三圣”，他们认为11号窟为观音造像，16号窟为阿弥陀佛造像，22号窟为大势至造像。邓之金先生则提出不同意见，认为11号窟应是净瓶观音，16号窟应是释迦佛窟，而22号窟可称为莲花手观音窟。目前学界多采用邓之金先生的观点。参见胡文和、陈其昌：《浅谈安岳圆觉洞摩崖造像》，《四川文物》1986年第1期；邓之金：《安岳圆觉洞“西方三圣”名称问题探讨》，《四川文物》1991年第6期。

④ 圆觉洞16号窟表现的其实是“释迦拈花微笑”的典故。据宋《联灯会要》载，世尊在灵山法会上，拈花示众，众皆默然，唯有迦叶领悟，破颜微笑。释迦遂宣布已经将正眼法藏传付迦叶。与此相似的造像在资中东岩发现一窟，亦建于北宋，普州文氏工匠镌刻。所不同的是圆觉洞16号窟的迦叶立于右壁，故佛头偏向右侧，而资中东岩的迦叶则立在左壁，故佛头偏向左侧，由此可见，佛头之所以不采用最常见、最端正庄严的正面相，完全是为了出于表现俯视弟子迦叶的情景需要。

在圆觉洞南崖

圆觉洞第43号龛骑牛菩萨像

南崖造像较多，但多以浅型小龛为主，大部分属于五代时期。由于五代是历史上短暂而动荡的时期，因此这一时期的造像内容庞杂，布局也不规范。造像中出现了很多以“一佛二菩萨十六罗汉”、“千佛”为主要题材的群雕，特别是“十六罗汉”在此处尤为常见。比较特殊的还有地狱变相龛、聂公龛、道教天尊造像龛等。84号地狱变相龛，主要依据《盂兰盆经》所刻，因刻有“十殿阎王”，又可称之为“十王经变龛”。聂公乃是前蜀王建部下，身兼普州、遂州、梓州指挥使，因驻守安岳，圆觉洞南崖五代造像就是由他主持开凿的，人们为了纪念他，特刻像记之。第96号为道教天尊龛，天尊免冠束发，身着道袍，左右各立一道教侍者，右壁外侧刻一菩萨，右沿外站一力士。从左壁题记可推测该窟开凿年代约是盛唐时期，算得上是圆觉洞最早的造像龛。另外还发现有“骑牛菩萨”像，位于第43号龛，龛正中有一牛，背托莲台，莲台之上有一菩萨结跏趺坐，面部已毁。牛两侧各站立一侍者，一文一武，武者似作牵牛状。龛左右两壁分上下两层，上层为跪状供养人，下层各雕一牛。龛沿下方还可见相对而立的两头牛。这种题

考察圆觉洞聂公龛

材在我们近日的实际考察中还是首次发现①。

真相寺后又有陈抟墓，据说是明洪武年间由其弟子从华山迁葬于此。陈抟号图南，道号扶摇子，五代宋初人，被尊为道教老祖，曾长期隐居鹤鸣山、华山。有人说陈抟出生于普州安岳县龙台乡观音沟，其墓迁葬圆觉洞表达的是乡人对他的怀念②。

今天整个白天都在圆觉洞，中午利用参观空隙在景区内的“佛都山庄”吃饭，邀请了县文物局的付成金局长。他跟我们介绍了不少安岳石窟的情况，又给每人送了一本《安岳石刻导览》。吃饭之际，又商讨了明天如何去卧佛院考察的事情。

卧佛院

卧佛院地处安岳县城西北约四十千米的八庙乡卧佛沟，是安岳与遂宁、乐至交界的地方。由于路途较远，又偏僻，搭车不便，所以付局长决定开车亲自送我们过去。10月5日，早上7点半出发。因为文物局的小面包车昨天去了重庆，我们人多，用了两辆小轿车，一辆由付局长驾驶，另一辆由陶师傅驾驶。如果从南向北走，快到卧佛院时会被湖水所阻，需要乘船走水路，比较麻烦。文物局的人去调查一般是绕至北面的安居区，再折回向南开，可直接到卧佛院，虽然多走些路，但正好可以避免水路的麻烦。

我们先上高速至遂宁安居区，从此处至卧佛院也就20千米的路程，上318国道向南行驶，大约一刻钟后，再拐向一段较窄的公路，不出半个小时即到达一处小路口，下车步行五六分钟便可进入卧佛院景区了。小路边芦苇高达两米有余，长势旺盛，将路遮得十分严实。这里湖水萦绕，绿荫蔽空，确实隐秘，若非有人带路，真不好找。如果我们自己单独走，肯定要大费周折不说，也不一定

卧佛沟

卧佛院南崖

① 其实这种类似的骑牛菩萨像，在大足石刻中已有发现，如大足北山第209窟，题材基本相同，所不同的是设计布局，与圆觉洞43号龛作为主尊坐骑的牛呈正面像不同，大足北山209窟的主尊坐骑呈侧面像，另外四头牛不处于左右两壁或龛沿下方，而是浅雕于正壁，分布在菩萨左右，每侧各二头，两个作为侍者的武士则立于龛口，并且手里多了武器，一个挥斧，一个持剑。据龛外题刻，可知此尊菩萨像原来叫“解冤结菩萨”。当地人流行称作“牛神王”或“牛王菩萨”。据推测，这种骑牛菩萨与观音造像可能还存在一定的联系，有可能是观音的某种人格化身。参见Henrik H.Sorensen：《大足北山执印菩萨图像鉴别再考》，载大足石刻研究院编《2009年中国重庆大足石刻国际学术研讨会论文集》，重庆出版社，2013年。

② 唐承义、王平中：《普州揽胜》，大众文艺出版社，2011年。

能够找到。难怪卧佛院早在清代县志上就有记载，但人们都不知其具体位置，直到1982年省里进行文物普查时才被发现，从而使这个被人们遗忘，沉睡达千年的历史瑰宝又重放光彩。

卧佛院所在地属八庙乡卧佛村，为一个呈东西向，长约1千米多的山湾，名叫卧佛沟，造像和石经就分布在卧佛沟南北两侧高约50米的红砂石岩壁上。山谷四周竹林茂密，山木苍翠，自然风光绝佳。东有东禅水库，但见碧波荡漾，湖面植有大片荷花，只是现在花已凋谢，唯留枯茎枝枝朝天戳着。湖上或可泛舟，或可垂钓，令人倍增雅兴。

卧佛院有窟龛139个，大小造像1613尊，佛塔5座，经幢1个，唐碑2通，宋碑1通，造像题记16处，游记诗3首。作为我国南方规模最大的一处石刻佛经，这里保存有价值极高的唐代佛教经文15窟，准备刻经未及刻成竣工的经窟39个，经文主要有《大般涅槃经》《妙法莲华经》《般若波罗蜜多心经》《金刚般若波罗蜜经》《佛顶尊胜陀罗尼经》《佛性海藏经》《檀三藏经》《阿弥陀经》《大乘太集地藏十轮经》《禅说禅密要经》《佛说报父母恩重经》等。现存清晰可识的经文共22部，70余卷，40余万字，几乎将盛唐民间最流行的经典均收录在内，无愧为一座佛经宝库。

最近一段时间，一位德国老教授受邀带领几位年轻专家正在这里做佛经文字的扫描工作，属于中德合作项目，据说已经干了10天，大概还需要8天才能完工。此前他们也曾搞过一次，但是效果不太理想，这次是重做。这些学者中有三位德国人，三位中国人，其中一位是来自台湾的女博士。他们住在安居区，每天早出晚归，中午在卧佛院吃一顿饭，省去午休，为的是节约时间。看着他们不畏艰险，爬上爬下，一丝不苟地调整着仪器，不厌其烦地记录着各种数据，这种不怕辛苦、耐心细致的工作劲头让我们不禁动容。

刻经洞多在数米高的悬崖上，徒手难以攀援，所以我们只到三个规模最大也最方便进入的洞窟中进行了考察。第46号窟三面刻经，其中左壁经文保存较好，除下部贴近地面部分风化严重外，其余大多可辨识，发现有《金刚般若波罗蜜经》《佛顶尊胜陀罗尼经》等经名。右侧石壁较潮湿，经文保存状况稍差。正壁经文保存较为完好，但未发现经文名字。我们所见经文保存最完整的窟是第59号刻经洞，整个窟内三面刻经，经文清晰，保存完好，经文上部还刻有六个飞天像，十分精美。可惜的是此窟左壁靠近正壁处被凿出一道与邻窟联通的石门，从而残损了不少经文，殊为可惜。

在卧佛像前合影

卧佛院的造像龛有80余个，内容主要有涅槃变、凉州瑞像、释迦说法图、弥勒佛、接引佛、千手观音、观音经变像、维摩诘经变等。最为壮观的“释迦牟尼涅槃图”造像，位于北崖，佛像全长23米，横卧在距地7米的岩壁上，背北面南，头东脚西，两手平伸，双目微闭，神态安详。这是目前国内所见最大的一尊唐代卧佛像。关于这尊卧佛像有两个问题值得关注，一是左胁而卧，与通常所见的枕右臂累足而卧的涅槃像相反，似有违仪轨①；二是关于佛腰部外侧向内而坐的侍者是何身份的问题。第一个问题，有三种解释：1.据中国古代葬俗，死者入土都得头东脚西，所以卧佛左侧而卧，正好可以处于头东脚西的位置。可以说，是沿用了古代葬式的理念，不是有意要违背经义②；2.安岳卧佛并不是释迦牟尼涅槃时的造像，而只是左侧卧造像③；3.因为山石的石质优劣而不得不采用这种卧式④。据我们现场仔细考察辨别，发现北崖的石质条件的确是影响造像设计的重要因素，可以说因地制宜的原则使得造像者做出改变定制的行为，左胁而卧主要是为了适应地形地势。第二个问题，卧佛腰部外侧有一侍者向内禅坐，右手伏在佛左手腕处，似悉心诊脉状。关于此侍者身份，目前学术界有很多猜想，一是阿难说⑤，二是须跋陀罗说⑥，三是医者说⑦。笔者比较倾向于第二种观点，应该是释迦涅槃前最后皈依的弟子须跋陀罗。据《大涅槃经》卷四十载：枸尸那竭罗城有一梵志名须跋陀罗，闻佛将涅槃，特意赶去向佛陀问法，并请求收为最后的弟子。早在犍陀罗的石雕涅槃图中，就已经出现须跋陀罗跏趺坐的背向造型。虽然佛经中没有他抚摸释迦手部的记载，但应看作是综合和借鉴了大迦叶抚足的画面而来的⑧。

今天天气不错，没有下雨，中午时分还露出了太阳，将连日来心中积攒的阴霾一扫而空，欣喜油然而生。中午由付局长安排在卧佛院景区里吃饭，

德国专家在卧佛院工作

① 据说这种左侧卧的卧佛造像，全国石窟中仅有三例，除了安岳卧佛院这尊像之外，其他两例一在敦煌第120窟前壁，是壁画形式，另一例在云冈石窟第11窟西壁，为雕像，但都体量较小，比较简单。参见林品强、周正勇：《卧佛与涅槃》，《中华文化论坛》1997年第4期。

② 胡文和、李官智：《试论安岳卧佛沟唐代涅槃变相图》，《四川文物》1984年第4期。

③ 曹丹：《安岳卧佛为何左侧》，《文史杂志》1997年第2期。

④ 刘长久：《安岳石窟艺术》，四川人民出版社，1997年。

⑤ 刘长久、胡文和：《大足与安岳石窟某些造像的比较》，《四川文物》1986年S1期。

⑥ 彭家胜：《四川安岳卧佛院调查》，《文物》1988年第2期。

⑦ 周正勇、林品强：《安岳卧佛侍者像辨析》，《四川文物》1990年第1期。

⑧ 金申：《四川安岳涅槃佛像的解读及重修时代》，《四川文物》2006年第5期。

管理员掌勺，都是可口的农家菜，吃得十分惬意。下午考察结束，付局长和陶师傅又不辞辛劳，将我们安全送回安岳县城。

玄妙观

10月6日，早上8点我们从安岳汽车站搭坐公交车前往鸳大镇，路况不好，十分颠簸，在鸳大再转公交至黄桷乡（已撤乡归属鸳大镇），剩下的路只能靠步行，一边走一边问，路面泥泞湿滑，行走不便，岔路又极多，难得遇见一个可以问路的人，所以往往走错了方向，跑了不少冤枉路。好多小路其实不能算作路，只能叫田埂，走在上边滑得很，两旁还会有乱树杂草遮掩，一不小心踩空就会掉下去。如此步行了一个多小时，幸遇一位老乡指点带路，才最终找到了玄妙观。

步行前往玄妙观

去玄妙观途中向老乡问路

玄妙观位于安岳县城北约20千米的鸳大镇黄桷铺集圣山白羊峰下，周围郁木苍苍，环境清雅。管理员是一位朴实的老者，家就住在附近，听到消息很快就赶来给我们开门。进门后迎面就见一块高6米、周长43米的红砂质平顶巨石，窟龛造像便分布在巨石的四周。此处有大小窟龛79个，造像1293尊，唐碑4通，年代题记4处，历代游人题刻5则。窟龛大多是长方形平顶龛，也有拱形龛，整体为道教造像，题材有老君、三清、四御、三元、金童玉女、十二金仙、六丁六甲、真人、楼台亭阁等。也有少量一佛二弟子二菩萨形式的佛教造像，还有佛道合龛12个。玄妙观造像不仅内容极为丰富，而且艺术精湛，是一处罕见的唐代道教摩崖造像群，为研究历史上佛道共存共融、唐代统治者佛道并重的社会背景，提供了直观的实物资料。

行走在寻访玄妙观的泥路上

玄妙观老君龛

玄妙观力士像

附近原有一所学校，“文化大革命”时期“破四旧”，学生被组织起来砸玄妙观的造像。由于石质坚硬，不易砸毁，学校专门从安岳县城里请来几个专业石匠，一直“破”了好几个星期。现在所见好多造像的头、手被凿毁，就是在那时破坏的。第12、13、14号窟中的天尊、真人立像早已面目全非，遍布凿痕。第13号龛的四真人像身上还凿有“看毛主席的书，听毛主席的话，毛主席万岁”的语句。玄妙观共有螭首龟趺碑4通，除第6号摩崖唐碑保存较为完好外，其余3通皆被人为破坏。看到这种情形，只能让人痛惜不已。

据相关资料显示，玄妙观原有七重大殿，很是壮观，又是清代云龙书院的所在地，选址颇佳。站在观门外远眺，但见座座青山叠翠，几处农舍在竹林掩映中飘起炊烟袅袅，秧田中仍有劳作的身影，碧塘如镜，倒映着山树云天，群鸭嬉戏，应和着阵阵犬吠，轻风中偶尔送来淡淡的野花与果实的清香，不觉令人痴醉，心生无限向往。

玄妙观佛道合龛

玄妙观第12号龛四真人立像

玄妙观不少造像被破坏

玄妙观破坏严重的佛道合龛

下山时，经管理员指点，走的是另一条路，比较近，也好走些。很快就走上一条乡村水泥公路，20多分钟后找到了319国道，这条路上过往车辆比较多，好搭车。乘车不到一个小时就回到了县城。由于此次考察任务已经基本完成，大家都比较轻松，所以饭后在街上逛了一会，不少人购买了鞋子，原来的实在脏得不能再穿了。10月7日，按来时路线返回南充，安岳之行结束。

后 记

一周的考察虽然费了不少周折，颇为辛苦，但幸得安岳县文物局付局长及各处管理员、乡亲们的支持和帮助，顺利地完成了任务，达到了预期的目标。这里要感谢他们的无私帮助！经过这次考察，我们对安岳石窟有了比较直观的了解，安岳作为“中国佛雕之都”、“中国石刻艺术之乡”是当之无愧的。我们将考察所得的一些粗浅认识略作整理如下述之。

1.资源丰富。据现有的普查资料，安岳全县计有文物保护价值的摩崖造像石窟寺达220处，号称四川石刻造像地点最多的县，其中已列入国保单位的有9处，省保单位10处，县保单位28处。

2.分布特点。受佛教由北向南传播次序的影响，安岳石窟的分布具有以下特点。初唐、盛唐时期的造像多集中在今安岳县城以北靠近遂宁、乐至的西北部，如卧佛院、玄妙观、黄葛大佛等。中晚唐到五代逐渐向安岳县中部、南部发展，如千佛寨、圆觉洞、净慧岩、高升大佛寺、塔坡、庵堂寺等。两宋造像主要集中在安岳县与大足接壤的东南地区，如毗卢洞、华严洞和茗山寺等，这一带的造像对大足石刻和柳本尊教派的兴起产生了较大影响。

3.价值分析。安岳石窟是川中地区的代表，自成一体，更富四川地方特色。可以说，四川石窟的许多特点都在这里得以体现，如多密宗造像，多大佛、道教和三教合一造像，多五代造像，多宋代精品造像以及多整体规划的大石窟等。安岳石窟以更加成熟的形式、更为鲜明的世俗特点、更加浓郁的地方特色、更为丰富多变的题材内容，在中国石窟艺术之林中独树一帜。

4.艺术特点。安岳石窟造像风格质朴，宗教神秘感降低，更趋人性化。刻画细腻，融合了唐宋审美观念，突出人体装饰美，既带有神韵，但更强烈的是充分展示了当时的人性美。既可以看作宗教教义的宣传品，又体现出佛教走向世俗化与民间化的过程。

5.学术研究。目前所见关于安岳石窟的学术成果中，资料整理较多，基础研究还不甚完善，详尽、系统、深入的分析与研究仍很薄弱，有待持续深化。

6.保护工作。与大足石刻相比，安岳石窟时代早、艺术性高，但知名度却不够，原因除了地理位置偏远、石窟造像相对分散，而且每一处规模都不大、缺乏一定的系统性之外，主要是存在严重的自然与人为破坏。除了地方文管部门，社会各方面力量都需要参与进来，共同努力，做好保护工作。

最后，有必要将参加此次考察的人员姓名全部罗列出来，以纪此行，他们是：符永利、陈龙、杨洋、罗洪彬、蒋九菊、宋世娟、张燕。

贵州龙井河水碾考察记

胡安徽

作者简介

胡安徽，男，河南唐河人，博士，副教授，贵州师范大学马克思主义学院、历史地理研究中心教师。主要从事历史医学地理研究。

水碾是我国古代劳动人民发明的一种以水流做动力的加工农具，在中国科技史上具有相当重要的地位。贵州是一个多雨、多水道的地区，为利用水碾进行粮食加工提供了颇为有利的条件。贵州不少农村目前仍在利用水碾从事粮食、竹子、香料、油料等的加工。令人奇怪的是，这种在贵州较为发达的传统加工工具，在明清乃至民国时期贵州传世文献尤其是官方所撰传世文献中却鲜有记载。笔者在翻阅民国二十年（1931）陈文荣等编纂的《黔南陈氏族谱》（以下简称《族谱》）时，发现了一篇名为《龙井河水碾记》的文章，它不仅记述了贵州水碾的类型及其特点，而且记述了陈氏族人绳斋在龙井河建水碾取得了良好的经济效益。龙井河上确实有水碾吗？是什么类型？如果有，现在的状况如何，还在发挥其功能和经济效益吗？笔者多次检索和查阅相关论著，却未见有只言片语述及这些问题。带着这个疑问，笔者决定去龙井河实地考察。

根据《族谱》提供的信息，龙井河应该位于今贵州省贵安新区平坝县，离县城的距离不是太远。史籍对该河早有记载，嘉靖《贵州通志》云：“龙井，在卫城东南一里，居民遇旱屠狗应之，风雨随至。”[①]此语虽有夸张之嫌，但说明古人对此河已有一定认识和利用。水碾就建在龙井河

① （明）谢东山修、张道纂：嘉靖《贵州通志》卷二《山川·平坝卫》，天一阁藏嘉靖刻本。

上。另据志书记载，平坝县春秋、战国时期分属牂牁国、大夜郎国之夜郎邑；秦时属象郡夜郎县；汉代属牂牁郡夜郎县；西晋时改属牂牁并渠县；东晋则属夜郎郡之广谈县；隋代属牂牁郡宾化县；唐代辖区分割更迭较大，分属琰州（治所在今贵州镇宁县南）、清州（据谭其骧《中国历史地图集》第五册《隋唐五代十国》显示，治所当是今贵州平坝县马场镇）、罗氏鬼国和罗甸国（约相当于今贵州紫云、关岭、镇宁东南部一带）；宋时属绍庆府普里部（约相当于今贵州安顺市所辖区域）。元初属普定路及普定府，后分别改属顺元路（顺元路改亦溪不薛，蒙语即“水西”）宣慰司、金筑府；明洪武二十三年（1390），置平坝卫，平坝之名由此而始，含有“地多平旷”之意，隶于贵州都司；清康熙二十六年（1687），裁平坝卫，设县，名安平县，隶属贵西道安顺府；民国三年（1914），安平县改名为平坝县；新中国成立后，平坝县隶属贵州省安顺专区，政府驻安平镇（今城关镇）；安顺撤地建市后归安顺市辖，现为贵安新区所属。

在细致了解了龙井河和平坝的历史后，2013年10月3日中午，我坐上了途径平坝的2031次列车，到龙井河去考察水碾。用了约1小时20分，火车到达了新平坝站。一下车，我便向当地人打听去龙井河怎么走。令人失望的是，打听的三四个人都没听说有龙井河，更不知道这条河上在民国时期是否建有水碾。我又问及是否知道有个龙井管理所，因为在网上查到有这样一个管理机构，也许就是这个机构在管理龙井河。一摩的师傅说，他知道有个龙井管理所，但不知道是否是我所说的龙井管理所。我想：既然来了，不管是不是我要考察的地方，就应该去看看。谈好价钱，匆匆吃了午饭，我便与摩的师傅一起赶往龙井管理所。

龙井管理所离平坝县城距离很近，摩托车大约行十多分钟就到了。遗憾的是，由于是国庆节假期，管理所没人上班，无法了解相关信息。于是，我决定向周边的居民打听。龙井管理所边住了不少农户，我找了其中一家，男主人姓钱，今年58岁。当我说明来意，他说龙井就是龙井河，他记事时是有碾子的，但不是姓陈的，而是集体的，大家都可以来碾谷，20世纪70年代就已经不存在了，因为龙井河上修建了一个水坝，把原来的水碾就淹没在水底了。钱姓村民的一番话让我颇为失望。沿着龙井河道，我仔细看了看，由于上游筑坝，现在的龙井河水流量很小，一眼可以看到河底，有些区段成了洗车行的水源地，一些区段则成了养鸭人放鸭子的好地方。养鸭的区段，河水浑浊不堪，不忍入目。

我不想就此无功而返，便继续沿河道而下，看到不远的稻田里一位老人正在烧荒，便赶了过去。老人姓李，是龙井河附近的大寨村人，今年60岁了。听了来意，他很热情地给我讲了起来。据老人介绍，他小时候确实见过龙井河上有水碾，那水碾不是集体的，而是私人的，但不知道是否就是陈姓建造的水碾，只

热心的钱姓老人

是大伙都可以来碾谷，所以钱姓老人把水碾说成是集体的了；水碾的所有人根据碾谷的多少收取一定的加工费或提取一定的稻米作工费，后来龙井河修筑水坝就把水碾淹没了。由此看来，龙井河上原来确实有私人建造的水碾，只是修筑了龙井河水坝后被埋在了水底。我很想去看看龙井河水坝，但由于水坝被围栏围住，管理人员不在，也就未能一睹水坝了。这不能不说有点遗憾。我拿出《龙井河水碾记》，让老人看其中的文字："每风日清，和一叶扁舟，泛碾外，渡石桥，下大河，顺流东去，望白云庄，泊水月庵，扣舷而歌。"李姓老人说，他小时候见过龙井河上有人划着小船捕鱼，但船一般只能坐两三个人；龙井河再往下，就和一条叫黎阳河的河流交汇，称搓白河，搓白河上就有一石桥，桥附近原来有一个庄叫白云庄，不过现在称白云镇了，至于水月庵就不清楚在哪了。看来，龙井河上的石桥和白云庄确有此物，水月庵的具体位置还待以后考察了。从老人那里我还了解到：龙井河的水主要是地下水，现在修建的龙井河水坝可以灌溉方圆一千多亩的水田，而且还供应平坝县城居民和城周边数万居民的饮用水。我想：从这一角度说，龙井河应该是平坝县的母亲河吧。可惜，记住龙井河历史的人却并不多。

老人给我指好了路，让我过去看看。在老人所说的地方，我果然看到了一座桥，然而却不是石桥，而是水泥结构的桥。桥是1974年建造的，距今已有40年

龙井管理所

现今的龙井河水流量很小，部分河段成了鸭子的天堂

热心的李姓老人

龙井河水灌溉的稻田一隅

的历史了。问及过路的老人才知道，这座桥修建之前还有一座老桥，当时是石板铺成的，比较窄，仅能过一辆马车。现在的桥则是70年代政府在原来石板桥的旧址上重新修建的。看来这确实是文献中记载的“泛碾外，渡石桥”的石桥了。

照片中搓白河上的桥，便是《龙井河水碾记》中述及的“泛碾外，渡石桥”的石桥

就在和路人交流之时，又一位骑摩托车的老人经过，他就是桥边这个村子的。听我说起想找水碾，他很热情地带我去看。坐上他的摩托，我们到了搓白河上一个有水碾的地方。这座水碾离刚才看到的桥直线距离约一千多米，但由于搓白河蜿蜒曲折，使水碾与桥之间的距离看起来还是有点远。这位不知姓名的老人说，这座水碾已存在一百多年了，现在的碾房是把原来的碾房拆除后重建的，水坝也是把原水坝拆了后再建的。当我又说起民国时期龙井河上陈家的水碾时，老人说，龙井河上原来确实有水碾，不仅陈家有，而且钱家也有，龙井河水坝建起来之后都被淹在坝底了，现在看到的这个水碾是刘家的水碾。他指着刚才我们经过的村庄说，这个村子百分之八十的人都姓刘，就是他们祖上建造的这个水碾；这个水碾当年效率很高，两小时可碾谷200斤。这与《龙井河水碾记》所云“水盈轮速一昼夜作一碾，可益米石许”相比，效率高了许多，因为龙井河上的水碾当时一昼夜24小时仅能碾米一石即200或300斤，而搓白河上的水碾两小时就碾谷200斤，效率高10倍左右。为何会有如此大的差距？笔者以为：一是龙井河位于搓白河上游，没有搓白河水流量大，对水碾的冲击力相对较小，其效率当然会低一些。二是由于水碾的碾槽大小不同，一次倒入碾槽的稻谷数量肯定也不同，龙井河上建的水碾的碾槽也许没有搓白河上的水碾碾槽大。三是因为水碾的水轮直径大小也会影响水碾的工作效率，龙井河和搓白河上水碾的水轮直径可能大小不一。由此，文献所记龙井河水碾的工作效率和实地调查的水碾的工作效率不同应该是可以理解的。笔者曾见资料介绍云南白族使用水碾每昼夜加工粮食（小麦）达1200斤[①]，贵州息烽的水碾两小时碾谷100斤[②]。由此看来，不同地区不同河流上水碾的工作效率并不一致。

热情而不知姓名的老人

不知不觉，我在龙井河进行了约3个小时的实地考察。通过考察，有以下认识：

其一，《龙井河水碾记》所载内容应该是真实可信的。因为文献所记的水碾、石桥、白云庄都有实物存

① 张继：《白族传统的水磨、水碓、水碾技术》，《云南民族学院学报（哲学社会科学版）》1999年第3期，第38页。

② 张厚强：《息烽西望山脚下 44户村民守护最后的水碾房》，《贵州都市报》2007年12月3日。

在。尽管水月庵的位置有待再考究，也许是这个地名在搓白河更下游，远离龙井河，故而当地居民并不清楚。

其二，水碾不应完全退出历史舞台。虽然水碾在很多地区早已在百姓生活中成为一种记忆，但近几年伴随着生态旅游热的兴起，贵州一些地方又把这种已经“消逝”的传统加工工具重新搬到了现实。更值得注意的是，不少农民对水碾碾的米情有独钟，“机器打米虽然快，但破坏了米粒上的营养层，水碾碾出来的米无论是口感和营养都比机器打的好”，贵州息烽县西山村的村民们如是说①。贵州黄平县重安江上的水碾群目前仍有13座在正常使用，主要用于碾桐籽榨油、碾竹材造纸、碾做香的原料粉末等②。这表明水碾的存在还有一定的现实价值和市场。由此而言，水碾不应完全退出历史舞台。

搓白河上原水坝遗迹

搓白河上的新水坝和废弃的碾房

其三，以史为鉴，服务现实。《龙井河水碾记》所记人与水的和谐相处、民国时期龙井河良好的生态环境，对我们建设当代生态社会有一定的启发，因为水碾不使用机器作动力，一定程度减少了碳排放，有利于环境保护和人们的低碳生活。这无疑能够为现实提供有益的服务。但同时也要注意到，由于龙井河已经筑坝蓄水，成为平坝县城和周边居民用水的主要来源，同时还承担着灌溉任务，搓白河的水量也锐减，到处裸露着河床，这些河流均不可能再建设水碾了。但有关部门可以考虑在流量比较大的河道上建造新的水碾，既可以为当地群众提供加工服务，还可以开发生态旅游。

贵州黄平县重安江上的水碾群（百度图片）

其四，“读万卷书，行万里路”。《龙井河水碾记》的内容对学界研究历史时期贵州水碾发展演变和贵州经济史、社会史，以及生态环境史都有一定的帮助。这仅仅是文献本身的作用，但把文献知识与田野考察相结合，既能加深我们对文献知识的理解，还能增加我们对生态环境的认识，也能增加我们对生活的感悟。故而研读文献与实地调研相结合，将使学术研究更接近科学、更接近现实。

田野考察之路修远兮，吾将上下而求索！

① 张厚强：《息烽西望山脚下44户村民守护最后的水碾房》，《贵州都市报》2007年12月3日。

② 杨德：《若水黄平》，《文化月刊》2013年第5期，第72页。

山东安丘市清代“石墙围子”遗址考察记

裴一璞

作者简介

裴一璞，男，山东安丘人，1982年生，聊城大学运河学研究院讲师，历史地理学博士。主要研究方向为区域历史地理。目前已在《文献》《中国边疆史地研究》《思想战线》《四川师范大学学报》等刊物发表学术论文30余篇，参编著作1部，主持厅级课题2项。

2013年10月12日，笔者利用在北京大学历史学系访学的间隙，自北京坐动车回到故乡山东省安丘市。600多千米的路程，仅用了短短3个半小时，到家后，听到父亲讲离家不远的留山正在进行旅游开发，山上有清代修建的“石墙围子”及道观遗址，可能要被改造。对留山，笔者并不陌生，它离家仅有7千米的路程，骑自行车半天就可走一个来回。笔者在上小学、初中时曾经去过两次，印象当中只记得有座倾塌的道观。直到读硕士后，多少关注一些家乡的历史文化，知道山上的“石墙围子”是清代咸丰年间安丘民众为抵御捻军侵犯而修筑。“石墙围子”为当地方言，意思是用石头砌就的围墙，在清代作为一种防御性的军事建筑，与古代修建的山城或山寨同属一类。山上的道观名为“秀云观”，在修建石墙时一并得到大规模整修，故可视为石墙遗址的一部分。对留山历史遗迹的研究，向来少人关注，即使在安丘所修的历代县志中也少有提及。故笔者此次利用回家之便前往实地考察，并对其相关历史进行考证。

一、出发与登山

留山原名刘山，其最早记载见《太平寰宇记》："刘山，在（安丘）县西南六十里。上有垒，刘裕平燕之日，停军此山，因以为名焉。"①可知刘山的得名源自南朝宋武帝刘裕。东晋义熙元年（405），大将刘裕带兵北伐南燕（建都广固，今山东青州市），因在此山驻军广交民众而被纪念。民众在刘山为其塑像，建"刘山爷爷"庙加以祭祀，久之讹传为留山。刘裕小名"寄奴"，至今留山仍有一味草药叫"刘寄奴"，用来治疗刀伤炎症，也是唯一用帝王名字命名的草药。另据明万历《安丘县志》载："（县西）四十里曰刘山，高百十丈，峰峦九出，有桃源洞。洞内有石床，上多古祠，井泉旱祷之处碑字泐灭。"②留山海拔441米，笔者在重庆西南大学读书时常去攀登当地号称"川东小峨眉"的缙云山，海拔有1000多米，留山与其相比只能称是小山了。但因安丘地处山东半岛的胶莱平原上，最高海拔亦仅有518米（太平山），留山与周边的平原、丘陵地貌相映衬，也算是当地较为有名的"大山"了。

10月13日是中国农历传统的重阳节。提到重阳，最容易让人联想到的便是唐代著名诗人王维的《九月九日忆山东兄弟》："独在异乡为异客，每逢佳节倍思亲。遥知兄弟登高处，遍插茱萸少一人。"与古人相比，我却幸运许多，能在重阳之前赶着回到家乡。当然王维所言的山东是指华山以东（今山西省），我却是在真正的山东省了。重阳佳节自古就有登高的习俗，因此我便选择在这天前往留山。上午9点，北方的金秋艳阳高照，秋高气爽，蔚蓝的天空下白云朵朵，气温20度左右，非常适合出行。笔者虽然十余年未再到过留山，但因离家较近，具体的行走路线还是很清楚的。当然离家近还有另一个优点，就是能够得以轻装简从，不需要做过多的前期准备。离家时，我再次跟家人核对了进山的道路，便独自一人上路。骑车陆续经过四五个村庄后，远处的留山初时还隐隐在望，至此则立刻清晰起来。近几年山东省实施"村村通柏油路"工程，乡村的主干道已基本实现道路硬化，这极大方便了车辆的通行。骑车最终在一个叫黑峪子的村庄停了下来，在村头我向几个聚堆闲聊的老人询问了一下，确认此村就是毗邻留山"石墙围子"遗址最近的村庄。因为留山在安丘是辉渠镇与大盛镇的界山，周边有17个村庄环居，并不是每个村庄都能到达遗址。离开此村再前行约500米后，便来到了留山脚下。近观留山突兀高耸，山间梯田层层分布，各种果树分布期间，成熟的苹果、山楂、核桃等挂满枝头。山底平缓处则是刚刚播种的

单骑在路上，远处的留山隐约可见

① （宋）乐史：《太平寰宇记》卷二十四《河南道二十四·密州》，中华书局，2007年，第499页。
② （明）马文炜、熊元：万历《安丘县志》卷三《山水考第二》，南开大学图书馆藏万历刻本，第223页。

冬小麦，已经露出嫩嫩的绿叶。骑车至此，感觉山间的风确实很厉害，虽然天气晴朗，但树木被吹得哗哗作响，令人感到阵阵凉意。

对留山的概貌及建设情况，《安丘县地名志》曾做过详细介绍："留山，山体南北稍长，约5公里，东西稍窄，约4公里，面积约13平方公里。主峰居中，周围有8条高大的山腿从宽阔平坦的主峰向四周辐射，共有10个突起的山峰，海拔都在300米以上。山腿之间是因多年雨水冲刷而成的深谷，山体下部是寒武系灰岩，上部是新生界第三系玄武岩，顶部及山峰的阳面岩石裸露，山谷及山峰的阴面覆盖着较厚的土层。山下部是农田，中部及山谷内有以苹果、山楂为主的果树7000余亩。上部有以刺槐、松、柏为主的用材树4000余亩。山上产中药材近百种，有南星、全蝎、丹参、黄岑、柴胡、紫草等。"[①]骑车行至留山脚下已然无路可走，推车上山显然不现实，因为没有一条成形的小路，到处是乱石遍地。无奈只得再返回黑峪子村，在村头正碰见一位老大爷在晾晒刚刚收获的花生，我便同他打了个招呼，提出把自行车先存放在他家。老大爷很热情的答应了，并对我讲了"石墙围子"情况及大致攀登路径。我步行再返回留山脚下，因周边无路可走，只能选择此前他人登山踩踏留下的脚印上山。

行至东旧庙村，留山已清晰可见

石墙遗址的必经村落——黑峪子村

抵达留山

山间布满了乱石荆棘，在浓密的树荫下，几只野鸡、喜鹊时不时突然窜出。快登至山顶时，突然寻到一眼泉水，周边已用山石砌起。此泉为山上唯一的饮用水源，山泉之上不远处便是"石墙围子"。听当地人讲此泉较古，清代便是山上道观人员的取水处。现在每年农历的三月初三和六月十三仍然是留山庙会的日子，届时周边村镇的百姓便来秀云观遗址烧香拜祭"留山爷爷"，乞求风调雨顺、家人平安。此泉历史

山间的梯田

① 安丘县地名委员会办公室编《安丘县地名志》，安丘县印刷厂印刷（内部发行），1988年，第359页。

行至山腰

当地人称的“神泉”，是留山上的唯一水源

悠久，被善男信女奉为“神泉”，到此烧香的人们总是喜欢品尝一下，乞求消灾祛病。现在秀云观已荡然无存，但赶庙会、品神泉的习俗仍旧流传下来，这应是研究地方道教信仰很好的一个民俗素材。笔者品尝了一下山泉，甘甜清冽，在旅游开发时，这是一个很好的景点，应当好好保护。此泉应该也是当年安丘民众在此躲避捻军战乱时的饮水处，水源的存在对山上民众的坚守与生存起到了无法替代的重要作用。它的上方便是“石墙围子”，两者相距不足百米，确保了山泉的安全，不然被敌人断掉水源后，其灾难是巨大的。

二、“石墙围子”遗址考察

沿山泉上行数十步，便是“石墙围子”的山门。山门早已毁坏无存，只剩两侧的石墙存在，从下仰望如同一条完整的石墙中间被破开一个大口子。然而这个口子却正是当年山门的位置，站在石墙缺口处仍然能清晰见到下山的一段石头砌就的山路，直通山泉之处。当年这里就是石墙的大门所在，进出围墙都要从此经过。笔者大致目测了一下两侧残存的山墙，高度约在3米左右，宽度约在2米左右，用玄武岩石块垒就，至今经历150多年的风雨仍然清晰可见。“石墙围子”的修筑经过，史书中没有过多提及，即便在安丘地方志中也仅得知是当地民众为抵御捻军而建。然而通过对各种史料的综合分析，还是能大致了解其过程。

通往山门的石路已荒废

中间的缺口即山门位置所在

山门下的石路

山门两侧已荒废的石墙

石墙的纵面

清咸丰六年（1856）初，豫、皖两省五州县众捻首领请张乐行赴安徽雉河集（今涡阳县城）会盟，建大汉国，张乐行被推举为大汉明命王[①]。捻军建立后，与定都南京的太平军联合，并蓄发、改换旗帜，以“听封不听调”为条件，成为名义上的太平天国部队[②]。故安丘民众至今仍称捻军为“长毛”（留长发之意），称那段时期的历史为“反毛子”。当时山东半岛成为捻军活动的重点区域，“青、莱、登为东三府，久未被兵，家给人足，户有盖藏，民情朴茂，兵倍久驰，贼中知之久矣，奸民每为贼向导，所遣间谍不下数十辈云”[③]。安丘所在的青州府因地方富庶、人不知兵，屡次成为捻军侵扰的地方。咸丰十年（1860），捻军主力尖子黄旗旗主张敏行率四万余众开往山东，“绵亘六十里，兵声火绝，数百里皆震”[④]。消息很快传至安丘，同年“三月，知县陈用衡至，夏五月，谕士民团练，

① 徐修宜：《捻军运动简史》，中国文史出版社，2003年，第18页。
② 同上，第117页。
③ 江地：《捻军史论丛》，人民出版社，1981年，第241页。
④ 郭豫明：《捻军起义》，上海人民出版社，1979年，第42页。

城内外共十余团”[①]。清朝致仕官员、安丘夏坡村人李湘棻等人此时得到兴办团练、集民自卫的命令，“旋值捻匪东扰，回籍督办团练，质田募勇，乡人倚重之”[②]。李湘棻带领安丘民众就近在留山修建“石墙围子”防御捻军，其侄、清刑部主事李莘遇前来辅佐，“咸丰辛酉，捻匪肆扰，莘遇在籍，率乡人筑堡于刘山，依以免难者数万人”[③]。次年（1861）二月捻军至安丘，攻破县城，官民被杀者众多：“月之二十三日贼至，官民奔避，城遂不守，贼踪遍及四境，焚杀掳掠，越六日乃去。知县陈用衡遇害于雷家沟；把总石万魁拒贼于三山，死之；景芝县丞李辉卸印未去，亦死焉；绅民妇女殉难者各数千人。”[④]留山民众因有“石墙围子”的保护，数万生灵得以安保无恙。

秀云观遗址一

越过山门后，迎面而见的就是道观“秀云观”，始建年代已不可考，据当地传闻建于元代，但无相关史料佐证。咸丰十一年（1861），在李湘棻大规模修建“石墙围子”时，秀云观也一并得到整修。笔者在道观遗址旁迎面而见一块横躺于地的石碑，高1.55米，宽0.67米，厚0.18米，大字标题书写“……隶州济南府临邑县调署青州府安邱县正堂加十级记录十次汪为”，碑文为：

“据西南乡下坡社、本庄孝廉方正李连赓以凿脉开山等情呈控，□□□□县，当经批准传讯，断令留山一方风水所系，不应随时开垦。除住庙□□□□开种之地十余亩，藉作养赡仍准照常耕种外，其余山上地亩永作荒（地）。□（他）人概不得擅自开种，以维系风脉而杜争端。……自示之后，如有擅自开垦地亩者，即着该管保地来县禀明。立传到案，从重究治，绝不宽贷。各宜禀遵，毋违，特示。（大清光绪）十五年岁次己丑夏榖旦立。”可见这是一块禁止留山民众私自开垦的政府告示。从中可以得到两点信息：一是当地官府以保护留山风水为理由，禁止百姓开垦，如有违犯将遭重罚；二是当时留山只有道观人员出于维系生计可以耕种少量土地，从中可以推想当时留山植被的保护是十分完好的。据当地村民回忆，留山曾有9棵600年的古柏，直至“文化大革命”后期被砍伐。

① 马步元：《续安丘新志》卷一《总纪》，台湾成文出版社，1968年，第22页。
② 马步元：《续安丘新志》卷十七《事功传·李莘遇传》，同上，第207页。
③ 同上。
④ 马步元：《续安丘新志》卷一《总纪》，同上，第22页。

秀云观遗址二

秀云观遗址四

秀云观遗址三

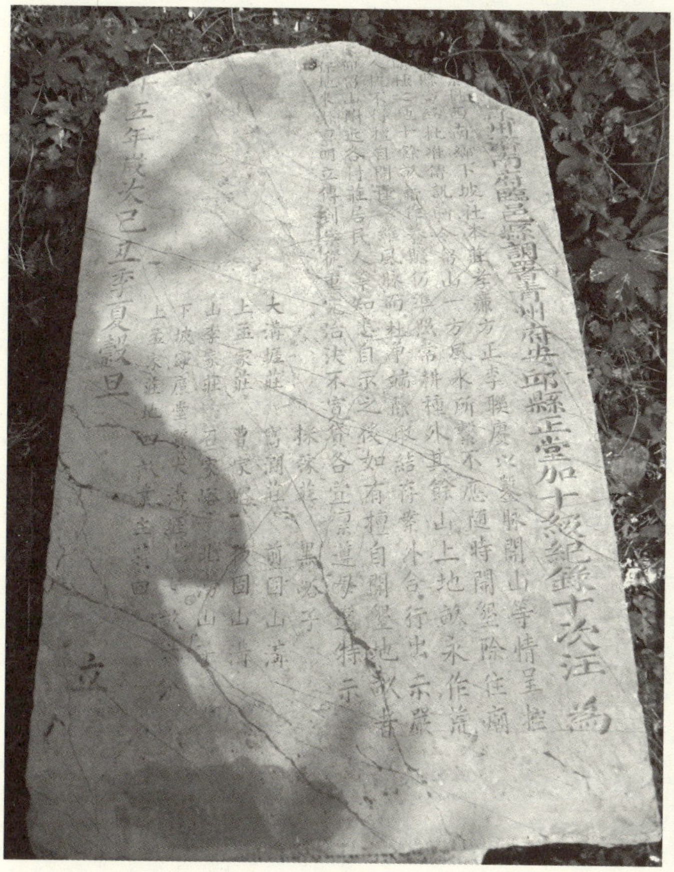

清代安丘县衙禁止留山开垦的告示碑

秀云观遗址五

秀云观遗址六

笔者随后对秀云观遗址内部进行了实地查看，发现遗址虽然经历150余年的风雨，但轮廓仍旧十分清晰。从殿门的墙基判断有大殿一座，左右两侧的房间也比较宽敞，应当是配殿，此外周边环被十数间小的房屋。因岁月的流逝，已经难知这些殿房的具体分工及用途。从现场来看，虽然殿房的顶盖已经全部无存，但残留的屋墙仍旧十分高大，大者约有四五米之高，小者也在二三米左右。山墙用黑褐色的玄武岩砌城，因庙会时善男信女前来烧香拜祭，墙根内部铺满了一层厚厚的香灰。从道观遗址的占地看，东西有几十米，南北亦有十几米。在道观遗址内，笔者又相继发现了“铭德记功”碑1块、“德里流芳”碑刻1块、“山灵庇佑”碑1块、“福缘善庆”碑2块、“重修庙记”碑3块。

其中光绪“重修庙记”碑记载的道观格局与李湘棻整修时期最为接近，碑文内容为：“留山三灵侯庙自昔捐修，迄今又历寒暑矣。前殿、后楼以及山门、鼓楼等处逐渐颓废。兹者民安而时和，留山忠和局村董壬寅秋九月在山公议修葺，答神庥、垂久远，事甚善也。阖局筹赀助及邻社。癸卯春三月，鸠工庀材，诹吉动工，五月五日工竣。荒山古观轮奂一新，伏思此一举也。倡修者，局众也；乐善者，邻好也。而经旬累月，曲折烦细，则皆村董齐心合力，奔走勤劳，殷殷恳恳，相与以有成也。是岂不可以志乎？庙前刊立片石，余不获以不文辞，援笔而为之记。中书科中书衔附贡生李联聪撰文，邑庠生李联昌书丹。光绪三十年岁次甲辰三月穀旦立。”从中可以得知，山神刘裕在当地亦被崇奉为“三灵侯”，清后期的道观建筑主要有前殿、后楼以及山门、鼓楼等。另据民国“重修庙记”碑文：“留山之巅，古有王母殿，自昔捐修迄今，屡经寒暑，殿宇墙垣尽皆颓废。兹因民国甲子春三月，旱极太甚，有张家陡沟庄信女张门崔氏，共约四方信女敬祈甘霖。祝祷之后，油然作云，沛然大雨。故信女不辞劳苦，告于四方，善男信女共捐资财。于乙丑春二月，鸠工庀材，诹吉动工，至秋九月，工乃竣。殿宇内外，轮奂一新。伏思此举，实非易事，故勒石以志之。大中华民国十九年六月吉旦立石”，可知秀云观的地理位置在留山顶峰，道观虽祀奉刘裕，主殿却称“王母殿”。

从遗址残留的碑刻看，文献价值最高、碑文保存最好、字迹最清晰的当属“铭德记功”碑。它如实记载了当年安丘民众建造“石墙围子”的过程，是研究山东捻军史的重要实物资料。该碑在安丘诸县志中均未提及，也未见于他人记载，碑文不仅可与相关文献互证，且具有弥补史书阙载的重要价值。石碑刻于同治四年（1865），高1.87米，宽0.76米，厚0.25米，详细记载了李湘棻等人为抵御捻军侵扰，在留山依山筑墙、护卫乡里的事迹。该碑以赞颂李莘遇为主，涉及主要人物有李湘棻、李莘遇、李廷遇、李麟遇四位，四人关系为父子、叔侄、兄弟。其中李湘棻、李莘遇、李麟遇三人在民国《续安丘新志》有传，而关于李麟遇抗捻及李廷遇的事迹则仅见于该碑。因该碑内容极为重要，且与“石墙围子”内容紧密相连，兹将其全文辑录如下[①]：

---

① 关于该碑，曾有安丘文史爱好者刘春山、王学录二人以《留山〈铭德记功〉碑》为题在“安丘新闻网”中登载过抄录的碑文。但通过笔者实地查看，二人此前的整理较为粗糙，主要表现为碑文抄录错字较多、繁简字体混杂、增减文字严重、人物职衔匹配混乱、句读标点错误等不足，需重加辑录、点校。

铭德记功

国家至治蒸上，息养兵革迄于今二百余年矣。乃辛丑岁杪，英夷犯粤，简帅徂征，云舫李公与其职焉。云翁素有经济，谙兵略，故所往辄奏肤功。一岁三迁，历官漕督。其堂侄尹亭先生，是时主政秋曹，精于吏治，声振邦中。壬子，乞养归田，屡征不起。越辛酉春，南捻扰及东境，遭荼毒者吾邑尤甚。适云翁引退家居，爰备器械，固守留山，而邑西幸赖保全。夫居高临深避兵之，称为上策者也。贼退后，云翁乃以倦勤之故，委任尹亭先生，遂相厥地势，鸠工筑垣，蜿蜒十余里，若石城之状。不数旬，工已告竣，御敌之策，靡不周备。延至中秋，贼复来扰。远近邻里，扶老携幼，聚集如此，咸恃以为无恐。而先生规度严肃，与赞襄诸君子，明礼义，讲亲睦，罔不帖然服从。历九月初旬，贼又蜂拥而至。于时，众怀义愤，意欲决战。而先生曰："嘻！贼可击也，而未可以轻。吾辈只宜保身家，惜性命，诛贼数百人，不足释吾恨；伤吾一二人，愈以滋吾忧。"其慎重之意，与慈惠之心，蔼蔼溢于言表，虽古名将，何以加焉！嗣是贼履我境，莫敢仰视，而数万生灵，安全无恙。此固先生之德化所致，亦可见云翁知人善任之深衷矣。未几，云翁遽捐馆舍，先生亦因瘁染疾，中年谢世。扰攘之际，靡所适从。乃以先生仲兄虞臣总理诸务，井井有条，众咸悦服；又兼云翁长君小舫，从戎十余年，智勇兼备，更运筹以佐之，殆所谓后先辉映者欤？乃遭遇时变，以大材而仅小试，固先生之不幸，而乡邑之受其庇荫者，究何有穷期哉！兹为勒石于山，俾后之览者，咸慕尹亭先生之德，而先生之名，亦如兹山而并永矣！故略陈事实，以仿夫岘山遗碑之意云尔。

云舫讳湘棻

尹亭讳莘遇

虞臣印廷遇 优廪贡生、江南知县

小舫印麟遇 恩监生、直隶即补道

驰封文林郎、四川知县、优廪生朱凤翰 撰文

例授修职郎、即选教谕、副贡生孙垣霱 书丹

赞襄山务：郑廷翔、马宛超、聂若海、郑中道、李宗德、李咸中、李苘、李华祝、王崇章、李崧遇、曹松龄、李仁镜、朱凤翰、曹艺丰、李纯福、王登元、李华春、李鸿锡、李鸿举、李德澍、李端遇

匠工 李 明

同治四年岁次乙丑六月十三日 立石

从碑文内容看，咸丰十一年（1861）捻军侵扰安丘，在李湘棻、李莘遇叔侄带领下，安丘民众在留山"遂相厥地势，鸠工筑垣，蜿蜒十余里，若石城之状"。八月，捻军途经留山，百姓奔入"石墙围子"避难，碑文言道："延至中秋，贼复来扰。远近邻里，扶老携幼，聚集如此，咸恃以为无恐。"捻军在此遇阻，遂避开留山再攻县城，"八月捻匪再至，二十一日辰刻，贼至南登印台下窥城，城上发炮击之，始退。是夜，贼焚南关、西关，次日黎明遂北去"[①]。九月，捻军再至

① 马步元：《续安丘新志》卷一《总纪》，台湾成文出版社，1968年，第22页。

安丘留山，碑文载“历九月初旬，贼又蜂拥而至”。一年之内，捻军三次侵扰留山，“故于时，众怀义愤，意欲决战”。面对捻军的挑衅，李莘遇主张稳固坚守，对属下言道：“贼可击也，而未可以轻。吾辈只宜保身家，惜性命，诛贼数百人，不足释吾恨；伤吾一二人，愈以滋吾忧。”表明留山民众修建“石墙围子”的初衷仅限于自保，最终迫使捻军再次撤离。在留山民众抗击捻军中，石墙的防御功能得到充分发挥，“嗣是贼履我境，莫敢仰视，而数万生灵，安全无恙”。由碑文看，大约在捻军撤退后不久，李湘棻、李莘遇叔侄相继去世。因捻军仍在山东境内流动，故留山民众共同推举李莘遇的二哥廷遇主持山务，“井井有条，众咸悦服”。李湘棻的长子李麟遇先前曾在忠亲王僧格林沁手下充当翼长，从军十余年，熟悉军务，也受邀前来辅佐[①]。在李氏家族的率领下，留山“石墙围子”的防务及团练得以坚持下来。另外从碑文看，还可得知中英鸦片战争期间，李湘棻曾随同钦差大臣耆英筹办江防。从“一岁三迁，历官漕督”看，正与《清史稿》“（道光）二十二年，十二月辛巳，以李湘棻署漕运总督。……二十三年春正月，壬子，命李湘棻会同耆英筹办江北善后事宜。……九月甲午，命李湘棻以三品顶戴署漕运总督”[②]相印证。可以确认，李湘棻在留山举办团练是以三品致仕官员的身份召集民众，死后朝廷“恩赏二品封典，诰授资政大夫”[③]。石碑除了介绍李氏家族的重要贡献外，还列举了21位赞襄山务的人员，其中依然不乏李氏家族的成员，如李崧遇、李端遇等人；即使刻碑的匠工也有交代，使后人能够更清晰这段历史。

除上述介绍的主要碑刻外，其余“德里流芳”碑、“山灵庇佑”碑、“福缘善庆”碑等记载的皆是清至民国时期留山周边各村善男信女捐资道观的名单，在这些碑刻中有一半纯为妇女名字，可见妇女在当地宗教信仰中扮演了积极角色。

同治“铭德记功”碑

光绪“重修庙记”碑

民国“重修庙记”碑

① 马步元：《续安丘新志》卷十七《事功传·李莘遇传》，台湾成文出版社，1968年，第207页。

② 赵尔巽等：《清史稿》卷十九《宣宗纪三》，中华书局，1977年。

③ 安丘市地方志编纂委员会编：《安丘县志》，山东人民出版社，1992年，第663页。

清代“福缘善庆”碑

清代“山灵庇佑”碑

在遗址内辨认完碑刻后，笔者又沿着道观向南继续寻找“石墙围子”的其他部分。在前行几十米后，在山顶的另一侧终于又见到了蜿蜒曲折的石头围墙。据当地人介绍，清代修建的石墙约有4000多米，笔者没有具体测算，但见一条黑褐色的石墙从眼前穿过，两边皆望不到尽头。这些石墙宽度比山门处要窄一些，约1米左右，高约半米，修筑的石材则相同，为玄武岩石块。当然这是石墙荒废以后的情况，当年的石墙决不至于这样矮小，也不会如此单调，必然是瞭望哨、射击口齐备，刀枪如林、人声鼎沸，蔚为壮观。此外，与石墙搭配的应当还有敌楼、粮库、武器库、住房、议事厅等附属建筑，但因年代久远，早已荡然无存了。笔者站在石墙内侧，向外一望便是山下，极目远眺之处，但见周边平地一览无余，俯瞰甚广。真是地势险要，易守难攻，难怪当年勇猛的捻军在此都要望而却步。

笔者沿着石墙大约走了200余米，仍然望不到尽头，可想古人修建这样浩大的工程需要多少心血和智慧。在石墙的内侧，笔者又发现了一张巨大的磨盘和一块大碾石，这应是当年的磨坊所在。从磨盘的直径来看，约有4米左右，可见当年数万民众在此躲避捻军时，粮食开支巨大，只有如此大的磨盘才能供给众多的民众磨粮食之用，而一般的个体家庭则不需如此。当然，在“石墙围子”的历史任务完成后，秀云观的众多道士也可继续使用磨盘。

“石墙围子”一

“石墙围子”二

“石墙围子”三

“石墙围子”四

“石墙围子”六

“石墙围子”五

站在石墙内眺望山下

石墙内侧的磨盘及碾石

最后，对“石墙围子”的结局有必要交代一下。同治五年（1866），捻军在许州分为两支，当时太平天国已亡，赖文光“恐独立难持，孤立难久”，因此“特命梁王张宗禹、幼沃王张禹爵、怀王邱远才前进甘、陕，往联回众，以为犄角之势”，是为西捻军[①]。东捻军则由遵王赖文光、鲁王任化邦等率领，再次用兵山东，“文光言山东频年岁稔，东三府比户足食，沐以陕中回乱久，粮乏可虑，不如东行，于是文光等引众遂东”[②]。六年（1867）六月，东捻军渡运河过潍县趋平度，三十日逼近烟台[③]。李鸿章调淮军分三路追剿，欲把捻军“逼入登、莱绝地”[④]。东捻军遂经平度南撤再次进入安丘，“秋七月，捻匪复至，时贼由平度南窜，突过县境，幸官军追急，故不得逞。是后大兵往来驰击，贼亦屡由县境奔窜，但城守甚严，各乡亦坚壁清野，故被扰视辛酉岁为轻”[⑤]。此期东捻军是否侵扰留山，在史料中没有体现，但由“各乡亦坚壁清野”看，“石墙围子”仍继续发挥作用。东捻军在安丘“县境北乡一带遭清兵追杀，捻军击退清军，后西渡黄河时，因河水猛涨又返回。十二月捻军又来安丘，清军追击，捻军在杞城一带战败，由高密向南转移而去”[⑥]。这次东捻军在安丘的活动主要集中在北部，并未侵扰到留山。同月，东捻军在扬州瓦窑铺全军覆灭，“冬十二月，捻匪平，捻首任柱、赖文光等以此诛，余贼亦斩获殆尽，东境以宁”[⑦]。至此，安丘留山团防的任务已经结束，再无存在的必要。大约此后不久，留山团练被解散，“石墙围子”亦逐渐荒废颓圮，少人问津。

三、留山旅游开发区的参观与归途思考

笔者沿着“石墙围子”继续东行，山势逐渐缓和下来，在下坡行走300多米后，进入正在建设的“留山旅游开发区”。2012年，全国道德模范、李湘棻的后人李学海先生在留山投资3亿元人民币，计划用5年的时间把留山打造成安丘乡村旅游的样板，继而带动周边百姓发家致富。目前留山已被批准为潍坊市级森林公园。笔者来到开发区时间已近正午12点，是施工人员休息吃饭时间，整个工地内并无一人。这里毗邻“石墙围子”，而距秀云观只有500米左右距离。在园区内迎面看见的是巨大的“刘山爷爷”——刘裕塑像，石像高约5米，用纯白的花岗岩雕成，面前摆放着巨大的案桌，以供善男信女在此摆放贡品。石像背后是巨大的屏风，雕刻着介绍刘裕的文字。因是初步建设，现场的摆放还很凌乱。再往下走是李湘棻亭，亭内端坐的是李湘棻的塑像，亦用花岗岩雕刻而成。作为“石墙围子”的创建者，李湘棻像被安放在山半坡，接受后人凭吊。李湘棻被塑造为身披清代官服、手握书卷、捻须凝视的老者形象，旁边是其后人李学海先生为祖先所立的介绍文字碑。

---

① 茅家琦、方之光等：《太平天国兴亡史》，上海人民出版社，1979年，第311页。
② 同上，第313页。
③ 同上。
④ 郭豫明：《捻军起义》，上海人民出版社，1979年，第86页。
⑤ 马步元：《续安丘新志》卷一《总纪》，台湾成文出版社，1968年，第23页。
⑥ 安丘市地方志编纂委员会编：《安丘县志》，山东人民出版社，1992年，第254页。
⑦ 马步元：《续安丘新志》卷一《总纪》，台湾成文出版社，1968年，第23页。

当然，无论刘裕还是李湘棻，这些塑像只是代表了一个象征符号，其人物形象则全凭匠工的想象与发挥。园区的其他建设还在进行中，笔者未再继续观看，随后又原路返回秀云观遗址，并经由山门处下山。待笔者返回黑峪子村时，已是下午1点左右。

笔者在归途中自思，像留山这样虽然具有深厚的历史文化底蕴，而后人仍然对其少有了解的，在全国仍然不在少数。一方面是其地理使然，位置较为偏僻；另一方面，则需要地方政府及文史工作者的共同努力。对留山而言，需要各方的共同努力，通过积极宣传留山历史文化，使其为更多人所熟知。现在对留山的旅游开发固然可以提高其知名度，但也要注意开发与保护并行。众多的珍贵文物应当采取积极的保护措施，不至于再遭破坏。如散落在“石墙围子”内的珍贵石刻，除笔者介绍的几块较为完整外，还有众多散碎的碑刻掩埋在废墟内。如果不对这些文物进行抢救性保护，则是对历史文化资源极大的浪费。另外，现在的旅游开发虽然致力于对留山历史的复原，但建筑的重修应当更多结合历史文献及当地民间记忆来恢复才更有价值。如果只是凭空想象，仅是名字的相同，则历史价值不大。笔者通过对“石墙围子”的考察感受到，留山这些珍贵遗址的存在，不但可以使人们更好了解过往历史，还原“石墙围子”及其相关人物的事迹，而且为当地的历史文化及旅游建设提供了重要的素材，应当好好珍惜、保护与利用。

“留山爷爷”——刘裕塑像

李湘棻塑像

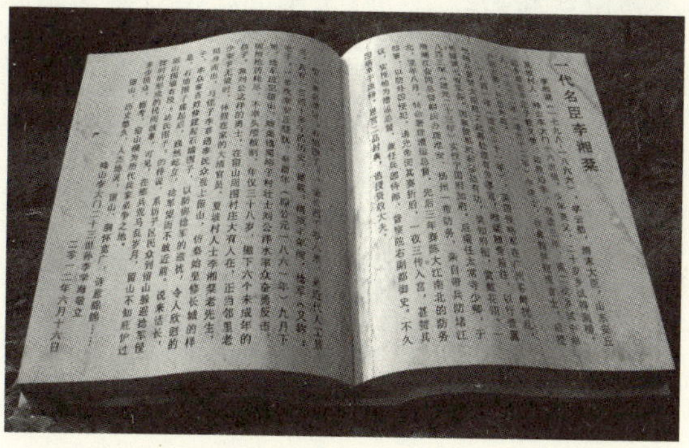

李湘棻后人所立说明文字碑

后 记

在文章修改过程中，欣闻2014年9月中央电视台十频道（科教频道）《地理中国》栏目播出了《留山传奇》（上、下集），对安丘市留山进行了详细报道，对宣传留山、提升知名度具有重要意义。祝福家乡更加美丽繁荣！

广西句町故地消逝边际的村寨

——那岩古寨人类学田野考察笔记

孙　婷

作者简介

孙婷，内蒙古赤峰人，法学硕士，中共重庆市委党校行政学院实习研究员。研究方向：民族与社会发展。

根据考古证据并结合历史文献的记载，今广西省西林县应是汉晋之际中国西南壮族先民建立的少数民族政权——句町古国的政治、经济中心，在句町古国的发展史上扮演着中心城市的角色[①]。壮族先民建立的句町国曾是与夜郎和古滇国并称的西南重要方国，在西南民族史、地区史研究中有重要地位。学术界对于句町古国的疆域范围和国都所在等问题一直存在争议，而相关的人类学研究则更加缺乏。2012年4月，笔者来到了素有“广西省尾”之称的西林县开展人类学田野考察，期间曾有幸两次前往那岩古寨实地调查。那岩古寨是保存较为完好的壮族传统建筑聚落群，笔者希望通过在那岩开展的田野调查，从文化人类学的视角对西林壮族的历史文化传承和社会变迁过程进行记录和整合研究。

西林地处广西壮族自治区最西端，滇、黔、桂三省区交界地带，是广西3个享受自治县待遇、亦是国家重点扶持的全区28个贫困县之一。总面积3 020平方千米，聚居着壮、汉、苗、瑶、彝、仡佬、布依、毛南、回、水、侗、满、傣、仫佬、黎等15个民族（其中壮、汉、苗、瑶、彝、仡佬6

① 参见拙著《句町古国文韵——广西西林人类学考察》，人民出版社，2013年。

个民族为世居民族），总人口143 962人，其中少数民族人口130 469人，占全县总人口的90.63%。现而今的西林对外交流不畅，经济发展水平相对落后，是百色市唯一没有高速公路的县份，也正因如此，西林县得以保留桂西北最为完整的明清土司建筑群、句町古国壮族文化丛、驮娘江流域千年历史传承的“欧贵”婚俗、原生态的北路壮剧以及传统的壮族传统建筑聚落群——那岩古寨干栏建筑群。

笔者在西林开展田野考察期间对壮族社区在适应社会变迁中的文化保护和文化传承行为一直较为关注，壮族传统建筑是壮族文化中不可或缺的重要环节，承载着当地壮族居住生活、繁衍生息的重要功能。那岩古寨作为西林唯一保留完整的干栏式建筑群，面临经济发展、文化保护和居民各自的存留意愿等各方关系难以权衡、拆留困难的困扰，致其未来选择尚不明晰。为了能够了解那岩古寨的现实状况，印证笔者对于那岩古寨文化价值的推断，将那岩干栏式建筑文化与其相关壮族文化因子进行整合研究，2012年8月和2013年4月，笔者两次来到那岩古寨，通过参与观察和深入访谈的方式尽可能全面了解那岩。那岩屯并没有通向县城的二级公路，只有唯一的乡间土路。遇到阴雨天气便入村困难，唯一的乡道满是泥泞，那岩与外面的联系几乎中断，尽管从县城到那岩路程不过只有75千米，距离马蚌乡只有6千米，但从县城到那岩，乘坐越野车也要颠簸3个小时才能进入村寨，每次到那岩都是一次刻骨铭心的记忆。

那岩古寨全景

一、壮族“干栏式建筑”的历史叙说

干栏式建筑主要分布于长江以南的西南和两广地区，是我国古代历史上百越民族共同创造的一种建筑形式，壮族作为百越民族的重要一支，由战国至秦汉时期的西瓯、骆越不断融合演变而来，为了适应西南山区湿热的气候特征和林多地少的居住环境，壮族先民成为最早发明和建造干栏式建筑的主要民族之一。

在秦汉时期的考古调查和发掘工作中，曾找到过两广地区干栏式建筑的遗存，在广西的合浦、平乐、贵县、梧州、钟山、贺县、兴安、桂林、西林、都安等地①，发掘秦汉时期的墓葬千座以上，其中包括干栏式建筑模型的陶屋、陶仓、铜仓等物的出土，从出土文物的角度推断，这应是西林干栏式建筑出土实物的最早记载。

“干栏”一词，最早见于《魏书》：“僚者，盖南蛮之别种……种类甚多，散居山谷……依树积木，以居其上，名曰‘干兰’。干兰大小，随其家口之数。”②多数学者在论述干栏式建筑居住方式时，常以南方巢居、北方穴居的方式进行比对，并以张华《博物志》中的记载作为例证：“南越巢居，北朔穴居，避寒暑也。”③自汉代加强对西南边疆地区的开发之后，壮族地区也更多地被外界所知晓，唐宋以后至明清，关于壮族地区干栏式建筑的描述已经甚为普遍，如《岭外代答》记载：“属民编竹苫茅为两重，上以自处，下居鸡豚，谓之麻栏。”④明朝《炎徼纪闻》明确记载：“僮人……居室茅缉而不涂，衡板为阁，上以栖止，下畜牛、羊、猪、犬，谓之麻栏。”⑤《岭外代答》还提到：“深广之民，结栅以居，上设茅屋，下豢牛豕，栅上编竹为栈，不施椅桌、床榻，唯有一张牛皮为裀席，寝食于斯……考其所以然，盖地多虎狼，不如是则人畜皆不得安，无乃上古巢居之意欤。”⑥由此可见，壮族干栏式建筑具有长期存在的历史依据，历史文献记载中“上层住人、下层圈畜”的居住模式也相对比较稳定。随着时代变迁和社会发展，诸多地区的干栏建筑发生了功能和建筑材料的变化，而西林县的那岩古寨因其对外交往不便等原因，整个村寨保留下集中连片的木质干栏建筑，成为句町古国故地重要的壮族干栏建筑群。

那岩古寨的干栏式建筑与传统干栏式建筑在外观上是一致的，在细节上有其自身特点：用料多，工艺复杂，由支高中柱、间隔柱构成，整栋木楼需用木柱40-60余根。这些受力柱和铺设地板的松木均要经过“伐倒剥皮——三年泡水——清除淤泥——抛光——加工”工序，使其具有防腐、防蛀的功能，以适应湿润多雨的环境。木楼所有柱、梁全靠榫头穿透拉引，形成立体结构，支撑整栋房屋。在柱子离地面约两米处紧密铺设厚松木板作为楼层，四周围板，上盖瓦片。屋内设置一般

---

① 巫惠民：《壮族干栏建筑源流谈》，《广西民族研究》，1989年第1期。
② （北齐）魏收：《魏书》卷一〇一《僚》，中华书局，1974年，第2248页。
③ （晋）张华：《博物志》卷一《五方人民》，文渊阁四库全书版。
④ （宋）周去非：《岭外代答》卷十《蛮俗》，文渊阁四库全书版。
⑤ （明）田汝成：《炎徼纪闻》卷四《蛮夷》，文渊阁四库全书版。
⑥ （宋）周去非：《岭外代答》卷四《巢居》，文渊阁四库全书版。

为三开间到七开间，各开间镶嵌木板相隔。正中一间为堂屋，堂屋后壁设神龛，两侧为卧房或厨房，厨房一般在左侧；大门外有走廊或回廊，走廊下为“登口”，即是用木板制成或用大树砍成的梯子。整个木楼分三层，底层为豢养牲畜所用，中间住人，上层堆放粮食。木楼整个建筑过程中不用铁钉，均使用木楔子加固。寨上的工匠很多，几乎所有男子都会使用木工工具，建房时一般都是四邻相助。

干栏式建筑细节图

二、那岩古寨的村落概况

那岩屯位于广西西林县马蚌乡西北部，属于亚热带季风气候，年均气温19.1摄氏度，年均降雨量1 100毫米，年均日照1 612小时，全年无霜期350天以上。地形、地貌主要以土山为主，土壤以山地红壤为主，类型有水稻土、红壤、黄壤、石灰土、冲积土等5类，土层具疏松、深厚、潮湿、肥沃的特征。土质肥沃，易于耕作，适宜多种作物和林木生长。然而，大部分田地分布于高山陡坡之中，并不利于机耕作业，只能依靠手工劳动，劳动力成本高和收益低的矛盾在现代社会日益凸显。

那岩屯占地1.86平方千米，全寨有120户壮族人家，共有人口576人。120栋木楼分别建在屯里的坝南、坡玛蒿、小寨三个小山峰上，仍保留着古时因军事防御而形成的“户户相联、家家相通”的房屋布局。全寨以岑和吴两姓为大姓，岑姓居民主要为那劳岑氏土司后裔，作为岑氏家族的较远的一支。居民仍织土布、穿土布、讲土语，特别是年长的老人，很难跟我们用普通话进行交流。随着社会发展的加剧，务农为主的经济来源很难满足村民的需要，年轻人逐渐外出务工，村

那岩干栏式建筑聚落群

寨中多留下老人和妇孺。

关于那岩屯的建寨历史，至今仍无具体的文字记载。但从近年西林县文物考古发现中证明，那岩属于“句町古国”北面地域范围，寨中的老人笃定认为那岩寨的先人是句町古国的后裔，也将这种说法传给家中的后辈，并希望句町古国后裔的民族认同可以世代流传。笔者对于壮族民族融合和民族认同的问题的研究尚停留在依据地域和语言支系进行分类的层面，听闻村中老者如此笃定地认为自己是句町古国后裔，心中也多了许多感慨，这何尝不是一种强烈的民族认同形态。在调研中听到了关于那岩这样的传说：古时的那岩三个山峰均是森林密布，长满刺竹，易守难攻，古夜郎国、古滇国之于汉朝都难于管理，两国因为实力雄厚对周边部落的侵扰不断，句町古国一方面要保护自己方国民众，另一方面要应对周围部落及方国的侵扰，有战败的部分人员在那岩古寨生存下来。为了使这个军事要地更好地发挥防御作用，寨中建房均在山峰顶，并且户户相通，以便于调兵防卫。经过历史的演变，形成了十分团结的壮族族群，直到今天，户户相通的干栏式建筑依旧得以保留，以坝南最为完整和典型。

三、那岩古寨的文化风俗

那岩古寨的文化风俗在整体上看与西林大多数壮族是基本一致的，只是在某些习俗的具体细节上会存在一些差异。那岩的文化风俗一方面是古寨内一种约定俗成的乡约习惯；另一方面，也代表着那岩壮族一种综合的民族文化。通过对田野资料的整理，能够大体总结出七类文化风俗，这些风俗有些是世代相传未经更改的，也有一些是随着时代变迁不断发生变化的，能够在其中看出村民们为适应现代社会而产生的生活轨迹变化。

（一）恋爱习俗

对歌。那岩由于场域有限并无歌圩之俗，但青年男女在行走途中或赶圩时相遇，或节日和红白喜事在一起时则常常互邀对歌，以歌求爱，这是壮族青年男女求偶时沿袭下来的习俗，即便到了现代社会，遇到意中人依然会以壮话对歌。

打泥仗。到了芒种时节，男女进行分工劳作：男耕田、女插秧。听当地的老者叙述：“打泥仗，俗称‘吃李果’，壮语叫做‘更麻南’，是吃泥巴果子的意思，通常春耕时候正是李子成熟的季节，所以当地的青年男女会将打泥仗戏称为‘吃李果’。”春耕期间，若有男青年在村寨里遇到姑娘们正在插秧，往往会听到此番问候：“阿哥，吃李果吗？”尔后不管是否答应，姑娘们都会随手把泥巴直接打过来，这是一种青年男女交往的方式，也是壮族姑娘对心仪男青年的一种独特的求爱方式。随着时间的推移，打泥仗的恋爱纽带作用慢慢削弱，但依然是那岩保留下来的一种社交方式，陌生人遇到这种情形通常也不会生气。

（二）婚礼习俗

探问。如果联姻的双方家长还不大互相了解，求婚时先要进行一番试探。找两位媒人暗示婚姻情事，如果双方说话总是谦虚，无反感之意，则说明婚姻有希望。一般情况下，壮族总不喜欢第一次就满口答应把自家女嫁出去，求婚者只有三番五次登门才能见效。

订亲酒，也叫报“八字”。当男女双方的“八字”经巫公推算对合后，便认好“八字”定亲，男方送礼物到女方家报喜，女方则把男方家送的礼物拿来宴请媒人和本族亲戚，共聚一餐，表明订婚联姻开始。

（三）亲属称谓

那岩屯的壮族小辈与长辈之间的称谓十分讲究，小辈对长辈说话不能自称“古”（我），一般自称“衣”（小）、“勒”（儿），“古”只能对下辈自称。对平辈人自称为“惠”，表示谦虚。夫妻之间未生小孩之前呼书名，有儿女以后，互称“卜某某”。熟人相遇，少者主动向长者打招呼“吃饭了没有”或“去哪里”等，这些都是那岩壮族打招呼的常用语。

在那岩的访谈中，听老乡这样叙述那岩人的起名过程：每个人从小到大要经历四次更名，即出生后乳名为壮语名字，男孩称“阿某某”，女孩称“的某某”；入学后起书名，用汉字汉语名称，一般由家长开名，或请有文化的长辈帮起名；有了小孩后，则用孩子的名字来代称，男的称“卜某某”，女的称“乜某某”；有了子孙的，则以孙子的名字代称，男的叫“抱某某”，女的叫“娅某某”。那岩亲属称谓惯习是西林县及周边壮族地区现今仍保留最为古老的，依然使用壮语古语发音和语法规则，比效完整、全面反映广西西北地区壮族传统的称谓习俗。

（四）服饰习俗

那岩屯的男装上衣为有领双排布扣对襟的土布唐装，两袋或四袋式。背部衣骨、衣袖、衣领的缝合处常用蜡染成白色线条。裤子为大裤脚、大裤裆、裤头摆折于腰间，外系绑带，穿起来舒适大方。头巾为自织自染的土布制成，长约丈余，末端编有网状垂线。用时盘于头上，将末端埋入里层，使垂线悬于右耳边。鞋子多穿土布鞋，一般为圆头圆口式。

节日身着传统服饰的壮家女子

女装属于壮族的“布依”支系，服饰比较古朴，以黑色或深蓝色居多。上衣分为两种。外衣宽而长，衣领圆而无领，衣袖宽而短，袖口黑衣用蓝布接成，蓝衣用青布接成，袖筒及上胸部至右下腋部、右下腹部各镶有三至四道手绣花边，俗称“栏杆”。右侧开襟，衣领下和右上胸部的钉扣处各串有两朵银花纽扣（各由三颗小银铃组成），右腋下有三颗布扣；内衣缝领，衣袖窄而长，袖筒镶有花边。穿内衣须穿外衣，内外衣形成多层次的衣袖，色彩层叠，配上耳环、银镯、银链、戒指等，别有风姿。裤子为大裤脚、大裤裆、裤头摆折于腰间，外系绑带。头巾有两层，里层环状围布称“夹帕”，为多层鲜布缝制，一般宽0.1米，长0.5米，中间绣花，边缘镶花边，两端有布扣。

（五）节庆习俗

三月三泼水节。那岩壮语为“更三粉”，是壮族隆重祭祀山神、水神的传统节日，也是句町故地民间重要的传统山歌节。节日期间，男人杀猪宰羊，准备祭器；女人打扫卫生，染五色糯米饭；孩子颈挂彩蛋，满村玩闹。待一切安排妥当，男女老幼全部身着盛装聚集在河边路旁，打水仗、对山歌，相互泼水以示祝福人生如意。随着少数民族地区节庆文化的外向传播，三月三已逐渐演变为西林县标志性民族节庆活动，以此吸引周边游客参与其中。

牛魂节。农历六月初六，壮族称为“六荣”节。家家户户清理牛栏，替牛洗浴干净，给牛喂稀粥和三角粽，表示慰劳。当天不能役牛、打牛、骂牛。之所以在民间这般优待耕牛，主要是由于开春以来正值农村的农忙时节，连续数月的耕作使得家中耕牛疲惫不堪，而在传统的农业社会，耕牛是农家不可或缺的生产工具，为了保证收成和表达对耕牛的爱惜保护，民间世代传承爱护耕牛的优良传统。在西林出土的铜鼓鼓面上也发现有牛图腾崇拜的图案，进一步说明句町故地牛图腾崇拜的事实。

（六）丧葬习俗

据史书记载，明代前，壮族丧葬也盛行火葬，不上坟。至清雍正、乾隆年代后，才“从汉俗、习汉礼”，逐步进行棺葬，程序逐渐繁琐。现如今，那岩的丧葬过程分为三个阶段：

报丧吊唁。那岩壮家里老人断气，即对空鸣枪三响（或放三封鞭炮），死者长男即反穿衣服，戴反帽，女子披头散发，并用白砂纸蒙住祖宗神台上的“天地国亲师位”，以示家有不幸。邻居得知，主动来致哀，送来酒、米、肉、鸡、白布等。

出殡埋葬。抬棺、埋葬全靠邻居亲友帮助。出丧时，孝男孝女跪于门前，让棺材从头上抬过，称为“垫丧”。然后，由执火者在前引路，沿路丢撒钱纸“买路”，长子捧灵牌随后，接着抬棺的，孝子孝女及亲属一路扶棺哭泣，以示惜别，一路鞭炮齐鸣，送至墓地。

殡葬后，将死者的灵牌安置于家中，每天餐前均点灯插香，供摆饭菜，供毕全家人才能合餐。逢初一、十五，子女还要主动“吃斋”，以示孝敬死去的老人。孝期一般为亡母120天，亡父90天，守孝期间，子女不能参加婚宴、饮酒狂欢。

（七）手工艺文化

那岩壮族妇女善于纺织花锦布，即土布，壮语称“本花受”，是她们精心纺织的传统手工艺品。其花纹别致，图案美观大方，色泽艳丽，富有浓郁的民族特色。花锦布按照不同的排线、漂染和织法分为不同的式样，有“花锦三”、“花锦四”、“花锦七”、“花锦九”、“花锦十二”五种，几何图案各异。其中“花锦三”、“花锦十二”为云状布纹，“花锦九”为“回”字形布纹，

“花锦七”、“花锦四”为羽状布纹。以“花锦九”最为人们喜欢。花锦布的编织工艺比其他布料要复杂，需要先织出底布浸染后再加做绣工，故编制花锦布成为衡量那岩壮族妇女手艺高低的标准之一。旧时男女青年恋爱感情之深时，女方常以自织的花锦布缝制成衣服或床单赠送给男方，博取男方的爱慕，而男方常以能穿到或用上花锦布为体面，爱慕女方。

悬挂晾干刚染好的土布

现在村民织土布的并不多了，花锦布的制作以及后期的织绣都很耗费时间，除非自己家人有特别的需要，或者参加重大节庆，或者为了适应老人们的穿衣习惯，大多数时候已经不穿本民族的服饰了。然而随着外向型经济的日益发展，2003年那岩古寨开始被外界知晓，西林县政府将那岩古寨纳入西林民族文化旅游的规划项目，村民们也在日渐适应全新的生活方式。对于他们所习惯的生活方式、饮食方式、居住方式做出对外交流的试探，那岩的花锦布制作也逐渐变成女性村民们参与市场经济的尝试。对于留守在村里还有劳动能力的老人和女人，她们利用闲暇时间制作简单的织造手工产品，赶集的时候到市场上去卖，贴补家用。

四、那岩古寨的存留困境与未来选择

那岩屯因其保留着完整的干栏式建筑群而引起政府的高度重视，西林县政府将那岩古寨纳入西林县旅游规划中，计划打造为重要的文化景观群，然而在笔者的调研中发现那岩古寨出现着巨大的存留困境，主要表现在官方意见尚难统一和居民亟待改善居住现状两个方面。

（一）官方意见尚难统一

西林县旅游业的开发还处在起步阶段，加之十分有限的财政收入和扶贫资金，就现阶段而言并不能将旅游开发的重心放置于那岩古寨的建设之中。另一方面，那岩屯的交通现状堪忧，需要先集中解决通村公路的建设问题才能延伸到那岩屯对干栏建筑进行开发和保护，而解决这些问题并不是一日之功，所需要的人力、物力、财力支持也相当巨大，尽管政府已经意识到那岩古寨开发和保护的必要性，但是拆、是留、是改建等诸多问题交织，难以形成统一合力付诸行动。

那岩村民居住现状

干栏建筑内部陈设

（二）居民亟待改善居住现状

笔者在那岩中走完户户相通的干栏建筑之后与当地大多数村民有着同样的感受——居住现状亟待改善。木质结构的干栏式建筑已经年久失修，火灾隐患、垮塌隐患非常之大；长期人畜处在相邻空间之内，排污和防疫问题实难解决，卧室之内经常充斥着动物粪便的味道，即便当地大多数村民已经将房屋下层闲置或改为储物之用，依然难以解决取水用电难的问题。

木宅旁已出现新修房屋

在那岩不难发现，已经有村民在自己原有的木宅旁边建了新房子，村民们虽然知道古木寨有保留价值，但有经济实力的家庭想改善居住环境的想法也很迫切，于是便仿照古寨的样子建新房，已经成型的新房风格外形也并不统一，参差不齐，如果日后要形成统一的布局格调也是一大问题。有些新房在建，看到的基本都是屯里人忙碌的身影，很少有人从外面请人建房，这便是传统农村社区典型的帮工互助行为。

不止是在那岩，西林的诸多村寨建房子基本都是屯内人一起互助完成的，帮工没有额定的利益交换，只是出于情感上的帮助，没有通过主人家的邀请来做工。调研中我们了解到，除开有亲属关系的，每天还会有其他人来帮工，他们不是邀请来的，只是当了解到屯中哪位家中在搞建筑，有时间就会去那里帮工。屯中的人只要是在修房屋等大型活动的时候，都会无偿地互相帮工。从历史发展来看，帮工与换工的形式不变，只是在帮工范围、内容上有所变化。屯中的非亲属关系帮工很多时候只来一次或两次，不会长时间帮工。每天会由不同的人来做工，主家只要负责管饭就行。

个案

吴某，男，30多岁，未婚，长期在外打工，主要做建筑方面的工作。这次回来主要是因为家里的房子实在老旧，想修整一下卧室和厨房，做完后继续外出务工。一般一年都会回来几次，主要是在农忙的时候，比如种水稻、种玉米以及收割水稻、玉米的时候。恰逢邻居家建新房，看到大家都去帮忙他也就一同去了，也没收钱，就吃了顿午饭。通常寨子里某位家里需要修建房子的时候，基本上有劳动能力的人都会来帮忙，不需要去请，只要他们自己有时间，在修建期间都会来帮工的。帮工的区别在于直属亲戚会来帮工几次或持续来帮，而其他只是帮工一次或两次。有的亲戚家会全家来帮工，而不是亲戚的一般是派一个代表。有一个说法，“打老根”（很好的朋友）之间会来互相帮工。

除了帮工，在农村社区还有一种换工的做法。换工很多时候是需要看所换之人的劳动能力，需要的是一种“平”的交换。一般是一样的活就可以换，别人家有的，我也有的，这种就可以换。比如水稻、油葵大家都种，这种换工就比较好换；和谁比较合得来就换；女的换女的、男的换男的比较普遍，但也有女的换男的、男的换女的，这种情况相对少一点。如果是女的自己一个人干活，那么这个女的一般也会全部找女的来换工。以前也有换工换牛的。还会存在一种以物换工的情况：比如你家有牛，而我家又没有男人在家，那你家就用牛和一个赶牛的男人帮我做一天工，我就帮你家做两天工。一亩田要用牛耕一天，我家要包换工人的饭。现在都选择用拖拉机耕田，拖拉机耕一亩田200元，虽然贵点，但是不麻烦，时间又快，而且不用包对方的三顿饭，很多人还是倾向于用这种方式。

仿照干栏式建筑新建的房屋

户户相通的那岩干栏建筑

结语

那岩屯具有良好的自然环境和人文环境，当地居民自身也具有较强的保护意识，一直在努力维持古寨原貌，然而面对那岩古寨干栏式建筑的存留困境一时间似乎还难有权宜之计，如果没有系统完善的保护性开发的措施，那岩古寨的文化价值面临着消逝的后果。

那岩屯是广西的“西大门”，与云南罗平县的“茉莉花旅游节”节庆、九龙瀑布、小三峡、多依河及贵州的马岭河峡谷、黄果树瀑布等都相距不过百公里，究其自身而言是具备民族文化旅游开发的潜力和价值的，但在开发过程中维护、保护和传承又显得尤为重要。那岩屯在进行保护和开发的同时应该遵循一个基本的操作原则：“最大保留，最小干预。”例如村屯里户户相连的干栏式木楼、古道路、泉眼、牛栏、古竹林、剿匪战斗遗址等，使人能看到那岩屯的每一个历史段落，应予以最大限度保留。还可以借鉴梁思成先生当年提出的“修旧如旧”的概念，强调遗产保护的整体性，而不是一边摒弃传统，一边又将传统装扮成令人目眩的奇观或者贬值为媚俗的商业符号，拆了旧的，重新修一个仿古的。真实性与深层的价值相关联，具有稳定性，我们对古建筑进行保护，不仅仅是保留它原来的样子，更重要的是保留它的价值及强化它的价值。另外，还要加强与当地居民的沟通，获得他们的信任。在打开他们眼界的同时，帮助他们抵御快速发展的诱惑，获取他们的信任与支持，让他们珍视传统，并让他们看到、体会到其中的价值，从而寻求传统与现实的衔接。

山西榆次汉代城墙遗址的调查与保护

段 彬

作者简介

段彬，山西榆次人，1992年出生，现为南京大学历史学院2014级硕士研究生。

一、初识汉城墙

长期以来，我一直认为晋中市榆次区城区内现存的不可移动文物，除了元代的城隍庙大殿外皆为明清时期的遗存。2012年5月26日，我在翻阅《榆次文史资料》时发现，其中提到了在“砖窑街晋中艺术馆西面”有一段古城墙，“长四十二米，宽一点五米，系汉代所筑。1988年7月，市政府公布该城墙为榆次市第二批重点保护文物”[①]。随后，我又查阅了《晋中市县级文物保护单位名单》，显示有“古城墙（一段）”，地址为“砖窑街晋中艺术馆”，文保级别为榆次市文物保护单位（县级）。这条前所未闻的信息令我感到十分新奇与惊讶。于是，暑假回到家乡榆次后，我开始了对这座城址的第一次寻访。2012年7月27日，当我骑车来到砖窑街后，发现这里布满了20世纪80年

① 郭思俊、程耀武：《榆次文物简介（上）》，《榆次文史资料》第10辑，1988年，第134页。

第一次考察中所见的疑似城墙断面

代前后所建的低矮平房和横七竖八的小巷。由于家住城西，我对位于城东的这一片区并不熟悉，加之时间仓促，此次简短的寻访没有收获重大成果。仅在一处民居的院墙中间发现一座高3米—4米、宽约2米的土堆，疑似为城墙断面，但是当时还无法证明。难道资料中42米长的古城墙已经不复存在了吗？在此之后，找到这段汉代城墙的念头一直萦绕在我心里。

事情的转机发生在2013年夏天，一次偶然的机会，我和同样关心历史文化的朋友刘文学谈起此事，他当即表示多年前曾经在晋中群众艺术馆内学习，清楚地记得院子里有一堵土墙。我觉得这是一条非常重要的线索。2013年8月15日上午9：28，我们骑车到达砖窑街二巷的晋中群众艺术馆，开始了对汉城墙的第二次寻访。在刘文学的带领下，我们在群艺馆的西墙根看到了一堵高约3米—5米、长约20余米的南北向的土墙，其长度和汉城墙的资料吻合。墙的东侧底部被群艺馆的围墙砌了进去，墙的西侧紧贴着附近民居。沿着土墙往南走，绕到群艺馆大门外，我们在西侧的一处民居中看到了这堵土墙的南断面，宽约1.5米。当我们绕过附近民居向北走，试图去查看土墙北断面时，在邻近的羊毫街北巷有了更加重大的发现——不仅发现南北向土墙在民居中还隐藏着长约10米的一部分，再加上已损毁的10米大致符合资料中提到的42米的长度；更重要的是，其北端还与一段长约20米的东西向土墙相连，这段土墙颇为高大雄伟，而且不在已登录的文保范围内，最近正在进行的拆迁改造刚刚拆除了附近民居，才使其重见天日。从墙的外侧立面观察，我初步判断这应该是一段夯土墙。东西向土墙的东端，也即南北向土墙的北端，被挖掘机挖成了内凹的形状，无法得知其原貌。东西向土墙的西端向北突出，形似城墙的马面。

在群艺馆西墙下的城墙边留影

南北向城墙的南端断面

在文保范围之外意外发现的东西向城墙

城墙细部

城墙拐角处被挖成内凹形状

网友王宏拍摄的东西向城墙，其西端呈半圆形向外突出，形似马面

在考察过程中，我先后向一名群艺馆的工作人员和两名居民寻问情况，但是得到的答案都是：附近居民迁居此地大都是近几十年的事，他们对“土山”的情况也不了解，因此暂时未能得到有效的口述史料。回到家中后，我开始了文献上的查找，发现在1955年的《文物参考资料》第1期中，刊登有一篇名为《山西榆次市郊发现古城遗址及古墓葬》的简讯。通过该文对城墙位置和形态的描述，结合我现场的考察、卫星地图的定位测量，以及史志资料的记载等多方面的核对，我最终得以判定，位于砖窑街二巷和羊毫街北巷呈L型的土墙，就是资料中提到的汉代榆次城墙遗址。我们意外发现的那段在文物资料上未曾提及的东西向土墙，也是1955年调查中发现的城墙的一部分。

二、进一步的调查与研究

确定了汉城墙遗址位置后，我又连续两次对该遗址进行实地考察。在这两次考察中，我逐渐发现，那段东西向的城墙远不止第二次考察时所看到的20米。随着该片区的拆迁工作如火如荼地进行，露出的墙体越来越多，可看得到的城墙断断续续向西延伸，总长度达320米左右，和1955年调查资料吻合，其中最西侧的约50米被包砌在市委宿舍的围墙内，水利局宿舍和烟囱后的墙体则已不存，出现了两个约30米—40米的较大豁口①，城墙仍有约250米较为完整。虽然经过了人为的破坏和岁月的洗礼，城墙上布满了窑洞、杂草、树木、围墙甚至房屋，但仍不失其雄伟气象。

小区的围墙内包裹了几十米的汉代城墙

水利局宿舍后的城墙早已损毁

经过这三次实地考察，我基本摸清楚了汉城墙现存宿舍遗迹的情况，获得了较多的空间结构方面的感性认识。基本可以确定：截止2013年夏，在榆次区砖窑街二巷和羊毫街北巷，仍残存着一段东西长约250米、南北长约30米的汉代古城墙遗址。Google Earth提供的经纬度坐标大致是：东经112° 44’45.4—112° 44’58.6，北纬37° 41’23—37° 41’20.3。对照1955年的调查数据，当时汉城墙“东西长约三二〇公尺，南北长约四百公尺”②，可见50多年来，东西向城墙的变化不大，南北向城墙则损毁严重。回想2012年我第一次寻访城墙时看到的那个高3米—4米、宽约2米的土堆，恰好位于现存南北向城墙的正南端约25米外，应当就是南北向城墙的一段孑遗。

田野考察工作基本完成后，我开始对相关文献资料进行搜集比对，有两个突出的问题值得关注。

一是古城墙遗址的变迁。现存最早的相关资料是永乐《太原志》，该书中附有一张珍贵的地图，图中绘出了古城墙的位置。根据该图可以得知，直至明初，汉代北城墙仍非常完整，西城墙和

① 1955年的资料说“城的东部一段，已挖有极大的豁口与窑洞”，应该指的就是这里。

② 《山西榆次市郊发现古城遗址及古墓葬》，《文物参考资料》1955年第1期。

东西向的北城墙保存较为完整的部分之一（现已不存）

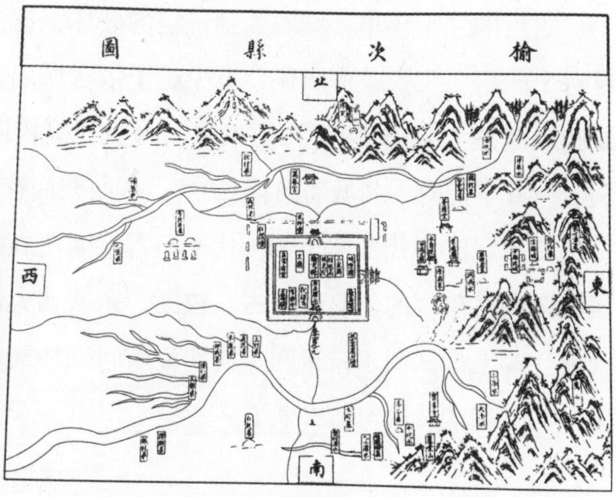

永乐《太原志》中的《榆次县图》。可以看到在明代县城的北面，古城的北城墙仍然完整保留。今砖窑街城址，即为图中古城的东北角

2013年8月榆次汉代城墙遗址示意图

东城墙也还有部分遗存①。现存的古城墙遗址，应该就是明初地图中所绘古城的东北角，即北城墙的东段和东城墙的北段。

明清时的五部《榆次县志》都没有记载当时古城墙的具体保存状况，只有“遗址屹然”、“余址犹存”之类的描述。相关线索则仅同治《榆次县志》载有“明祭酒阎朴墓在县西北一里许古城之阳”②；民国《榆次县志》载有：“……古城堰，在今北关正太车站，东起东风口，西迄西风口，余址犹存。”③同治志中阎朴墓所在的“县西北一里许”恰好就是民国志中正太车站的位置，位于今栈房街，在砖窑街城址同一纬度的正西方向580余米。这一记载说明，清后期到1936年，汉代的北城墙中段仍有相关的遗存。

---

① 该图时代久远，具有重要的参考价值。但它仅仅是一幅示意图，在具体地物的相对空间位置上具有较大误差。比如根据现代地图可以看出，汉代东城墙和明代东城墙本应处于同一经度，然而图中却并非如此。从图中其他地物的位置偏差也可以映证这一点。

② 同治《榆次县志》卷七《古迹》。

③ 民国《榆次县志》卷十四《旧闻考·古迹》。

之后的二十年里，城墙受到一定的破坏，据20世纪40年代末迁居此地的王玉香回忆，古城墙附近有个砖厂，工人盖房居住，不少房子依古城墙而建。孩子们为了玩耍，在城墙外壁挖土窝子，方便爬墙踩踏①。1955年考古简讯称，由于开辟耕田与街道等原因，古城墙“已挖有极大的豁口与窑洞”，截至此时，北城墙尚存320米，东城墙尚存400米。

20世纪80年代中期至90年代末，古城墙所在的区域迎来一个建设高峰，在这前后，城墙逐渐被居民区和各单位的建筑所侵占、包围，东城墙大部分被毁，基本形成我在2013年田野考察时所见的规模。综上，从明永乐年间、清同治年间到1936年、1955年，再到1988年、2013年，汉城墙历代的保存状况基本可以勾勒出来了。

表1　榆次汉城墙遗址的变迁

时　间	汉代北城墙	汉代东城墙	汉代西城墙	资料来源
明永乐年间	保存完整	尚存北段	尚存北段、中段	永乐《太原志》
清同治年间	尚存中段、东段	尚存北段	不详	同治《榆次县志》
1936年	尚存中段、东段	尚存北段	不详	民国《榆次县志》
1955年	尚存东段320米	尚存北段400米	已不存	《文物参考资料》
1988年	不详	尚存北段42米	已不存	《榆次文史资料》
2013年	尚存东段250米	尚存北段30米	已不存	田野考察

另一个问题是古城墙的始建年代。榆次建置之始可追溯至春秋中后期，晋国“分祁氏之田以为七县”②，榆次境内的涂水县即为其一。战国时，始见“榆次”之名，并确定了今天的城址，秦汉以降皆为榆次县，属太原郡。北朝时一度迁徙、更名，隋代在旧城基础上向东南方向收缩，旧城西北部分被废弃，同时恢复了榆次县旧名。此后城址与县名再无变动。

明清县志皆云古城是汉代所筑，我对这一观点是存疑的。

首先，永乐《太原志》中说：“古榆次城，在榆次县城外，周二十一里，汉故城也。今县在东南隅。”③到万历《榆次县志》中的相关表述由“汉故城”变成了“创于汉”；到了乾隆《榆次县志》又变成了“汉时筑”。这一措辞的变化是否暗示着信息流传讹变的可能？

---

① 参《榆次古城墙遗迹保护记》，《山西晚报》2014年5月27日第10版。

② 《左传·昭公七》，见（晋）杜预集解《春秋经传集解》，上海古籍出版社，1988年，第1565页。

③ 永乐《太原志》，《永乐大典方志辑佚》，中华书局，2004年，第294页。

表2 明清方志对古城墙表述的变化

时代	史料来源	相关记载
明永乐	太原志	古榆次城，在榆次县城外，周二十一里，汉故城也。今县在东南隅。
明天顺	明一统志	榆次古城，在榆次县西北隅，汉旧县城也，遗址颇存①。
明成化	山西通志	榆次古城，在榆次县西北隅，汉旧县城也，遗址微存②。
明万历	榆次县志	榆次古城，在今县城北，周回二十一里，创于汉，遗址屹然③。
清乾隆	榆次县志	榆次古城，旧志云在今县城北，周二十一里，汉时筑，余址犹存④。
清同治	榆次县志	榆次古城，在今县城北，周二十一里，汉时筑，余址犹存⑤。
民国	榆次县志	榆次古城，在今县城北，周二十一里，汉时筑，余址犹存⑥。

其次，汉代城郭的建造已经受到行政等级的制约。根据周长山《汉代的城郭》，当时县城城墙的普遍周长是1000米—3000米，郡城为3000米—5000米，县城城墙中规模逾制的大多是春秋战国时遗留的古城址（比如周回二十八里的薛城）。而榆次城的周长，无论史料中记载的“周二十一里”是指汉代的里还是明代的里，都是一个惊人的规模。如果是汉代新筑的城墙，作为县级政区的榆次是不大可能建造起如此庞大的城垣的，应当是在城墙等级制度尚未明确的战国时即已筑起该城。

第三，秦汉的榆次城与战国时一脉相承，从《史记·秦本纪》“攻赵榆次、新城、狼孟，取三十七城”⑦的记载可以推断战国时榆次已有城墙。历代县志也多有类似的看法：如乾隆《榆次县志》：“榆次之城筑，战国之际已有之。”⑧同治《榆次县志》：“榆次之城，战国时已有之。省志谓城自汉筑，盖未考耳。”⑨汉代“地方城市中，除边疆与南方地区外，大多是在春秋战国时期的基础上发展出来的”⑩，在汉初“令天下县邑城”⑪的全国筑城高潮中，对战国榆次城曾加以修缮倒是极有可能的。

第四，1955年的考古调查工作没有深入展开，并没有分析城墙内是否存在叠压的文化层。

因此，我认为最合理的推论应当是：砖窑街城址的始建年代可能是战国，从汉代到北朝的历代应当有所修葺，直至隋代缩小城垣时被废弃。但是以上推论是否成立还需要考古发掘的验证。所

① 《明一统志》卷十九《太原府》。
② 成化《山西通志》卷七《古迹》。
③ 万历《榆次县志》卷一《地理志·古迹》。
④ 乾隆《榆次县志》卷七《古迹》。
⑤ 同治《榆次县志》卷七《古迹》。
⑥ 民国《榆次县志》卷十四《旧闻考·古迹》。
⑦ 《史记》卷五《秦本纪》。
⑧ 乾隆《榆次县志》卷二《城池》。
⑨ 同治《榆次县志》卷二《城池》。
⑩ 周长山《汉代的城郭》，《考古与文物》2003年第2期。
⑪ 《汉书》卷一《高帝下》。

以，在考古工作进一步开展之前，我们仍应尊重方志和1955年调查得出的结论，暂时称之为汉代古城墙。

总而言之，无论其规模的大小与始建年代的早晚，现存的砖窑街城址作为隋以前榆次城垣的东北角，具有十分重要的历史价值。该遗址不仅是榆次区现存最古老的地上文物遗存，也是现存城区内唯一的隋唐以前的建筑遗址，可谓是晋中市的“城市之根”，对于晋中市城市变迁的研究具有关键性意义。如果该遗址彻底消亡，榆次可以看得见的历史，将缩短整整1000年以上！

三、古城墙危在旦夕

我能够重新找到汉代北城墙的遗迹，也算是一个巧合。如果不是棚户区改造拆掉了城墙外围的民居，我可能至今仍未能一睹城墙的庐山真面目。随着拆迁范围的扩大，所能看到的城墙遗址也越来越长。但是兴奋之余，我的心头也隐隐升起一丝担忧，这座在常人眼中并不起眼的“土山”会不会也被纳入拆迁改造的范围内？出于这种担心，我觉得我应该有所行动，防患于未然。

2013年9月17日，我首先通过微博的形式向各有关部门反映汉城墙的情况。先后得到了晋中市文物局和园林局的回复。然而前者的答复竟然是“此段遗址第三次文物普查中未登录为不可移动文物，对于它的损毁，我们也同样遗憾”；后者则表示“已向领导反映”，之后便没有了下文。

2013年9月27日，我在百度榆次贴吧发表了一篇名为《榆次现存最古老的地面遗存，还能存在多久？》的贴子，希望在呼吁市民引起注意的同时，进一步征集古城墙的更多信息。在发帖后，不少关心榆次历史文化的网友参与了讨论，还有两位网友进行了实地调查，拍摄了城墙的最新状态。

经过进一步的资料收集整理，2013年11月2日下午，我撰写了《关于建设汉城墙遗址公园的建议》。随后，分别发送到了中共晋中市委和黄河新闻网的电子邮箱中。在该建议书中，我陈述了古城墙的保存现状和历史价值，简要介绍了国内其他城市处理类似问题的成功做法，建议围绕古城墙建设一座小型的遗址公园，这样既保存了珍贵的文化遗产，提升了城市文化底蕴，又扩大了城市绿地范围，还可以解决目前北关地区居民缺少公共活动空间的现实需求。

2013年11月18日，黄河新闻网的记者李宏撰写了题为《晋中热心市民建议建设古汉城墙遗址公园》①的报道，并刊登了我的建议书，这是媒体第一次公开报道榆次汉城墙的现状。2013年12月23日，砖窑街施工改造中，继1955年后又一次在古城墙附近发现古墓群，黄河新闻网发表了题为《晋中城区砖窑街改造工程现场现古墓》②的报道，报道认为可以把墓群的发掘保护和汉城墙遗址公园的建设联系起来，“晋中热心市民建议建设古汉城墙遗址公园有望实现”。2013年12月20日，我发往晋中市委的建议书得到市委政研室的回复，回信中称：“根据张书记批示，我室联合文物局对汉城墙进行了考察调研，现形成调研报告。”

---

① 原文网址：http://jz.sxgov.cn/content/2013-11/18/content_3862273_all.htm。

② 原文网址：http://jz.sxgov.cn/content/2013-12/23/content_3985135.htm。

2013年12月在城墙遗址东南方向发现古墓群（现已不存）

古墓的彩绘与斗拱

刘文学在古墓群前留影

2014年1月城墙附近居民区已拆除殆尽

2014年1月14日和1月16日，利用寒假假期，我再次到砖窑街二巷和羊毫街北巷进行实地调查，发现古墓群的考古发掘工作已经结束，墓室已经回填，探方和9处墓道口依然清晰可见。其中一座古墓的砖雕斗拱仍然裸露在外，甚至有破碎的斗拱散落在地上。城墙遗址则完全保持2013年夏天时的原样，城墙附近的居民区已基本拆除殆尽，该片区的改造也已经停工。基于市委方面的信息反馈和工地停工的现状，我感到十分高兴。我想既然市领导已经获知此事，我作为一名历史专业的学生已经完成了应尽的责任，今后对古城墙的保护和开发工作自然会由党和政府来负责。我对古城墙的关注也暂时告一段落了。

2014年4月2日上午10：24，我利用清明节假期回乡的机会，又一次来到羊毫街北巷，本拟对北城墙西段的情况再作进一步调查。然而，眼前出现的一幕让我彻底震惊了：三台挖掘机正在汉城墙遗址上进行紧张的作业，北城墙东段约180米保存完好的城墙已经彻底夷为平地！照此速度下去，可能短短一周之内，砖窑街古城墙遗址——榆次两千年建城史的唯一见证，将彻底不复存在！

四、艰难的博弈

我不能眼睁睁看着如此一座两千年的历史古迹人为毁灭在我们这一代人手中。4月2日当天中午，我从古城墙遗址现场回到家中后，立即通过电话联系了市委政研室、市委社情民意办公室、规划局、城建局等多个部门，向他们阐明古城墙的紧急情况。

2014年4月2日上午，挖掘机正在古城墙上作业

北城墙东段约180米保存完好的城墙已经被彻底夷为平地

在我提交建议书时，政研室杨大伟曾留下了手机号码，所以我首先和他取得了联系。

对于古城墙被毁的事情，他也感到意外，但同时也表示政研室并不是实权部门，建议我联系市委社情民意办公室。电话再次拨通后，社情民意办的工作人员把市委下达的文件念了一段，大意是古城墙具有历史价值，政府会采取措施进行原址保护云云，我打断了她的话，说：城墙已经被推倒啦！她在惊诧之余，也没说出什么办法。我说这件事张书记不是已经知道了吗？文物局和政研室不是也提交过报告了吗？那张书记看了报告后有什么指示吗？她说张书记每天那么忙，不可能每件小事都放在心上，建议我问问规划局和文物局，说这两个部门具体负责此事。于是，我又拨打了规划局的电话，该局的李主任是唯一对此事表示关切的领导，她听完我的陈述后，觉得事发紧急，建议我们分头行动，她去联系文物局，让我再联系城建局的魏局长。但是城建局的接话员却拒绝了我联系局长的要求，说这种事情直接找拆迁办就好了。我只能再给拆迁办打电话，结果却没能打通。当天下午，市文物局工作人员给我打来电话，询问我这个地方该怎么走，文保工作失职的程度又一次令我咋舌。据文物局工作人员称，不久前该局刚刚被降为二级局，这意味着他们根本没有权力参与市政府的决策，很多事情也是无可奈何。就这样，一天下来，我和政府各部门“车轮战”式的交涉结束了。我不仅收到了手机欠费的账单，更感受到一种前所未有的失落感。随后，我上网查看了政府对该片区的规划图，古城墙所在位置上，赫然绘制着5幢30层左右的高楼。

第二天（4月3日）是我的祖父母举行合葬典礼的日子。在先人墓前，我下定决心，这件事不能就这样不了了之。常言不知者无罪，但作为事件的知情者，如果不去试图改变现状，我会一辈子无法面对自己的良心和深爱的故乡。当天16点40分，我在网络上发出了关于汉城墙被毁现状的微博，引来了晋中官微和民间文化遗产保护者的关注。

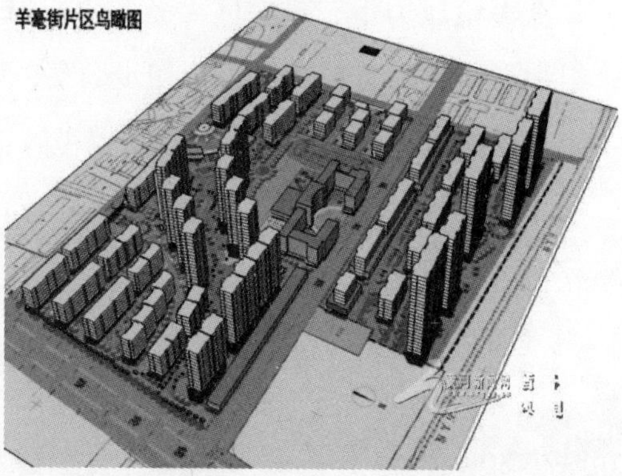

黄河新闻网发布的羊毫街片区改造方案，右侧汉城墙所在位置规划了5幢30层左右的高楼

4月4日，著名民间文保志愿者唐大华发出了《动员志愿者关注山西榆次汉代古城墙被拆事件》一文，号召文物保护者捍卫榆次古城墙，并为我联系了长期关注文保工作的中国新闻社的记者胡健。4日中午，胡健对我进行了第一次电话采访。随后，我又联系了晋中电视台的“晋中零距离”栏目组。下午两点，我随同两位晋中台记者前往古城墙遗址实地调查，我们看到对城墙的破坏仍在继续。同一时间，我将最新信息打电话反馈给中新社胡健。下午5时，中国新闻网刊登了汉城墙被毁后的第一篇曝光文章：《山西晋中汉城墙遭毁，民众吁拯救千年历史遗存》，随后各大媒体纷纷转载。通过记者胡健的调查获知，该片区由山西同华房地产开发有限公司承担项目开发。早在2013年该项目确定之初，住建部门及相关部门对所在地进行过实地勘察，已经了解了有关汉代古城墙的情况。

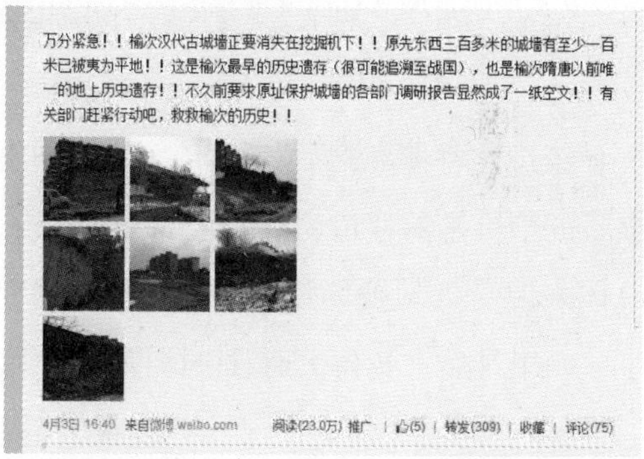

2014年4月3日16：40，我将汉城墙被毁的现状发布到新浪微博

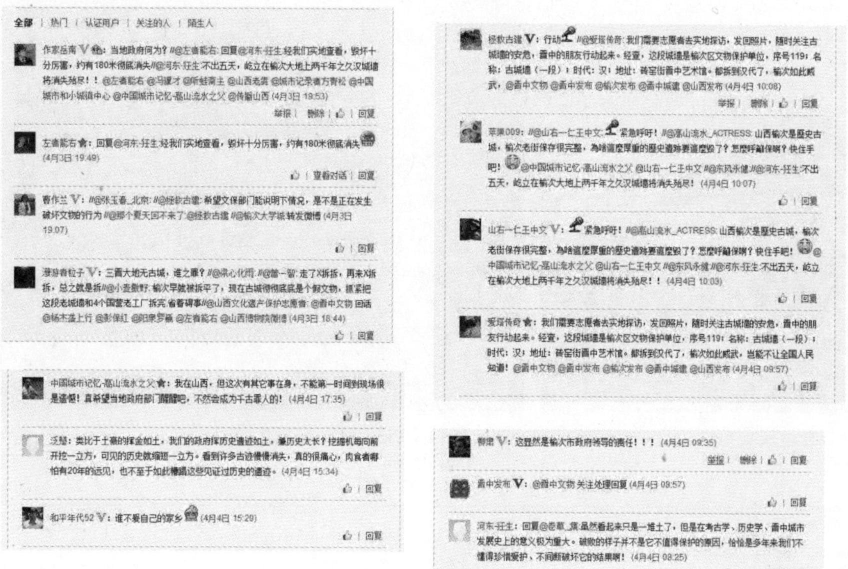

部分微博回复

在舆论压力下，榆次区委新闻中心4日晚对汉代古城墙被毁做出回应称，目前晋中市文物部门已组织专业人员赶赴现场进行初步勘察，该地段施工也已叫停。当晚21时，中新社第一时间刊登出了第二篇报道《山西官方回应汉城墙被毁：城墙地段施工已叫停》①。

2014年4月6日，网友尹图拉拍摄的城墙遗址现状，现场毁坏严重，考古勘探工作正在开展

2014年4月9日，山西省文物勘测中心副主任王勇表示，已对城墙周围近7000平方米的范围展开勘探。晋中市考古研究所工作人员表示，1988年评定文保单位时遗漏的近300米的土墙，经仔细调查发现，在土崖约5米—6米以上处有夯土层，结合史料，初步判断其为古城墙夯土遗存。随后，中新社再次发布后续报道：《疑似千年汉代城墙被挖续：文物部门已勘探7000平米》②。

经过此番博弈之后，原本尚存近300米的汉代榆次北城墙被拦腰斩断，只剩下了一半，而且被损毁的恰恰是保存最完好的一部分，东段也被打开一个缺口。东城墙则除了北端受到一定损毁外，总体来说受到的破坏较小。不幸中的万幸是相关工程已被迫停工，对汉城墙遗址的破坏终于停止了。一个月后，我再次通过微博询问政府对汉城墙的进一步处理意见，但没有得到任何回复。

2014年5月中下旬，《山西晚报》记者梁成虎就汉城墙相关情况对我进行了电话采访，同时进行了相关的实地调查。5月27日，《山西晚报》发布了《榆次古城墙遗迹保护记》③，刊登了整整一个版面。这篇报道汇集了对当地老居民、我以及文物局领导的采访内容，详细记述了古城墙被毁事件的始末和各方的观点意见。

市委宿舍附近古城墙被毁前后的对比（拍摄时间分别为2014年1月14日和2014年4月2日）

① 原文网址：http://www.chinanews.com/sh/2014/04-04/6033332.shtml。
② 原文地址：http://www.chinanews.com/cul/2014/04-09/6045520.shtml。
③ 当日《山西晚报》，电子版网址为：http://epaper.sxrb.com/paperdata/sxwb/20140527/。

东城墙北端受到损毁

2014年4月4日下午东城墙遗址现状，受损程度相对较小

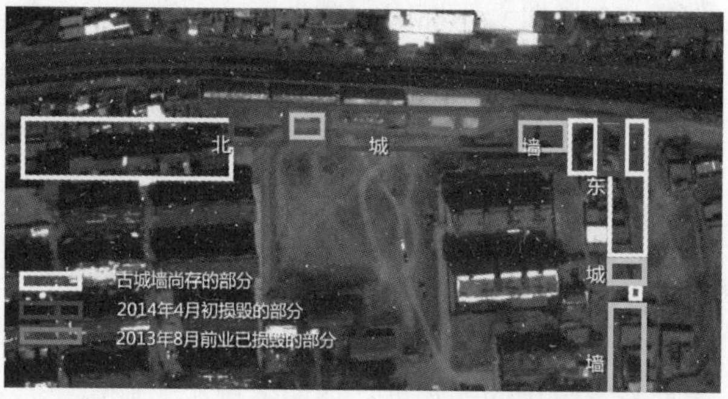

2014年4月汉城墙遗址示意图

至此，我力图保护古城墙免遭劫难的行动基本结束了。在这次的调查与保护行动中，我深切地感受到，保护古城墙的合法权益，最大的难点在于其法律地位的不明确性。而这种不明确性可以说完全是由于文物部门普查工作的疏漏造成的。1988年第二次全国文物普查中，由于民居对古城墙墙体的遮掩，文物部门仅将南北向的东城墙的南端25米纳入文保范围，东西向长近300米的北城墙竟然被遗漏。2008年第三次全国文物普查就更令人匪夷所思，据榆次区文物旅游局副局长闫镇说：“我们的文保员到砖窑街二巷古城墙进行实地勘探，发现古城墙几乎被建筑物包围覆盖，后来，我们认为古城墙可能已经损毁，因此没有列入普查名录。”随后，仅凭一句“可能已经损毁”，文物局撤销了古城墙1988年认定的榆次市文物保护单位的资格。这样一来造成的直接结果就是，保护古城墙的最后一道法律屏障顿失。当突发事件出现之后，我们根本无法运用法律手段来保护文物的安危。此次古城墙被毁事件中，严重破坏文物的相关施工单位不仅未受到任何法律惩罚，文物部门甚至利用1988年文物登录时的漏洞，公然否认文物的历史价值和此次施工对文物产生破坏的事实[①]。

北城墙东段被打开十余米的缺口

① 参《榆次古城墙遗迹保护记》，《山西晚报》2014年5月27日第10版。

五、后续的考察与反思

2015年2月3日，我的朋友刘文学、黄浩又一次前往汉城墙遗址查看，通过他们的照片得知，一年来汉城墙遗址基本维持现状。2013年12月发现的古墓群原址上则建起了一座清真寺。

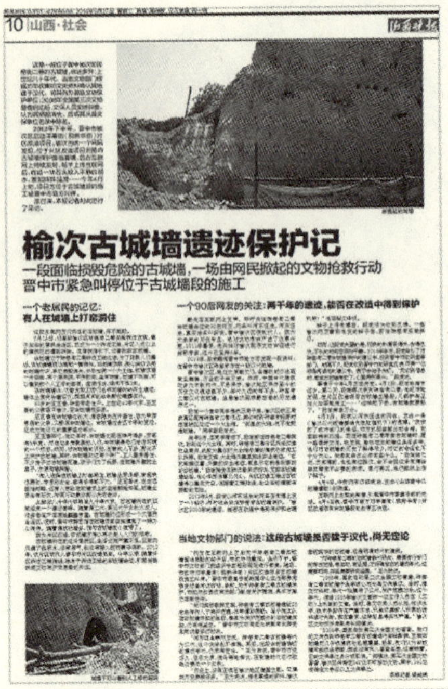
10 山西·社会

榆次古城墙遗迹保护记

一段面临损毁危险的古城墙，一场由网民掀起的文物抢救行动
晋中市紧急叫停位于古城墙段的施工

2014年5月27日，《山西晚报》发布的《榆次古城墙遗迹保护记》

2015年2月17日，在我途经榆次区东顺城街时，晋中市第一人民医院东侧的一堵土墙又一次触发了我的思考。这段土墙底长约6米，南段上部已损毁，高约3米，宽约10余米，同样被附近民居所包围，难窥全貌。我隐约有一种感觉，这段土墙和汉城墙会不会存在着某种关系？回到家中，我通过卫星地图发现，这段北距砖窑街城址约500米的土墙与砖窑街汉代东城墙北段遗址以及新集街明清东城墙遗址基本位于同一经度。而明清榆次东城墙正是在汉代东城墙南段的基础上修建的，由此推测，东顺城街的这段土墙也极有可能是一段在文物普查时遗漏的汉代东城墙的孑遗。3月16日，我委托仍然身在晋中的刘文学再次前往实地调查，该片区居民大都已经搬走，刘文学寻访到一位60岁的本地老住户，他就居住在土墙东侧。他肯定了这段土墙就是古城墙的一段。据他回忆，他童年时这段土墙还要长得多，市医院修建停车场时拆除了一部分，附近居民也常在城墙上取土，日积月累，成了今天的样子。

汉城墙遗址附近正在兴建的清真寺

2015年2月3日，刘文学在停工的汉城墙遗址处考察

以上就是我从2012年5月至2015年2月历时近三年、前后近十次实地调查榆次汉代城墙遗址的全部过程，以及争取古城墙免遭毁灭所做的努力。回顾这一系列的经历，我收获了很多。尤其是在保护古城墙的博弈中，我领略了“尸位素餐”一词的现实写照，也感受到了众多“以天下为己任”的民间文保志愿者的胸怀；我成为了某些人口中想要“讹钱”的“拆迁户”，也得到了一大批关心历史文化的朋友们的帮助与祝福。凡此种种，真令人倍感唏嘘。

东顺城街晋中市第一人民医院东侧的土墙，包围在民居中

砖窑街汉代东城墙遗址、东顺城街土墙和新集街明清东城墙遗址位置示意图

汉城墙的调查与保护使我陷入了深深的反思。山西是中国地上文物第一大省，拥有全国重点文物保护单位452处，高居全国榜首。就本文涉及的汉城墙来说，山西约占全国已发现的汉代城址的九分之一多[①]。在今年的两会召开期间，山西省副省长张复明说，山西古建具有“数量多、分布广、等级高、险情大”的特点，国保级的古建筑有险情的大概占27%，省保级的占40%，而市县以及一般性的文物有险情的占80%左右[②]。

在古建保护领域，山西就是中国的缩影。像晋中市这样的中西部中小城市，文物保护工作不仅存在着体制性的缺陷使得文物单位难有作为，甚至不愿作为；而且存在城市文化意识较差、经济能力薄弱、地方利益纠葛严重等现实的困境。从文物的普查、定级、利用、管理，到出现险情前的预防，发生事故后的修缮、追责，各个环节都没能实现真正有效的制度化。如果没有我2012年来的田野考察，被人遗忘的古城墙可能早已在拆迁改造中无声无息地消失了。如此看来，榆次汉城墙的例子仅仅是管中窥豹。第三次全国文物普查结果显示，由于人为破坏和自然损毁原因，23年间我国约有4.4万处曾登记过的不可移动文物消失，年均消失约2000处。这其中恐怕不乏相当一批极具历史文化价值的遗存。

前不久柴静的一部《穹顶之下》让千千万万的国人意识到保护自然环境的迫在眉睫，然而如何保护我们的人文环境，守护民族的精神命脉，同样是一个现代化的国家应当具有的意识。今天的中国仍处在城市化的快速发展中，如何有效提高政府和全民的文保意识，并通过法律和制度的手段保障文化遗产的命运，不要让榆次汉城墙的悲剧重演，仍然是一个十分严峻的课题。

① 王银田：《山西汉代城址研究》，《暨南史学》第6辑，2009年。

② 参《小丫跑两会——山西：要作优秀的文物保护大省》，原文网址：http://jingji.cntv.cn/2015/03/14/VIDE1426343758372160.shtml。

巴蜀地区珍贵的历史文化遗产

——太蓬寨考察纪要

蒋九菊

作者简介

蒋九菊，女，西华师范大学历史文化学院考古学在读研究生。研究方向为巴蜀地区古城寨。

纵观我国历史，内忧外患一直是困扰国家和百姓的问题，或为保家卫国，或为攻城略地，我们的先民因地制宜修建了各种各样的防御设施，线形的如长城、界濠，环形的如城堡、坞壁、山寨，点状的如碉楼、炮楼等，留下了许多宝贵的文化遗产。在巴蜀地区，各种防御性设施也十分常见，仅就古城寨而言①，《中国文物地图集》四川和重庆两册中登录的数量就分别达416和314处，合计730处②。这些古城寨大多还保存着城门、城墙等遗迹，蕴涵着极其丰富的历史信息，是研究我国历史，尤其是巴蜀历史的重要实物资料。

① 关于古代防御性建筑的名称，历代有"坞""坞堡""坞壁""屯""堡""寨""城""洞""塞""关隘""碉楼"等不同种类和称呼。巴蜀汉族地区的该类建筑特征基本相同，多建筑在山丘之上，围以石质寨门和寨墙。在文献中一般称规模较大者为"城"，较小者为"寨"，故以"城寨"一词统称之。四川甘孜、阿坝、凉山三州少数民族的防御性建筑与汉族地区的城寨区别较大，故不包含在内。本文所称的"城寨"专指用于防御的一种依险而建的临时性聚落，有城墙、城门等防卫设施。它与作为固定治所的各级城镇不同，也与"坞堡"类建置有别。

② 国家文物局主编：《中国文物地图集·四川分册》，文物出版社，2009年；《中国文物地图集·重庆分册》，文物出版社，2010年。可以肯定地说，《中国文物地图集》四川和重庆分册中登录的城寨远远少于实际城寨的数量。如《中国文物地图集》四川分册"阆中市"中仅登录了5个城寨，而第三次文物普查登记的有14个。此外，咸丰《阆中县志》中载阆中为抵御白莲教起义，乡民结寨43个，所附名录与三普登录寨名仅两个相同或相近，说明大量城寨尚未被文物部门登录。

西华师范大学古城堡研究中心对四川地方历史文化的研究可谓其特色之一，遍布于四川各地的宋元明清遗留下来的数以千计的古城寨自然而然的也就和西华师范大学师生结下了不解之缘，在历史文化学院老师的带领下，学院师生不畏艰险攀爬于崇山峻岭，往来于各地区的古城寨之间，对其太蓬山上太蓬寨的考察就是其中之一。

太蓬山远景

太蓬山[①]，故称大太蓬山[②]，又名绥山[③]，位于营山县郎池镇东北47千米的太蓬乡，主峰海拔731.7米，幅员面积约2500亩。太蓬山风景秀丽，长期作为佛道圣地和旅游名胜，遗留的历史文化资源十分丰富，主要有摩崖造像及题刻、游记、碑记、舍利塔、洞穴、城寨等。自隋唐时就有“太蓬仙迹”、“佛教圣地”、与峨眉并称的“蜀北名山”之美誉。

太蓬山山高林密，地势险峻，岩壁如削，东南西北各设寨门，易守难攻，素为兵家必争之地。它曾是元朝末年红巾军树红巾旗号、反抗剥削压迫、云集响应的重地，也是反清农民武装白莲教与清军相抗衡鏖战之地，其后又在红九军歼灭敌军的过程中发挥过保境安民的作用。正因太蓬山所居的特殊地理位置，且又在历史长河中发挥过重要作用，2014年4月12日，西华师范大学古城堡研究中心相关人员组成的考察团赴太蓬山对太蓬寨进行了为期一天的田野考察[④]。太蓬寨位于太蓬山上，现存北寨门、南寨门、东寨门及其小东寨门[⑤]。由于时间紧迫，此次实地考察主要考察了寨门、城墙、摩崖造像、石刻题记、洞府等部分遗迹。

---

① 太蓬山，因山状若蓬莱而得名。关于其位置，《列仙传》云：“绥山在安固县（今营山县安固乡）东三十里。”

② 太蓬山有大太蓬和小太蓬之分。小太蓬山一名秀立山，古名蓬莱山。大小蓬山对峙，相距仅二里，通常所呼的太蓬山即大太蓬山。

③ 大太蓬山一名绥山，据《营山县志》载：“有绥山太蓬者，蜀北之名山也。蜀之绥山有二，而此则居一焉。”另一绥山则为今之峨眉山。

④ 太蓬寨，《中国地方志集成·四川府县志辑》第58册《营山县志》卷三《舆地·关隘》第264页（下）记载：“太蓬寨，治北九十里，周围数十里，其地最为险峻，可容万人。小蓬寨，治北九十里，可容千人。”

⑤ 国家文物局主编：《中国文物地图集·四川分册》，文物出版社，2009年版记载：“西寨门被乱石堆堵，门首横额已毁，寨门由条石砌成，高1.81米，宽1.5米。”但是，我们考察时西门已毁。

杨贵妃像

4月的乡村道路，两旁零星散落的村庄，绿油油的麦田，劳作的农人，顿时构成了一副乡村田园农忙图。经过三个多小时的路途颠簸，我们考察组车辆终于驶入太蓬乡境。透过车窗远眺太蓬山，雨后初晴，太蓬山换上了温柔秀美的外衣；仰望太蓬山周围山体，雾霭升腾，祥云涌动，群山若隐若现，山体巍峨雄壮却又不失妖娆，时而像一位含羞的少女在薄云里面时隐时现，似乎早已等待着我们的到来；时而又像一位慈祥的老人正在安详地爱抚着这里的生灵；满山的翠竹郁郁葱葱，其间还有不少苍劲的古松守护着它们。沿着弯弯曲曲的水泥路，我们于上午11点左右来到了太蓬山山顶。下了车，站在太蓬山山顶，山顶平坦，田畴交错，民舍星列；山之四壁，陡峭如削，难以攀越，四周方圆几十千米之内，远远近近的山峦青绿如染，似大海中层层涌动的波涛，大气磅礴，蔚为壮观。面对如此秀色美景，我们考察组不顾路途的疲惫和天气的炎热迅速整理之前准备的资料，分成两组，带上考察用的测量工具，在当地老乡热情带领之下开始领略太蓬山独特的风情。

一、南寨门附近

（一）南寨门

南寨门海拔687米，经纬度分别是N31° 13′ 52.80″，E106° 45′ 05.83″，方向是南偏东20°。寨门是由整石岩凿成，两面临空，坚如铁壁，亦是兵家要塞。白莲教义军据守太蓬山时，曾在寨门内的一块巨石上磨过大刀长矛，纵横交错的磨槽，至今还能辨认。南寨门形制为圆拱，门拱高2.61米，宽1.8米，深1.3米；门顶高1.9米，宽1.5米，深0.4米。南寨门通高3.2米，门楣上刻有“星辉南极”四个大字，字径约0.10米～0.25米。门楣上侧半圆形拱宽0.3米，厚0.2米。

南寨门正面

（二）菩萨龛

此龛位于南寨门右侧阶梯旁的岩壁上，龛的形制为方形平顶双重龛。其中外龛高1.6米，宽1.65米，深0.45米；内龛高1.36米，宽0.87米，深0.4米。龛内雕塑一立像，现存菩萨为新塑，桃形头光。造像连头光、底座高1.37米。

南寨门附近菩萨龛像

（三）朝阳洞

朝阳洞位于太蓬山南边，处于李公洞和南寨门之间，坐西向东，天然石洞。洞深29米，宽27米，高平均约2米，整个洞顶中间高，四周低。据明代《蜀中名胜记》卷二十八“营山”条记载：“太蓬山有朝阳洞，空阔可容数百人，封塞已久，明万历中重开。”[①]另据同治《营山县治》记载：“朝阳洞，治北太蓬南五里，后室如盖，高丈余，阔数丈，中有佛像。”[②]由文献记录可知，明万历（1573—1620）中朝阳洞重新打开，当时里面可能没有造像，依据同治《营山县志》的描述，在清朝时洞内已造有佛像，惜人为的破坏，原造像都已不存，现存造像均为现代重塑。另外，洞口石墙正面门楣镌刻“瑞霭名山”四个行书大字，两边门柱有楹联为“岩峙烟云疑无路；洞迎旭日别开天”。石墙背面门楣镌刻“朝阳洞”三个隶书大字，两边门柱有楹联为“石蹬登云原有路；洞门迎旭别开天”。洞内第二道门的石柱上刻有明代举人侯启御题写的楹

朝阳洞正面

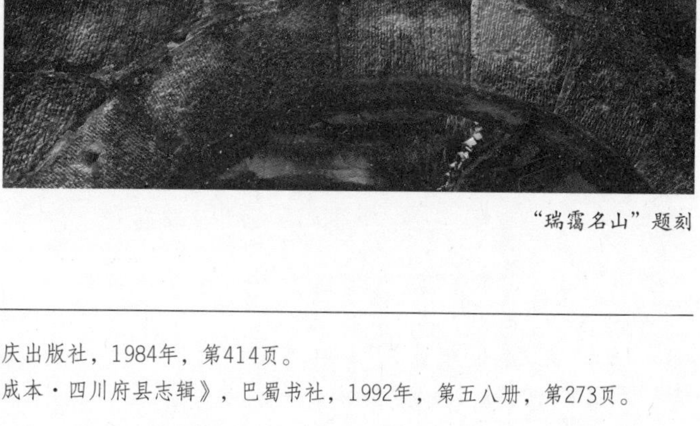

“瑞霭名山”题刻

① （明）曹学佺著、刘知渐点校：《蜀中名胜记》，重庆出版社，1984年，第414页。

② 同治《营山县志》卷四《舆地志》，《中国地方志集成本·四川府县志辑》，巴蜀书社，1992年，第五八册，第273页。

朝阳洞附近吞口

联“山光紫雾舒金臂；石影清藓足六螺”。正面神龛上有三尊佛像，两侧有十八罗汉，均为近年补塑。1933年，中国工农红军第九军在副军长许世友的领导下，曾把朝阳洞设为弹药库。另外，洞口左侧有农户。

走出朝阳洞，在通往李公洞的小路旁，我们考察组发现了一个石柱吞口，其方形底座正面刻有“太山”二字[①]。

吞口，顾名思义，源于其一张宽而大的巨嘴，它是绘有狰狞怪兽的器物，雕刻吞口所用的材料以具有驱邪逐恶意义的白柳和桃木为佳。此外还可以烧制成瓦当用作屋檐口，或雕刻于石柱立在道旁，或彩绘于木瓢背面悬挂于门楣之上。

吞口是民间艺坛面具的变异，起源于图腾崇拜和原始巫教，是古代图腾文化与巫文化相结合，经历漫长的岁月后嬗变而成的一种民间文化产物。吞口主要分布在云、贵、川、湘等省一些少数民族地区。

从太蓬山上发现的吞口造型看，其怪兽立眉竖目、怒目圆睁、双目炯炯，形象粗犷豪放、狰狞恐怖，造型夸张、诙谐，综合了诸如虎、狮等猛兽的灵气和特征。据笔者分析，其意义是驱邪恶、镇守保护太蓬山。

（四）李公洞

接下来，我们考察组沿着陡峭的小路来到了李公洞。李公洞地处太蓬山南边，坐西向东，十分险要，只有循山崖小道攀援可至。据同治《营山县志》载：“李公洞，治北太蓬南五里斜则双洞。”[②]该洞宽12米，深4米，高3米，自然形成于崖壁之上。洞口有水池，洞内有碓窝和隔墙的墙基。洞口岩上刻“李公洞”三个楷书大字。洞正面石壁上有刻碑一幅，记述瞿氏家族先辈于清嘉庆初年与寺僧签约定界，把李公洞作为瞿氏家族遇难避险之所。后因碑毁，瞿族后人于民国十三年与山主僧溟道、洋春等重新订约，复刊于石，以贻永远。该洞保存完好，洞壁上还书有祈祷者应验后题写的感激话语。据传，李老君曾在此洞修炼过。

① “太山”是“泰山”的误写，该吞口实则为“泰山石敢当”的含义。
② 同治《营山县志》卷四《舆地志》，《中国地方志集成·四川府县志辑》，巴蜀书社，1992年，第五八册，第273页。

李公洞侧面

李公洞题刻

（五）老龙洞

状元洞正面

走出朝阳洞，我们便来到了离朝阳洞不远的老龙洞①；查阅《太蓬山志》等史料记载②，新中国成立前有人在此洞开过榨油房，故人们又称该洞为“榨油洞”。又因洞前有现代人近几年所立长方形石碑且刻名状元洞，故该洞府应为状元洞了。洞在太蓬山南边，坐西向东。盝形顶，门楣周围装饰有卷草纹，且门楣上刻有“龙门”二字，两边门柱有多幅楹联，其内容都是类似“学而不思则罔，思而不学则殆”等激励人心的话语。洞口阔14米，深24米，高约3米，愈进愈低矮。洞口有石墙，洞内有被打烂的神像残块，据带队蒋老师分析说，这些石像应该是清代的。

二、北寨门附近

（一）北寨门

经过中午时间的短暂休整后，我们考察组一行精神饱满地来到了北寨门。测得北寨门海拔700米，经纬度分别是N31° 15′ 33.73″，E106° 44′ 25.72″，方向是西偏南10°。圆拱，盝形顶。门拱高2.57米，宽1.82米，深1.22米；外门顶高1.54米，宽1.6米，深0.48米～0.52米；内门顶高1.91米，

① 据传此洞曾有蛟龙出走，故名老龙洞。

② 营山县地方志办公室编：《太蓬山志》，旅游教育出版社，2007年。

③ 查阅营山县地方志办公室编《太蓬山志》（旅游教育出版社，2007年），第10页内容记载：此洞尚未开发。由该书出版时间判断，此洞开发应在2007年以后。

北寨门

北寨门“皇恩北至”题刻

宽1.82米，深0.58米；门框宽0.26米，高1.06米。北寨门总进深2.29米，总高度3米（包含门顶上新修填加的0.5米水泥板），门楣上左起阴刻有“皇恩北至”四个楷书大字，字径约0.12米~0.26米，刻字年代不详。

（二）天星洞

笔者认为用“翻山越岭”一词来形容前往天星洞的路是最恰当不过了。此洞位于太蓬山北寨门东面中段的悬崖峭壁上，周围无路，尚未开发。该洞为人工开凿，依山而建，上下两层三洞。天星洞高2米，宽15米，深7米。洞中有石柱一根，四方形，边长0.75米，柱正面刻“天星洞碑序”，记开洞事，保存完整。右侧一洞大小相等，内有清泉，常年不涸。两洞可容百余人。下层一洞为自然形成，可容1300余人。以前曾有一居士用梯上下，在此居住。

三、东寨门附近

（一）东寨门

从东门沿石板小道拾阶而上，测得东寨门海拔是631米，经纬度分别是N31° 15′ 26.48″，E106° 44′ 53.79″，方向是北偏东80°。门顶高2.05米，宽1.52米，深0.49米；门拱高2.68米，宽1.72米，深1.27米；门楣上半圆形拱高0.85米，宽1.74米。门楣上刻有“紫气东来”四个苍劲大字，总字径高约0.27米，总长0.92米。左起楷书阴刻，左边落款为“众姓建修”，右边落款为“咸丰癸丑年（1853）林钟月立”。门楣上侧半圆形拱高0.25米，厚0.35米。东寨门总进深1.68米，总高度2.81米。东寨门上大石砖长1.64米，宽0.33米；小石砖长0.38米，宽0.2米。另外，东寨门右侧残存城墙长2.71米，左侧残存城墙长1.28米。

东寨门正面

东寨门“紫气东来”题刻

（二）小东门

工作照

小东门的具体位置在东寨门东南方，海拔是684米，经纬度分别是N31° 14′ 52.78″，E106° 45′ 05.92″，方向是北偏东60°。门框高1.79米，宽1.16米，深3.55米；内门顶高1.87米，宽1.41米，深0.85米；中门顶高2.18米，宽1.42米，深0.82米；外门顶高2.45米（因地面有乱弃碎石堆砌，所以外门顶实际高度高于此），宽1.36米，深0.65米。小东门总进深3.28米，总高度2.56米。小东门上大石砖长1.235米，宽0.66米；小石砖长0.24米，宽0.13米。另外，小东门左右两侧残存城墙，左侧残存城墙长4.03米，高3.06米；右侧残存城墙长1.17米，高2.9米。

考察完小东门，时过下午三时，一天的行程基本结束。下至半山公路，回望下山之路，须仰首望天，乃见向上者项背。春阳高照，山腰垂挂缕缕白云，如烟如雾，飘飘缈缈，不禁想到杨贵妃匿于此山之说，觉得这太蓬山有着不知多少令人遐思的迷人色彩。

太蓬山，川北佛教圣地；太蓬山，兵家必争之要塞；太蓬山，红色革命之摇篮。虽然是短促的一天考察，好多的遗迹我们都没来得及大饱眼福，但太蓬山的一山一水、一草一木都给我们带来了极大的诱惑。真可谓不来太蓬山，就不能感觉其美景；不来太蓬山，就无法体会其灵气。

四、巴蜀地区古城寨价值

（一）古城寨蕴涵了丰富的历史信息

古城寨作为一种物质文化遗产，蕴涵了丰富的历史文化信息。比如它所处的地理位置、修建方式、修建者、修建时间、城寨格局、相关遗存（如寨墙、寨门、衙署、兵营、炮台、兵器等），传说故事等等。

以太蓬寨为例，它曾是元朝末年红巾军树红巾旗号、反抗剥削压迫、云集响应的重地，也是反清农民武装白莲教与清军相抗衡鏖战之地，其后又在红九军歼灭敌军的过程中发挥过保境安民的作用。现存除西寨门以外的四处寨门。南寨门内的一块巨石在白莲教义军据守太蓬山时磨过大刀长矛，纵横交错的磨槽，至今还能辨认。

（二）古城寨有很高的军事价值

古城寨的修建并非率意为之，尤其是南宋时期修建的山城。它们是在总结以前坞壁、关隘、山水寨等经验基础上形成的一个完备防御体系。各城寨均修建于拔地而起的方山之上，极难攀登，有一夫当关、万夫莫开之势。

明清以来的古城寨同样具有很高的军事价值。各地城寨形成坚壁清野之势，使敌人来无所得，去却遭尾随围攻，有力地保障了当地百姓的人、财、物安全。如白莲教罗其清部一度以太蓬寨为据点抵抗清军的围剿。除此以外，太蓬山上尚存较多石刻，有石窟和题刻等类别，不少具有很高的文献、宗教、艺术、民俗等价值，限于篇幅，此不赘述。

五、古城寨保存现状

通过对巴蜀地区古城寨多次实地考察，我们深深感受到到社会各界对巴蜀地区古城寨的认知与关注度十分不够，在此仍以太蓬寨为例。

首先，近年来，随着学术界相关学者对太蓬山考察的深入，太蓬山的历史价值正在被学术界重视。但令人遗憾的是，目前学术界的研究主要针对太蓬山的摩崖造像、石刻题记、古建筑、洞府及民间传说，而对太蓬山上太蓬寨研究所发表的专门论文，笔者到目前还没有发现一篇。而一些文章中提到相关太蓬寨遗址只是以游记、报道形式出现，仅限于简短的介绍，寥寥一二百字，内容以描述性、叙述性为主，缺乏研究深度。

其次，经过当地政府及社会各界人士的共同努力，在“保护名山，复兴太蓬”口号倡议下，保护、修复及开发太蓬山上的文物古迹已被纳入了全民行动。时过境迁，今日的太蓬山已被建成初具规模的生态佛教旅游文化圣地。但是，我们考察组发现，太蓬山上太蓬寨的各处寨门并没有引起当地政府足够的重视从而进行保护，最显明的例子就是已毁的西寨门。查阅相关资料，西寨门毁于20

世纪80年代中期[①]。又从2013年5月发表在南充日报的《营山太蓬寨 多处现古代战争痕迹》一文中可以得到证实[②]，从小在太蓬山长大的当地导游唐敬说："有可能西寨门已经遭到损坏，也有可能西寨门藏在大山深处。"基于上述资料，我们可以得出两种结论。第一，当地政府甚至从小在太蓬山上长大的群众都不知道西寨门究竟毁了还是藏匿于大山深处；第二，假设西寨门已毁，那么它被毁的具体时间当地政府也不详。以上结论深刻说明了当地政府和群众对太蓬山上的太蓬寨缺乏必要的认知和了解，看不到它们存在的科学价值和潜在的经济价值，以致于对西寨门保护不力，留下了深深的遗憾。另外，太蓬寨上现存的4道寨门，任其在时光的流逝中遭受风吹雨打、杂草灌木掩蔽，生存状况加速恶化。

目前只有极少数城寨受到了重视，如合川钓鱼城，不仅开展了多次考古调查和发掘，还进行了大量的维修保护，目前已列入世界文化遗产名录预备名单。这些城寨受到重视除本身的文化遗产价值外，还有地形地貌特殊、地理区位合理、适合旅游开发等因素。

出现上述令人堪忧的局面固然有社会大环境的因素（如重经济建设忽略文化遗产，文物保护机构管理经费少、人手不足等），同时也跟巴蜀地区古城寨的本身情况有关，笔者认为主要有以下四个方面因素。

第一，巴蜀地区古城寨数量太多。如前所述，仅《中国文物地图集》四川和重庆分册上登录的即达730处。保守估计这个数字可能不及实际数量的二分之一。据南充市文物部门告知，仅南充市境内调查到的就有210处之多，而录入《中国文物地图集》的才29处。据了解，部分位置偏远、海拔太高的城寨，文物部门也没有全部实地调查，尚有遗漏。面对如此多的古迹，文物部门没有精力、人力、财力进行调查、登录，更遑论研究和保护。

第二，巴蜀地区古城寨类型较单一。总体来看，巴蜀地区古城寨属于环状线形防御体系，即在山顶修建城墙、城门等设施进行防御。城墙、城门的修建方式也大体相同，均由石块砌筑，各时代差别不太明显，这种修建方式导致大量古城寨自身特色不突出。

第三，巴蜀地区古城寨遗留古迹较少。因为多数城寨属于临时性防御设施，遇有战乱，军民避入城内，平时则依然在寨外生活，所以寨内缺乏长久性的建筑。经过长时间的废弃，本就不多的遗存早已掩埋在杂草灌木之中难以寻觅了。我们调查发现，多数古城寨能看得出的遗存就只有孤零零的城门和少许城墙了。

第四，巴蜀地区古城寨多地处偏僻。明清和民国时期修建的城寨主要集中于川东北地区，尤其是达州、巴中、广安等地的所谓"巴山老林"之中，山高路远，人迹罕至。由于已荒废经年，过往路径多已废弃，不少城寨上已无人居住，甚至方圆若干千米之内亦无人烟，这些城寨为文物部门和学术界遗忘在所难免。

① 营山县地方志办公室编：《太蓬山志》，旅游教育出版社，2007年，第29页。

② 林晓丽、张瀚：《营山太蓬寨 多处现古代战争痕迹》，《南充晚报》2013年5月26日。

综上所述，巴蜀地区古城寨虽然拥有突出的学术价值、文物价值乃至旅游价值，是先民留给我们的一笔宝贵财富，但令人遗憾的是，它们却未受到应有的重视，面临严峻的保护形势。有鉴于此，我们认为当务之急是加强对巴蜀古城寨的全面深入调查，摸清家底，在此基础上开展深入研究，制定切实可行的保护办法，推动文化遗产的保护和可持续发展。

四川凉山黑彝人现代化适应的个案考察研究①

李玉蓉

作者简介

李玉蓉，湖北恩施人，1992年生，北京大学历史学系硕士研究生。

近代以来，官方与民间各方力量对中国西南彝区的关注热度始终不减，彝族社会随着中国时代的变迁而发生了翻天覆地的变化，彝族社会现代化发展的步伐也越来越快。从宏观的角度而言，彝族社会的现代化有赖于国家政府与社区的互动；然而，考察彝族的现代化进程却需要有微观视角，现代化带给彝族每个社会成员鲜活而深刻的影响。本文在实地田野考察的基础上，试图研究凉山彝族个体对现代化的认识与应对②，管中窥豹，从而总结彝族人对现代化适应的表现及特点，增进人们对彝族社会的认识。

① 本文为云南大学国家级创新训练项目（项目编号：121607302）阶段性成果，作者于2014年4月3日-8日到凉山彝族自治州美姑县进行田野考察，得到云南大学历史系潘先林教授的指导与四川凉山彝族刘伟、杨华盛、吉克拉且的帮助，特此感谢。

② 目前学术界对现代化的界定和争论颇多，本文主要指社会和文化生活层面；现代化适应指彝族人对现代化生活的学习及适应情况。

一、考察缘起与背景

凉山彝区经历了近两千年的奴隶制度和封建土司制度的社会历史阶段，历史上社会生产力水平低下，等级森严，家支林立，械斗不断，凉山长期处于封闭、愚昧、落后的状态。新中国成立以后，凉山彝区开始得到新的发展。1952年10月，建立凉山彝族自治区政府。1956年，凉山实行民主改革。社会主义制度的建立，使凉山实现了从奴隶制社会到社会主义社会“一步跨千年”的飞跃。20世纪的凉山发生了翻天覆地的变化，社会经济得到飞速发展，民族关系得到大大改善。位于四川省西南部的凉山彝族自治州是目前中国最大的彝族聚居区，据2010年第六次人口普查，彝族人口为2 226 755人，占凉山彝族自治州总人口的49.13%，同2000年第五次全国人口普查相比，少数民族人口比重有所上升。以凉山山脉为依托的彝族腹心地区——美姑、昭觉、布拖、金阳等地，彝族人口超过80%，仍然较好地保留着彝族传统文化风俗，但同时也正在经历着传统到现代化的变迁。

美姑县依果觉乡古拖村旧式村落

古拖村新式民居

凉山彝族在近代以来得到了各界的广泛关注，国内外有关彝族的历史、文化、工艺、宗教、语言文学、婚姻家庭、文学艺术等方面研究可谓丰富多彩，不仅展示了历史上彝族的源流发展及社会面貌，还为当下及未来彝族社会的发展提出了新的展望及对策。就社会历史方面而言，民国时期的彝族研究以学术性游历考察为主，为世人揭开了彝族神秘的面纱。1914年地质学家丁文江自滇北进入大凉山会理彝族地区，将所见所闻写成《漫游散记》发表于《独立评论》；1935年“国内农村考察团”经粤、桂、黔、滇进入川康地区，提心吊胆地穿过大凉山地区，留下《西南游行杂写》；1941年西南联大曾昭伦率领“川康科学考察团”，深入大凉山彝族地区进行了考察，彝族情形现于《滇康道上》及《大凉山夷区考察记》中。更值得一提的是，1943年民族学家林耀华组织燕京大学边区考察团前往川南雷、马、屏、峨地区实地考察，将考察纪行《凉山夷家》公诸于世，这些考察游记反映了民国时期凉山彝族还处于奴隶制度和封建土司制度的历史阶段。新中国成立以后，在中国共产党的领导下，凉山实行民主改革，并在此期间进行了少数民族社会历史调查，但由于时代因素的制约，研究成果比较单一。改革开放至今，国内外民族学家、社会学家、历史学家、经济学家、考古学家、宗教学家、文学家、教育学家和哲学家等从不同的视角，运用多种方法，对凉山彝族的历史与现状进行了多方位的探索和研究，发表和出版了大量论著，使凉山彝族社会历史的研究异彩纷呈①。其中，林耀华先生于1975年再上彝族凉山，当时中国“十年动乱”未息，但“他试图去摸一摸凉山彝家那历史飞跃的脉搏”，犹然而生“沧海桑田”之慨②，在《凉山彝族今昔》（1982）中，他阐述了凉山彝族从奴隶社会向社会主义过渡的问题以及新中国成立三十多年发生的变化，并首次引出了凉山彝族“现代化”的探讨。1984年，林耀华三上凉山，试图运用民族学的方法为凉山社会主义现代化发展道路探索一条切实可行的途径，从经济、教育方面提出了凉山彝家现代化发展的五条方法③。1992年，林耀华委托其博士生彝族青年潘蛟再赴凉山调查当时彝族发展的问题，并完成《半个世纪以来凉山彝家的巨变》，文章集中探讨了新中国成立以后凉山地区建立和完善自治政权、生产关系社会主义变革、社会经济的发展、等级观念的残存、家支活动的兴衰五个问题④。从丁文江到林耀华近一个世纪的实地考察中，我们可以看到凉山彝族在20世纪的巨变，从奴隶社会到社会主义社会，从传统到现代，现代化的痕迹深刻地体现在彝族社会的经济、政治、文化各个方面。

现代化，指人类社会从工业革命以来所经历的一场涉及社会生活诸领域的深刻的变革过程，表明社会实现了由传统向现代的转变，它是一个长期、渐进的永无止境的过程，是一个全面、系统、综合的概念，包括了政治、经济、社会、文化各个层面。从文化人类学的角度看，现代化是两种或两种以上的文化互相了解、互相渗透、互相摹仿、互相融化并最终形成一个崭新文化的过程⑤。在现代化潮流涌动的今天，任何保守与僵化都预示着被边缘化的命运，彝族社会也在自觉与不自觉的过程中走进并适应着现代化的步伐。对每个个体而言，这种现代化印记在其生命中无异于一场持续而深刻的命运的变革，每个人都有一段波澜壮阔的历史故事，例如凉山彝族末代土司岭光电、毕摩祭司吉克·尔达·则伙的人生经历就像一部书⑥，镌刻着彝族人民及其历史的变迁。

笔者通过阅读凉山彝族相关文献和实地田野考察凉山美姑县依果觉乡古拖村、处洪觉村，了解彝族高寒山区农村与城市的变化，思考凉山彝族近代以来的社会变迁。社会变迁体现在每个个体尤其是少数民族身上，更加具有生动性、复杂性和互动性。从个人对现代化的适应过程中，我们可以看到个人的成长及其思维观念的发展变化、个人与周围环境的互动以及个人与整体社会的关系，这有助于我们从点到面、由特殊到整体地深化认识。

---

① 研究综述及相关成果参见刘正发：《凉山彝族家支文化传承的教育人类学研究》，中央民族大学出版社，2007年。李德虎、薛景：《21世纪彝族研究综述》，《贵州民族研究》2009年第6期。林艺：《近十余年彝族研究概述》，《民族艺术研究》2006年第3期。

② 林耀华：《凉山彝族今昔》，见《凉山彝家的巨变》，商务印书馆，1995年，第129页。

③ 林耀华：《三上凉山——探索凉山彝族现代化中的新课题及其展望》，见《凉山彝家的巨变》，第149-198页。

④ 林耀华：《半个世纪以来凉山彝家的巨变》，见《凉山彝家的巨变》，第200-276页。

⑤ 邓达：《跨文化伦理冲突与适应——以彝族的现代化嬗变为例》，《西南民族大学学报》（人文社科版）2005年第1期。

⑥ 参见岭光电：《忆往昔：一个彝族土司的自述》，云南人民出版社，1988年。吉克·尔达·则伙：《我在神鬼之间——一个彝族祭司的自述》，云南人民出版社，1990年。

二、凉山黑彝人现代化适应分析——以美姑县吉克拉且为例

（一）理论方法与个案选取

个案研究是一种搜集特定个人的各种有关资料并在此基础上得出结论的研究方法，有利于具体深入地研究典型性案例。其不足之处在于很难完全把握个体的全部有关事实并难辨真假，同时研究者容易根据自己的特殊兴趣主观地选择，研究结果无法推论到一般的人。为了尽量避免个案研究的弊端，就必须对个案进行仔细地选取和审查。在文化人类学或民族学研究中，生活史或生命史（life histories）是其重要的研究方法，个人生活史研究一方面可用以描述当事人如何处理事件，从中了解当地人的生活经验，并用当事人的观点去诠释这些经验；另一方面，个人生活史并非只是孤立、零星的个人记忆，而是“在社会、文化和历史情景里，一个生命从出生到死亡过程中所发生的事件和经历”，因此，个人生活史不仅具有阐述个体生命历程的意义，更重要的是透过个人的生活史观察到人的互动关系的特点。由此，研究者能够进一步透过个人互动关系来认识社会机制及本质[①]。

2014年4月3日至4月8日，笔者在凉山彝族地区进行考察时，得到美姑县黑彝吉克拉且的大力支持。美姑县位于四川省西南部、凉山彝族自治州东北部，地处大凉山黄茅埂西麓，地理坐标为东经102° 53′—103° 21′，北纬28° 02′—28° 54′之间。县境东邻雷波县，西接越西县，南连昭觉县，北毗峨边彝族自治县，西北与甘洛县连界，东北同马边彝族自治县接壤。县域实辖面积2 731.6平方千米，常耕地面积24.3万亩，农村人平占有耕地1.69亩。全县辖8个区，1个镇，44个乡，291个村，1 475个村民小组；有34 276户，151 024人，其中彝族146 649人，占总人口的97.1%；汉族4 346人，占2.88%；回、蒙、苗、畲、藏等民族（均为城镇人口）29人，占0.02%。人口密度每平方千米55.29人。县人民政府驻地巴普镇，海拔2 082米，距凉山彝族自治州人民政府驻地西昌市170千米[②]。

吉克拉且，汉名范文彬，男，1949年12月出生，美姑县觉洛乡人，熟悉汉字与汉语，毕业于昭觉民族师范学校，曾从事过毕摩、教师、爆破员、公安员、陪审员、律师等多种职业，他给人的第一印象是：目光炯炯有神，面带笑容，皮肤黝黑，身穿绿色呢子上衣，黑色裤子，棕色大头皮鞋，头戴皮帽，说话沉稳而有自信，性格开朗活泼，不爱喝酒，适度抽烟，在美姑县很有名望。虽然已经65岁，但他很高兴我们称呼他“大叔”。吉克大叔成为此次考察的“关键报道人”[③]，他对彝族汉族文化都有比较深刻的认识，并在此次考察中全程陪同参与，积极介绍凉山彝族尤其是美姑县彝族农村社会的历史与现状，乐于分享他的人生经历。通过访谈，发现他个人的生活经历具有很强的时代特征和典型性，符合人类学家詹姆斯·斯普拉德利（James Spradley）提出的报道人至少拥有的五个理想条件：第一，对己文化完全的濡化；第二，眼下的完全参与；第三，是调查者所不熟悉

① 庄孔韶：《人类学概论》，中国人民大学出版社，2006年，第169-170页。

② 数据来自百度百科。

③ 关键报道人（key informant）是人类学者所研究文化的某方面专家，他们能够帮助人类学者深入了解并学习当地的文化。关键报道人一般具备关于研究对象社会深厚的本土知识，能够帮助人类学家与其他社会成员建立联系，并协助收集相关资料。

吉克拉且（右二）等与作者（右一）

右数第二为吉克拉且，右一作者。

的文化中的人；第四，有兴趣和有足够的时间；第五，非分析性，即能用他们自己的语言进行描述或根据本土视角提出对事件的分析和解释①。因此，可以作为凉山彝族人现代化适应的个案研究对象。

（二）凉山黑彝人现代化适应分析

1. 背离传统的婚姻家庭

凉山彝族传统的婚姻模式有家支外婚、姨表家支间不婚、同阶层家支间内婚、姑舅表家支间优先婚和有疾病家支间内婚、家支内转房、不与外民族通婚、规定结婚年龄及婚约程序和结婚仪式等诸多方面的内容②。民主改革以后，家支和等级观念在彝族人民的心中依然有着十分牢固的地位，一直在或明或暗、或强或弱地影响和支配着广大彝族群众的实际行为③，凉山彝族自治州曾在1964年、1976年、1983-1998年三次推行婚姻改革，婚改重要任务之一就是破除不同民族、不同等级不能通婚的旧婚姻制度④。但彝族和汉族通婚在凉山农村社区中极为罕见，只在较少受家支干预的凉山城镇社区中，彝族干部不论黑彝或白彝，与汉族干部结婚的情况却不少见，这种情况的发生与彝族干部需要努力去适应以汉族为主体的城镇社区文化氛围有关⑤。

吉克拉且曾与汉族李姓女子结婚，并生有一子，但由于种种原因，最后不得不离婚。谈到前妻及儿子，吉克显出自豪的表情："儿子现在是江苏省某市的市长，并且还跟我姓范，没有改名改姓。"他曾去看望过前妻及儿子，得到他们一家的款待。认为"汉族这一点好，离婚了还可以再来往，不像我们彝族双方要打冤家，离婚了就断了联系"。但是他并不能让儿子再"认"他这个

① 庄孔韶：《人类学概论》，第165页。

② 刘正发：《凉山彝族家支文化传承的教育人类学研究》，中央民族大学出版社，2007年，第138页。

③ 林耀华：《半个世纪以来凉山彝家的巨变》，见《凉山彝家的巨变》，第251页。

④ 张海洋、胡英姿：《凉山彝族婚改内容解析——兼论传统文化与现代国家的互动》，《中央民族大学学报》（人文社会科学版）2001年第4期。

⑤ 林耀华：《半个世纪以来凉山彝家的巨变》，见《凉山彝家的巨变》，第261页。

亲爹，即让儿子履行对父亲的义务，因为“如果要认他的话，就要赔对方（前妻及其现任丈夫）几十万，我哪有那么多钱赔偿”。想必吉克大叔与汉族女子的婚姻是极其曲折艰难的，还有很多细节不便得知。但从他的叙述中可以看到，他作为一个公务人员或者基层干部曾摆脱彝族传统婚姻观念的束缚而与汉族通婚，并为有这样一个可见而不可认的优秀儿子感到骄傲，为汉族前妻不纠缠赔偿问题而庆幸，为汉族对待婚变问题的开明态度而赞赏，虽然有很多无奈，但也对现状感到欣慰和满意。

后来，吉克拉且与一本地农村彝族女子结婚，生有4子3女，其中3个儿子2个女儿已经成家。他讲到现在的妻子时说：“没有知识，不让女子上学读书”；现在在家带小孙子。他自己“从来不带小孩”，认为这是妇女的事情；小儿子“大学毕业也不想考公务员，回家带了二三十个人到浙江温州打工，每个月可以挣几千上万的工资”，他对此并不反对，还为儿子能挣到比较高的工资而高兴；出嫁的女儿“不来看我，我也不去看她们”，小女儿“明年就毕业，让她回美姑县医院上班”。经历了与汉族女子的曲折婚姻后，他回到了彝族传统的婚姻模式中，娶彝族女子，生养众多儿女，不愿在家从事家务，希望将小儿子、小女儿的工作、婚姻安排好之后就安享晚年。

从吉克拉且身上，我们可以看到他在婚姻家庭现代化适应上的表现：作为当时的知识分子和公务人员，曾冲破传统走上彝汉通婚的道路，但最终失败，不得不回归传统婚姻家庭模式。汉族婚姻讲究自由平等，他欣慰于与汉族女子的失败婚姻没有给他带来任何财力和名声的损失，他在内心是认同和欣赏这种不同于彝族家支、等级观念的婚姻关系，并愿意听从汉族女方安排的；但是当他回归到彝族婚姻家庭关系中时，又表现出很强的家长威风，对家人并没有强烈的情感表现，但又使自己处于家庭的支配地位，这与对待汉族儿子表现出来的温情脉脉有较大反差。事实上，现在许多彝族青年都在年幼时被父母安排定过“娃娃亲”，但当他们长大接受现代知识教育后，一方面试图努力追求现代的自由恋爱，一方面考虑到与定亲对象在情感与观念上的错位，渐渐地退掉或者拒绝定亲，这些青年实质上也处于彝族传统婚姻与现代婚姻的中间，深受两种不同文化的影响，处于艰难选择的十字路口。

2. 半信半疑的“毕摩”信仰

巫术和宗教不但能够支配人们的动作行为和维持社会的安宁秩序，而且统治初民的心理态度和培养传统的道德观念。彝族社会对于自然界的观念有两种不同的方式：一种是超自然力（supernatural power），属于没有生命的物质；一种是超自然人（supernatural being），属于有生命的有人格的事物。彝族“毕摩”兼为宗教的祭司和巫术的巫师，是彝家社会特殊的人物，专司宗教和巫术活动[①]。“毕”为念经之意，“摩”为有知识的长者。毕摩是彝族宗教活动中沟通神、鬼、人的中介者，使用法铃、神扇、法签、神枝等法器进行招魂、安魂、开路、超度、敬神、禳灾除祟、祛病驱鬼、择吉、算命等活动，为打冤家、婚姻、疾病、狩猎、出行等占卜吉凶祸福，主持

① 林耀华：《凉山彝家》，云南人民出版社，2003年，第83-86页。

财产、口角和盗窃等引起的神明裁判[①]。彝族毕摩宗教是一定历史条件的产物，是以自然崇拜、图腾崇拜、灵物崇拜、鬼魂崇拜和祖先崇拜等内容为核心，以毕摩掌握的经书为载体，祭仪由毕摩主持，是调整彝族社会中人与自然、人与社会关系的民间宗教[②]，毕摩具有教育功能、文化传承功能、执法功能、医疗功能、祭仪功能。

在彝族传说中，吉克生七子，即有名的“龙头山下吉克七祖”。吉克氏族在等级上仅低于黑彝贵族，但高于白彝氏族，不受主子吃绝业，不许主子放高利贷和享有迁徙自由权利。吉克氏族还世袭掌管着凉山彝族最大祭祀——阿苏拉则法器祭祀的活动。人们认为毕摩知识多，土司来毕摩不起身，毕摩起身伤土司；毕摩没有权力，可是会咒人、使人受灾祸等等，因此受到敬重。新中国成立前，居住在凉山境内的吉克氏族成员普遍继承祭司职业，男性成员几乎人人都是祭司，俗有“吉克没有一个不祭司的，杉树没有一棵不长青的”说法，但多数是不专业的。据老毕摩吉克·尔达·则伙估计，1956年前凉山有大小吉克祭司多人，80年代还在世的约有300人[③]。

吉克拉且应该属于一般地位的毕摩，但生于1949年的他，却在动荡的岁月中慢慢隐去了自己的毕摩身份。新中国成立后的几十年内，毕摩的社会地位经历了很大的浮沉：民主改革划分成分规定兼职毕摩按其家庭成分划分，专职毕摩划归为迷信职业者，此后便以迷信职业者、巫师的身份出现，社会地位低。六七十年代毕摩与阶级敌人的破坏挂钩，在“文化大革命”期间遭受批斗，视为阶级敌人，戴尖尖帽，游街游村，没收、烧毁经书和法器，认为毕摩不仅是搞迷信，还作为迷信诈骗犯，社会地位降到最低点。“文革”结束到80年代初，毕摩活动仍然被视为迷信歪风活动，进行处分和批评教育，直到1984年国务院办公厅关于抢救民族古籍的文件指出，“对少数民族古籍有研究、造诣的人员都应作为知识分子对待”，毕摩身份才有所改变，地位有所提高，从事祭祀活动有一定报酬，经济地位有所提高[④]。

吉克拉且对此的认识是：“毛泽东时代不准搞迷信活动，邓小平时代又允许搞，但我那时候当教师，如果继续做毕摩活动就会被开除公职，所以（70年代之后）基本上不搞了。”传统意义上的毕摩是在童年便世袭从父或从师学习，到15岁左右就可以独自作毕，主持承担一方的宗教祭祀活动。受到当时阶级斗争的影响，为了保全自己的公职而放弃正式的毕摩身份，吉克拉且在自己作毕起步阶段就停止。但是，他所学到的毕摩知识以及隐性的毕摩身份依然被他灵活而广泛地运用着。首先，他具有较高的文化知识水平，毕摩教育使他熟悉彝文及其经典，知晓毕摩的各项法事活动及其原理；学校教育使他熟悉汉语并对汉族社会有较深的了解，因此可以在彝汉之间游刃有余，如今65岁的他，已经跑遍了大半个中国，对现代化手机通讯各项功能运用自如，从他的言语中，透露出一股特有的自信心和优越感。其次，吉克拉且习惯性吃饭时进行占卜，每次吃鸡的时候，我们必然把鸡头让给他吃，他美滋滋地吃完鸡头，夹起鸡舌和头骨进行点评，在座的彝族人都会洗耳恭

① 李宗放：《社会主义时期凉山彝族毕摩浅析》，《西南民族学院学报》（哲学社会科学版）1994年第4期。
② 蔡华等：《对彝族毕摩宗教现状的调查与思考》，《西南民族大学学报》（人文社科版）2005年第10期。
③ 吉克·尔达·则伙：《我在神鬼之间——一个彝族祭司的自述》，云南人民出版社，1990年，第5页。
④ 李宗放：《社会主义时期凉山彝族毕摩浅析》，《西南民族学院学报》（哲学社会科学版）1994年第4期。

听他的解析，仿佛是吃饭时的一种特有仪式；他也会根据人们的生辰预算前程与命运，当我告诉他我的生辰时，他便念念有词地开始卜算。他带领我们参观了美姑县的毕摩文化以及大街小巷的“苏尼”活动[①]，当我问及他是否相信毕摩活动的真正作用时，他迟疑了几秒，羞赧地说道：“半信半疑。”现在他更加相信科学，认为绝大多数彝族人不爱卫生，容易患病，他计划以后每天在美姑县城步行几圈以强身健体，县医院的合作医疗和医疗保险让他和老伴都比较安心。

西南民族大学民族研究院教授蔡华等2004年对凉山美姑县45名彝族人的毕摩信仰进行了调查，调查结果如下：问题一，“你认为一个人的成功与他们是否进行毕摩活动有关系”，选择有关系的占26.7%，也许有的42.2%，没关系的占31.1%；问题二，“你是否相信毕摩宗教”，相信的占26.7%，半信半疑的占60%，选择不信的占13.3%；问题三，“你是否认为毕摩宗教可以消灾免祸、可以医治疾病”，认为可以的占26.7%，认为也许可以的占51%，认为不可以的占13.3%。可见当今彝族人对毕摩宗教的信仰有所改变，大部分人持半信半疑的态度[②]。而从调查数据看，在问题“对毕摩宗教你最关心的是”什么上，选择“传授知识”的占60%，因此毕摩在当今社会的重要功能还是教育功能和文化功能，在医疗、信仰等方面的功能认同有所下降。而张永华等人的调查发现：一方面彝族毕摩信仰程度高（占被调查人数的89.78%），且在年龄、性别、文化程度等方面有较大差异；另一方面，彝族整体幸福感不高，总体生活满意度中等偏下，毕摩信仰对彝族主观幸福感的作用，应归因于信仰者的个人目标追求与原始宗教的价值取向、生活信念等的相似性和相容性[③]。

曾经作为毕摩的吉克拉且本人就对毕摩活动的真实作用及功能表示怀疑，他代表了时下彝族尚存的掌握宗教和巫术的毕摩、苏尼阶层，处于普通民众及宗教首领之间，因此能够了然不同阶层对于毕摩的认识态度及心理需求，更明确地知道毕摩对于人直接作用的微弱性，认为其主要是提供给

美姑县城的女苏尼

美姑县城的男苏尼

① 苏尼是彝族巫师的一种，比毕摩社会地位低。苏尼可男可女，没有师传和世袭，亦无典籍，只在常人因得病失神等时为人驱鬼治病，作法时击羊皮鼓，全身战栗，旋转跳跃，口中念念有词。

② 蔡华等：《对彝族毕摩宗教现状的调查与思考》，《西南民族大学学报》（人文社科版）2005年第10期。

③ 张永华：《对凉山彝族毕摩信仰与主观幸福感的调查研究》，《西南民族大学学报》（人文社科版）2009年第6期。

人们一种精神的支撑和鼓励。只是在传统的作用下，在凉山彝族原始宗教、祖先崇拜、自然崇拜、鬼魂观念的濡染下，在教育科学文化普及率及水平还很低、医疗水平远远不够的情况下，毕摩的存在还具有一些现实的有用性——心理安慰。吉克拉且深谙其道，总是在看物象进行占卜的同时，给对方以希望和动力，鼓励对方去勇敢地尝试和奋斗。

3. 官方与民间的中介者

在凉山彝族腹心地带，彝族传统文化保留得比较完整，从民间纠纷调解方式可见一斑。凉山彝族形成了一整套独特的、具有本民族特色的规范即习惯法，彝语称“简伟”，今天民间发生各种纠纷，主要是邀请民间纠纷调解员“德古”按彝族传统习惯法进行调解，很少到法院按国家法律解决。“德古”是对民间纠纷调解中调解人员的他称，德古知识面广，能言善辩，为人正直，处事公平，深明大义，察情明理，不仅是彝族权威的代表，也是正义与道德的化身①。德古没有固定的薪水，其酬金一般按纠纷赔偿金的10%抽成。但是如果当事人家庭太困难，则不收取酬金，算是帮忙，甚至有时德古自己还倒贴。在酬金的多与少上，绝不存在讨价还价之事，德古不仅是一种身份、智慧的象征，更是一种荣誉的象征。德古按其才能大小，可分为家支德古和超越家支的区域性德古。家支德古调解本家支内部纠纷案件和代表本家支调解与其他家支之间发生的纠纷案件；区域性德古则跨越了家支之间的界限，调解彝区不同家支之间的纠纷，有时还跨方言、跨县、跨州调解。目前凉山彝族社会出现很多新型德古，新型德古是指既受过彝族传统文化的熏陶，熟知彝族传统习惯法，又在学校接受过系统的汉文化知识教育，还通过自学等方式习得一定的国家法律法规常识的彝人，他们大多在乡、县基层政府部门工作，平时常活跃在各种纠纷调解现场参与调解，近年来，他们常常作为凉山彝族腹心地区不同家支彝人的代理人，走出大凉山到其他民族地区为彝人与其他民族之间发生的纠纷进行调解②。

吉克拉且目前就正在从事着新型德古的工作。他因熟悉彝汉双语，做过毕摩、教师、公安员、陪审员等多种公职，不仅具备整合彝汉两种文化的基本能力，还对国家政策、法律法规及彝族的习惯法有深刻体会，能够得到彝族同胞的广泛认可和尊重，具有特殊的身份地位和话语权。如今他已退休，却很少能闲下来，他不仅受委托调解家支及本地的各项纠纷，还被其他州县的人们邀请去解决矛盾，近年来还经常出省为彝族农民工伤命案打官司、追讨款项而奔走，因此享誉一方。

案例：2013年冬的一天，A与邻居B喝酒，A的妻子C对丈夫不悦，认为他不应该喝酒，更不应该与有吸毒史的B来往，并怀疑和责备A有吸毒倾向。A抵抗不住妻子的毒骂与攻击，于当晚上吊自杀。妻子认为B应对其死亡负责并赔偿命金，但B认为自己已经成功戒毒，只是正常的喝酒聊天并没有吸毒，而且A是自杀在自己家中，与他无关，因此与C发生了激烈的争吵，C喝下毒药抢救无效死亡。凉山州美姑县的习惯法中规定：妻子与丈夫发生纠纷而妻子自杀，丈夫负责向死者娘家陪命

① 张时空：《凉山彝族纠纷民间调解对解决农村纠纷的启示》，《内蒙古师范大学学报》（哲学社会科学版）2012年9月。
② 蔡富莲：《当代凉山彝族腹心地新型德古研究——以美姑县阿奇家支德古兼头人阿奇乌合为例》，《贵州民族研究》2009年第6期。

金；丈夫与妻子发生冲突而丈夫自杀，妻子不另嫁，不赔命金，如果另嫁他人，命金由新夫家赔偿①。因此不论A自杀的真相是什么，妻子C的自杀都给A的家支带来了麻烦，按照习惯法，A家必须赔偿C娘家人命金，恰巧A的哥哥是村支书，将所有罪责都推卸到B的头上，并率领家支成员将B的牛牵走，房子与田地一应霸占，以作为赔偿C娘家的资本，从而又引起了另一桩土地财产纠纷。无奈B在村内势力弱小，只有两户人家，只好外走投奔亲戚。但是村支书在地方上算有钱有势，还将乡政府的公检法机关人员请到家，杀牛款待以得到他们的支持，企图将案子结掉。此时B找到吉克拉且寻求帮助，吉克拉且在B处于弱势的情况下答应了他的请求，他将诉状提交县人民法院及检察院，得到回复是该村支书要归还B的所有财产，虽然县级法院和检察院已经做出了非正式答复，但还没有实质的进展，目前B仍旧流动寄居于各家亲戚处。

吉克拉且接手B的委托完全是出于道德的同情，他根本不希望能够从B那里获得任何回报。但他接手的原因很清楚——此案必赢。一是因为案件的根本焦点是A自杀，但与B并无丝毫直接关系，村支书将B的财产等全部霸占是无理的。二是A的村支书哥哥作为基层公职人员，无视法律纲纪，公然违法聚众粗暴霸占人家的土地财产，还行贿勾结乡政府的若干人员，企图私自了结并将责任推到B身上，公然违反中央相继出台的“八项规定”、“六项禁令”，如果处理不好，乡、县级政府、公检法负责人都将受到牵连。

这只是吉克拉且最近接手的案件之一，他更多的是处理彝族务工人员在外的工资、伤亡补偿等案件。从他的表述中，可以看到他在处理民间纠纷时的特点：第一，熟知国家现行法律法规和相关政策，在国家法律体系和框架之内引用彝族习惯法进行调解，既能够有理有据符合规范。又能够得到彝族人的理解和拥护。第二，抓住对方的弱点，尤其是涉及在职政府人员时决不妥协，坚持用法律途径解决问题。第三，根据案件是否会赢而决定是否接手，一般而言要有利可图，获取10%的调解费用，但在特殊情况下也出于道义而无偿帮助他人。第四，与地方政府、公检法系统保持正当、良好的联系，得到国家政府和法律体系的依法支援，并且还与西昌市年轻有为的律师合作，例如与他合作的有一位毕业于北京大学法律系的杨姓年轻律师，主要代理毒品案件和行政诉讼案件，在解决彝族传统纠纷案件时，他们都从现代国家法律的角度出发，追求公平和正义，使调解程序合法，使调解结果可信。吉克拉且调解的纠纷基本上都一次性结案，没有出现过反复，因此在美姑县获得较高人气和威信，当案件与国家法律程序挂钩时，他不得不在法庭上据理力争，甚至“吵架”，但他更希望大家和和气气讨论商量。当然也会碰到许多人对他心怀芥蒂，因为所处立场不同而遭人反对，但是他依然很满意“他们也不能拿我怎么办”。

凉山彝族的德古在调解纠纷时游离于法院调解、行政调解之外，以彝族传统习惯法作为调解依据和价值评判标准，属于国家现代法制体系内的极具民族特色的一类调解活动②。全国人大代表

---

① 《四川省凉山彝族自治州美姑县凉山彝族习惯法》第九节《伤害和命案》，《美姑县志》，四川人民出版社，1997年，第704-712页。

② 罗大玉、龚卫东：《对少数民族地区民族习惯法解决民事纠纷的审视——以凉山彝族民间调解为例》，《前沿》2011年第1期。

凉山专题调研组2005年的调研报告《关于四川少数民族地区法官、检察官人才“断档”与流失问题的调查》，以翔实的数据、生动的实例反映了四川民族自治地方法律职业人员严重缺乏的状况①。凉山彝族德古的存在对于凉山彝族地区的社会稳定有一定的作用，而随着时代的发展，走出大凉山的彝人也将越来越多，彝人与外界接触越来越频繁，涉及各行各业的纠纷也必将增多，新型德古的需求量必将越来越大，其生存和发展空间也会越来越大。德古的民间调解是群众自治的具体表现形式，具有很多积极意义，为国家减少政法部门的工作压力、节约治理成本、避免法律效果和社会效果的冲突、改善社会治理结构发挥了有益的作用，并一定程度上缓解了国家司法资源在凉山地区不足的矛盾。然而，凉山彝族目前民间调解制度仍然存在消极因素：第一，在彝族民间调解中男女的人格权不平等；第二，存在部分违法活动；第三，有时变相滋长旧的习惯势力②。客观上为一些法律意识不强、肆意妄为而违法违纪的民间德古、家支势力、地方强霸提供了庇护和温床。

吉克拉且代表的凉山彝族地区新型德古由于其特殊的身份和地方权威影响力，实质上是当今彝族民间社会与官方政府之间一种有效的纽带，虽然政府机构早已建立到中国各民族各地区的基层，但在执行具体法律和政策时也常常受到地方习惯和思维观念的困扰，往往不能发挥很好的效用，德古也就具有存在的重要意义。事实上，德古也受到习惯意识、法律法规的约束，在他们身上体现着现代化适应的因素：第一，必须在国家法律的体制及许可的范围之内，以国家法律为根本依据，结合彝族地区的习惯法和传统观念进行调解，对国家法律的文本及程序的认可越来越高，这也起到了宣传国家法律政策的作用；第二，在出发点上，德古已经不是纯粹为解决民间纠纷、维护乡里和谐而奔走，也逐渐考虑案件的成功率以及有利可图，这与许多汉族律师打官司“争输赢”有相似之处，可见在与彝汉打交道的过程中，他们对汉族思维习惯及方法方式有所借鉴学习，这本身就使自己更加趋于现代化。

三、对凉山彝族黑彝人现代化适应的总结

本文通过对凉山彝族的实地考察及资料研究，从现代化的角度解读凉山彝族个体在当今社会中的适应情况，选取凉山彝族美姑县黑彝人吉克拉且为案例对象，从婚姻家庭、毕摩信仰、民间纠纷调解三个角度进行了阐述和分析，此分析虽有管窥蠡测之嫌，但也不失为一种思考和研究的尝试。

凉山彝族人现代化适应的特点，主要有以下几点：第一，传统与现代的相互交错和影响，个人的表现具有双重性。在生活方式上，彝族人仍然保留着传统的生活习俗，但在衣食住行等各方面又引入了汉族的生活方式；在思维习惯上，彝族人依然崇尚家支势力、等级观念、毕摩信仰等，但实

① 陈恩美、陈云霞：《论民族地区法律职业人员共同体的构建——以凉山彝族自治州为实证》，《西南民族大学学报》（人文社科版）2009年第8期。

② 罗大玉、龚卫东：《对少数民族地区民族习惯法解决民事纠纷的审视——以凉山彝族民间调解为例》，《前沿》2011年第1期。

质上也接受了科学文化的洗礼，在与汉族的长期接触过程中，产生对汉族的认同及模仿学习。从整体上讲，目前彝族人处在传统与现代的双重影响下，其行为表现及思维观念都具有双重性。第二，在适应情况上，彝族人适应现代化的速度要大于保持传统的力度，现代化及汉族的物质文化对彝族人具有很强的吸引力。虽然彝汉双方交流与互动变得越来越频繁和深入，但显然彝族人在更加努力地学习和吸收现代化带来的全方位的改变。从目前来看，彝族在学习、适应现代化过程中是单向的，处于被动和从属地位。第三，从发展趋势看，彝族人虽然适应现代化的步伐越来越快，但彝族社会依然具有优秀的历史文化传统，对每个彝族个体具有牢固的影响力，现代化并不能将彝族人完全濡化并置于完全的现代化社会的境地，其发展趋势仍然是在现代化的影响下，彝族人进一步适应现代化，同时输出彝族文化，现代化与本土民族文化达到平衡，最后在彝汉之间形成和谐的状态。

四川剑阁县元山镇和长岭乡传统砖瓦烧制工艺的调查

贾 林

作者简介

贾林，西华师范大学历史文化学院2012级在读研究生，师从蔡东洲教授和赵炳清教授。研究方向为历史地理和文化遗产。

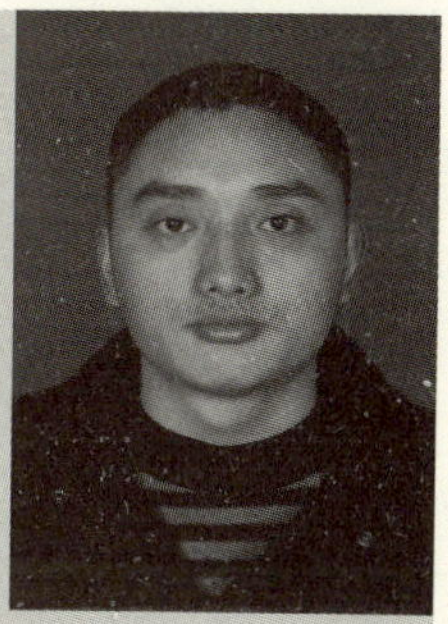

一、考察缘由及基本现状

青砖瓦是我国传统建筑的重要材料，早在6000年前的良渚文化就发现“中华第一砖”。秦汉时期是我国砖瓦最辉煌的时代，俗称“秦砖汉瓦”，后一直延续到现在。传统的青砖瓦建筑给我们留下了丰富的遗产，比如古代宫殿、寺观、府第等建筑。它同样广泛用于普通民居建筑中，如北方的四合院、南方的园林和乡村民居等建筑。传统青砖瓦具有品种繁多、质地坚实、造型精美等特点，不仅具有悠久的历史，更有独特的艺术价值，代表着中国千百年来的智慧结晶。但是随着经济的发展，新式建筑兴起，传统的砖瓦建筑渐渐淡出我们的视线，特别是经济发达的区域，传统的青砖建筑基本消失殆尽。而广大农村，随着生活水平的提高，人们对建筑的要求提高，传统的青砖瓦建筑逐渐被红砖和琉璃式瓦的小洋楼代替，所以传统的青砖瓦民居建筑越来越少。同时，青砖瓦老匠艺人相继离世，我国的青砖瓦传统工艺面临失传。笔者希望通过对我国传统烧制工艺的抢救性调察，达到对其保护的目的。关于调察地点的选择，有三个原因：第一，巴蜀地区自古以来就是青砖瓦，的发源地。如四川巫山的大溪遗址，有我国最早有砖的实物证据。第二，人文环境因素。元山镇和长岭乡位于四川省广元市，经济发展相对落后，传统青砖瓦建筑保存相对完好，特别是元山镇、长岭乡处于绵阳、广元、南充三市的交界处，也是古蜀道的必经之地，对于传统的青砖瓦烧制工艺的调查具有典型的代表性。第三，自身原因。笔者的家乡是元山镇，熟悉情况，同时笔者家就是传统青砖瓦的烧制之家，有机会对窑洞保存现状进行真实的调查，并亲自参加出窑和数据采集工作。

笔者的调查从三个方面展开，一是对于现存窑洞遗址的调查，分析窑洞的使用情况和保护情况；二是亲自参与出窑工作，进行数据采集，收集青砖瓦制作工具，尽力获取一手资料；三是在制作工艺程序方面，通过走访，向老一辈砖瓦艺人请教青砖瓦的制作和烧制工艺，再收集文献资料，对这些资料汇总分析。笔者于2013年1月20号至2月26号，对剑阁县境内的元山镇和长岭乡的村落进

笔者在剑阁县元山镇爱国村三组窑洞清理杂草

笔者在爱国村三组窑洞测量数据

元山镇幸福村弓形窑门

长岭乡桥楼村二组一处窑洞

长岭乡桥楼村三组窑洞三角窑门

长岭乡桥楼村六组窑门残部

行考察，主要集中在爱国村、桥楼村、鱼岭村等村落，发现青瓦房还有一部分保存，保存率不足20%，主要被红砖琉璃瓦式的小洋楼代替。由于青砖瓦的代替建筑材料的出现和青砖瓦烧制艺人的相继离世，现在基本没有人再做瓦和烧窑，窑洞也就失去存在的意义。调查发现很多窑洞已经被填平，有的被空置，有的被当作垃圾坑。同时，由于风吹日晒和雨水侵蚀，没有人修缮，现在已经看不到整体原貌。我们在考察窑洞和青瓦的现存情况的同时，也注重对传统青砖瓦烧制工艺的调查，分别走访了剑阁县长岭乡二组的张友银、张炳发等瓦匠艺人，从他们那里了解到传统砖瓦的制作工艺和烧制过程。也走访了元山镇爱国村张莉芳女士、瓦匠艺人贾美书先生，他们都有丰富的青砖瓦煅烧经验，提供了丰富的青砖瓦制作工艺和窑洞烧制过程材料，在这里对他们的大力帮助表示诚挚的感谢。

长岭乡桥楼村二组瓦匠艺人张友银老先生

二、青瓦坯和青砖坯的制作过程

（一）打凿窑洞

1. 窑洞区位选址

剑阁县长岭乡瓦匠艺人张友银老先生回忆说："窑洞的选址主要按照交通便利的原则，一般窑洞的选址靠近交通便利处，它的目的是方便人们运送砖瓦坯和燃料；靠近住家户，以便减少劳动成本，提高效率；需要一定坡度的台地，便于开凿窑洞；还需接近水源地，因为在做窑田、进行砖瓦浇水转釉时需要大量用水。"这就说明洞的选址与其地理环境有直接的关系：对于交通的选择，需要考虑其便利程度，由于四川处于丘陵地带，特别是广元处于秦巴山系的延伸部分，地势较高，选择窑洞时需要便利的交通和一定坡度的台地；对于燃料的选择也与地理环境有关，广元地处丘陵地带，森林植被丰富，柴刺燃料多，与北方不同，北方较多选择煤，因为北方煤炭资源较为丰富，较少用柴草；对于水源的选择，也是必须考虑的因素，因为在砖瓦转釉过程中需要足够的水。

长岭乡桥楼村二组窑洞附近公路

长岭乡桥楼村三组窑洞附近人家

2. 打凿窑洞

窑洞在选址后就要着手开凿，窑洞的大小一般没有统一的标准，多由瓦匠根据经验来定，长岭乡的瓦匠艺人张炳法认为："一个装瓦1万—1.2万匹的窑洞，10个人工挖掘，需要两天时间完成，其中包括拱窑门和建炉桥。"拱窑门的目的是增加窑洞的质量，防止窑门坍塌，所以窑门一般是"拱桥形"。建炉桥的目的是方便烧窑的时候拉窑灰。以装1万—1.2万匹瓦的窑洞为例，炉桥需要6个。最后确定窑洞的大小，按照前面装瓦的数量，圆柱型窑洞的直径需3.2米左右，高2.6米左右。

（二）砖瓦泥的准备工作

1. 砖泥和瓦泥的选择

剑阁县元山镇爱国村张莉芳女士介绍说："在打凿好窑洞后，一般是根据窑洞的大小来确定砖和瓦泥的数量，按照'一砖二瓦'的原则。"在准备泥土时，要选择合适的土壤，必须要用黄壤，这种土壤的粘性好，容易结在一起，易烧制成成品砖瓦。在一般情况下，制成的砖坯和瓦坯都有很大的损耗，特别是瓦的损耗率很大，一般在25%左右。所以在准备泥时要尽量多备，一般1.2方土只能踩1方泥，1方泥能做1000匹瓦，或做500匹砖，也是遵循"一砖二瓦"的原则。

窑洞拱桥形窑门

元山镇爱国村三组窑洞炉桥

黄色粘土图

砖坯

2. 踩砖泥和瓦泥

按照1万至1.2万匹瓦和2千块砖的黄泥需求量，需要20方泥才能达到标准，考虑到砖瓦的损耗，所以在踩泥时要考虑多备泥土。在准备黄泥时，按照20世纪90年代的劳动生产率，采用人工与耕牛和泥的情况下，需要7头耕牛和10个人，才能完成20方泥的踩制工作。而泥要踩制到何种程度，剑阁县爱国村瓦匠贾美书认为："当发现黄泥的色泽发亮、成软性时，就可以完成踩制工作，把黄熟泥划成长方形或正方形墩状，然后用胶纸遮住，发酵7至10天。这样做的目的是使黄泥水分均匀，粘性更加好，能增加瓦坯或砖坯的质量。"

（三）砖坯和瓦坯的制作

1. 砖坯的制作

在准备砖坯和瓦坯时，一般是先准备砖坯，因为砖坯的晒干时间比瓦坯长，阳光充足时大概要1个月，所以做砖必须比瓦先。在做砖的过程中，至少需要3个人，一个人划泥块，一个人做砖，一个人搬砖坯，在这种劳动强度下，一天可以完成150—200块砖。

瓦桶

2. 瓦坯的制作时间及数量

泥土发酵7至10天后，就开始做瓦。在做瓦的过程中，据瓦匠艺人张友银回忆："年轻时做瓦，每天最高可做320个瓦桶，合计1280匹瓦，最低也可以达到250个瓦桶，合计1000匹瓦。"若按平均每天250个瓦桶、1000匹瓦计，要完成1万左右的瓦胚制作，大概需要10天的时间。实际上还要考虑天气的变化情况，做瓦的时间还要延长。

3. 瓦坯的制作流程

首先，需要人工把黄泥踩成粘状，做成长方形或正方形墩。第二，瓦匠师傅要用抹泥板把黄泥划平整和光亮，用推耙子从光亮的泥面推过去，做成泥皮，像揭纸一样将其揭起。第三，用双手把泥皮捧到转动的泥盘上方的瓦桶坯模型上，用弯板在瓦桶上随着泥盘的转动对泥皮进行打磨，磨平和磨光。最后，用撩纤划去多余的部分，脱模后成瓦状，然后把湿瓦坯放在平地上晒干。这里的瓦桶坯模型是木质、活动的，方便脱桶，提高制瓦效率。

4. 砖坯和瓦坯的晾干

砖坯和瓦坯的晾干，一般采用自然晾干的方式。四川位于亚热带季风气候区，春季干燥少雨，适合晒砖坯和瓦坯。春季农闲时期，人们有时间做砖瓦和晾晒。做砖比瓦需要更长的时间，即使在阳光充足的情况下，砖干也需要1个月左右的时间，瓦坯只需要15天左右。在砖瓦的晾干过程中，由于搬运和瓦桶转化成瓦片等因素，极易发生损耗，损耗率一般在25%左右。

三、砖瓦的烧制过程

（一）人员配置和时间安排

按照一般情况，人员配置和时间安排都需要考虑窑洞离砖坯和瓦坯的距离，若窑洞离砖瓦坯的距离在100米以内，需要20—30人左右。在装窑的过程中，人越多越好，这样可以减少装窑的时间。烧窑的过程一般需要23—25个小时，由于时间长，而且烧窑温度高，所以一般采用轮班倒，一直到闭窑为止。

（二）装窑

1. 漆窑

在装窑之前，必须要漆窑，漆窑就是用柴灰浆在窑洞内壁全面漆过，目的是防止窑洞漏火，增加窑洞的封闭性，提高砖坯和瓦坯的烧制温度，增加砖瓦烧制的成功率，这是很关键的步骤。

2. 装砖坯

在装窑的过程中，码砖数量的控制一般遵循“一砖二瓦”的原则，装瓦的匹数是砖的2倍。但在实际操作中，也有不按这种比例的，如装1万多匹瓦，砖只装2300匹左右，取决于砖坯的质量以及瓦匠师傅的技术。怎样装才能承受住来自上面瓦的全部重量呢？装窑一般采取拱形、墩放和竖码交错的方法，目的是最大限度增加砖的承重能力，保证窑在烧制过程中不坍塌；装砖时，一般是侧放而不是平放，这样可增加承重力。

3. 装瓦坯

装完砖坯后，做好拱桥，当拱桥和砖墩呈同一水平、表面通平时，就可以装瓦坯了。在装瓦坯时，要考虑到下面砖的承重力来计划装瓦坯的数量。装瓦要采用竖立盘旋的方式，一方面可以增加瓦坯的承重，另一方面可以增加装瓦的数量。以装1万左右瓦坯和2300左右砖坯为例，在距离100米内、30人工作的情况下，一般需要8个多小时装完砖瓦。

拱形砖

砖墩

拱桥和砖墩呈同一水平

竖立盘旋式码瓦方式

（三）砖瓦的烧制过程

1. 烧窑

烧窑是一项高难度工作，时间长，温度高，对人的体力要求高，所以在烧窑的24小时甚至更长的时间，一般采用轮班倒的方式。传统的烧制方法采用柴火，这样方便寻找燃料。刺柴和柏树枝着火点高，可使火焰冲到顶端，减少砖瓦烧制的时间，有时十八九个小时就可闭窑，一般的柴火需要24小时左右。

2. 布灰和封窑门

当烧制到一定的时间，火焰会上升到瓦坯的顶端，这时需要用窑灰布置在火焰上，以增加窑内温度，同时引导火焰向没有过火的瓦坯处燃烧。这样，火焰上升一部分，就用窑灰布一部分，一直到火焰上升到90%多的面积时，封闭窑门，最后布满窑灰在整个瓦面。

3. 做窑田

封闭窑门和布满窑灰后，开始在窑洞的顶端做窑田，这样的目的是降温，使砖瓦的颜色变成青色，就是通常说的浇水转釉。若窑田里不注水，砖瓦会保持红色，要使砖瓦成为青色，必须向窑田注水，需要注3天3夜，而且不允许窑田漏水，否则会影响砖瓦的质量。

4. 开窑田和拉窑灰

做窑田3天后，需先开窑门，拉窑灰，然后才开窑田。拉窑灰的目的是防止反火，不然成为红色瓦，导致瓦的质量不牢固。开窑田后，温度进一步下降，一直降到常温时就可以出窑了。开窑田后，若发现砖瓦由土色变为青色，而且砖瓦没有变形，就证明这一窑砖瓦烧制成功。

四、制作砖瓦的工具简介

（一）制砖的工具

1. 砖匣

砖匣是做砖的模具，在没有机械化模具前，传统的方法就是用木质砖匣。木质砖匣全用木料制成，中间有活动隔板，方便取砖坯。砖匣内部长25厘米，宽15厘米，高11厘米，一般是一块砖的大小。砖匣外壁长54厘米，宽20厘米，高10厘米。砖匣的制作材料一般是柏木。

2. 砖板

在制砖的过程中，砖板（砖模垫板）是必不可少的，一般需要10个左右。砖板的作用是方便运送湿砖坯。砖板的制作材料一般为木材。

砖匣（砖模）

砖匣隔板

（二）做瓦的工具

1. 泥弓（铁线弓）

泥弓是做瓦和砖都要用的一个重要工具，它的形状像一张弓，是用来把黄粘泥划成方块的工具，方便人运送泥块。

砖模垫板

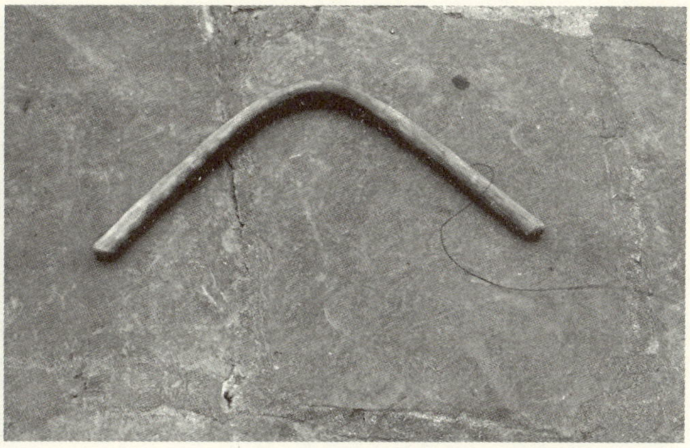

泥弓（铁线弓）

2. 耗泥板

耗泥板是在做泥皮之前把它打光滑的工具，原物现在找不到了，已经遗失了。

3. 推耙子

推耙子的作用是划泥皮，使泥皮与泥堆相分离，现在基本找不到原物了。

4. 泥盘

泥盘起旋转的作用，方便瓦胚的打制，呈圆形，和泥座一起连用。

泥盘

5. 瓦桶和瓦衣

瓦桶是做瓦过程中的模型，瓦桶的整体是固定的，但同时也是活动的，方便放湿的瓦桶坯。瓦衣是穿在瓦桶外面的“衣服”，其作用是隔开瓦桶和瓦皮，因为瓦皮具有粘性。瓦衣现在已遗失了。

6. 弯板和撩纤

弯板的作用是给瓦衣外面的瓦皮打滑，使瓦皮呈光滑的表面。撩纤的作用是给瓦皮定型，划去瓦皮多余的部分，使瓦片的样式整齐一致。

五、调查结论和感想

上述调查的地点是剑阁县元山镇和长岭乡。元山镇，位于四川省广元市剑阁县境内，地处四川盆地北部边缘，县境西南部，广元、绵阳、南充及剑阁、梓潼、南部、盐亭3市4县结合部，也是省道302线、剑阁盐亭公路的交汇处，是一个工贸型的边陲小城镇。元山镇有悠久的建镇史，早在清朝雍正时期（1730）就有元山之名，因在元仓山建一座庙，名为元山庙，后兴场，《同治剑州志》记载："剑州十八场市至州城里数'元山场八十里'。"1935年建元山区苏维埃，1940年改为元山镇，1955年设制元山区建元山乡，1984年撤乡并镇，1992年撤区建镇，将时古乡并入元山镇，一直延续到今天。剑阁县长岭乡，位于剑阁县南部，西邻演圣镇北界金仙镇，东靠涂山乡，南与南部县接壤。1951年设复兴乡，1958年改复兴公社，1984年改长岭乡，1992年并入金仙镇，1995年复置长岭乡。面积46.1平方千米，人口1.1万。

关于川北青砖瓦的研究还是比较贫乏，甚至四川地区的古青瓦研究也较少，主要体现在古籍文献的记载，如李诫的《营造法式》、宋应星的《天工开物》，都是从全国范围内、整体介绍青瓦青砖的制作工艺和青砖的尺寸分类，而且详细的制作工艺和注意事项不是很具体和完整，只有一些图文介绍和具体描述，没有注意到地域特点所反映的青砖瓦烧制工艺的不同。现在有关青砖瓦工艺的研究，从地域上看，主要集中在北方地区及古代手工业发达的长江中下游地区，如许拥胜发表的《古青砖烧结工艺（一）》①《古青瓦烧结工艺探索（二）》②等30多篇论文，主要是研究北方马蹄窑的烧结工艺及其传统工艺的继承和改进。徐国正的《古青砖青瓦烧结工艺浅析》③也是介绍北方马蹄窑的烧结工艺，主要对砖瓦胚的制作工艺、马蹄窑的制作工艺、码窑工艺等进行介绍。胡红玉《浅谈青砖的快速焙烧》④研究的对象是传统工艺的改进，以增加烧制效率。综上所述，古青瓦青砖的烧制工艺，既有大部分共同特征，也有不同的地域特色，这种地域特色从某种程度上能够反映一个地方的传统文化。对剑阁县元山镇和长岭乡窑洞和青砖工艺的研究，有助于我们研究四川地区民间民居的建筑文化，也有利于保护和传承川北民间非物质文化遗产。

中国是砖瓦烧制工艺最早的国家，有6000多年的历史。从距今5000余年的赵陵山良渚文化遗址发掘的"中华第一砖"开始，我们就有砖的历史。而最早发现"砖"的实物证据在四川省巫山县大溪遗址，鉴定出中国最早烧焙结转的时期是公元前4400年—公元前3300年⑤。所以中国是古代砖瓦陶瓷建筑发明最早的国家，而且巴蜀地区更是古砖瓦的发源地。对元山镇和长岭乡的青砖瓦研究，更是立足于巴蜀地区渊源悠久的青砖瓦陶瓷的建筑文化，希望能够对青砖瓦制作工艺的传承有所帮助。

---

① 许拥胜：《古青砖烧结工艺（一）》，《砖瓦世界》2005年第4期。
② 许拥胜：《古青瓦烧结工艺探索（二）》，《砖瓦》2005年第12期。
③ 徐国正：《古青砖青瓦烧结工艺浅析》，《砖瓦》2006年第5期。
④ 胡红玉：《浅谈青砖的快速焙烧》，《砖瓦》2000年第6期。
⑤ 傅姜忠：《问渠那得清如许，为有源头活水来——代〈中华砖瓦史话〉序》，《砖瓦世界》2005年第4期。

通过研读古代文献《营造法式》《天工开物》及现代有关论文，发现剑阁县元山镇、长岭乡民间传统青砖瓦的制作工艺，与我国其他地方基本上是一样的。《天工开物·陶埏》中记载：

瓦，凡埏泥造瓦，掘地二尺余，择取无沙粘土而为之。百里之内必产合用土色，供人居室之用。凡民居瓦形皆四合分片。先以圆桶为模骨，外画四条界。调践熟泥，叠成高长方条。然后用铁线弦弓，线上空三分，以尺限定，向泥水平戛成一片，似揭纸而起，周包圆桶之上，待其稍干，脱模而出，自然裂为四片。凡瓦大小古无定式，大者纵横八九寸，小者缩十之三。室宇合沟中，则必需其最大者，名曰沟瓦，能承受淫雨不溢漏也。

凡坯既成，干燥之后则堆积窑中，燃薪举火。或一昼夜或二昼夜，视窑中多少为熄火久暂。浇水转釉与造砖同法。其垂于檐端者有“滴水”，下于脊沿者有“云瓦”，瓦掩覆脊者有“抱同”，镇脊两头者有鸟兽诸形象，皆人工逐一做成，载于窑内，受水火而成器则一也。

砖，凡埏泥造砖，亦掘地验辨土色，或蓝或白，或红或黄，闽广多红泥，蓝者曰“善泥”，江浙居多，皆以粘而不散、粉而不沙者为上。汲水滋土，人逐数牛错趾，踏成稠泥，然后填满木框之中，铁线弓戛平其面，而成坯形。

凡砖成坯后，装窑中。所装百钧则火力一昼夜，二百钧则倍时而足。凡烧砖有柴薪窑，有煤碳窑，用薪者出火成青黑色，用煤者出火成白色。

从《天工开物》以及相关论文可以看出，制作砖瓦所需的工具有锄头、畚箕、瓦桶（瓦模）、砖模（砖匣）、铁线弓等。做瓦的瓦桶胚一般在250至400个。四川与北方的劳动力强度差距不大，砖瓦烧制的时间控制也差不多，一昼夜或两昼夜，根据砖瓦的具体数量而定。对于烧制工艺的处理，四川和北方一样，都要经过预热排潮（烘窑）、烧焙升温（发大火）、焙烧保温（烧后火）、下水冷却（降温转釉）等流程。

但在有些细节方面有很大不同，这与当地的地理环境有关。在窑洞的选择上，元山镇村民会选择交通便利、离水源近的地方，一般是在自己的房子附近，这与四川丘陵地形有关。在选择窑洞时，会选择有坡度的台地。从窑洞打凿的形状上看，北方一般是马蹄窑、梭形窑、阶梯窑、隧道窑等，福建地区一般是龙窑、阶梯窑，都有烟囱，还有的窑洞中间有腰门。元山镇的窑洞没有烟囱，更没有腰门，只有前门，所以元山镇的窑洞是圆柱型柴草窑，前面只有圆拱形窑门。在燃料的选择上也有所不同，北方地区一般选择煤作燃料，这与其地理条件有关，北方煤炭资源丰富，用柴草的话，会选择秕秆等，南方一般选择稻草为主，而元山镇窑洞的燃料一般是柏树枝、刺柴等，因丘陵地带柴类燃料丰富，充分利用本地农作物收获后大量的玉米草、黄豆草、稻草等。从码砖工艺上看，北方一般采用横码、交错混码、双块砖靠拢等码法，元山镇村民采用双砖竖立码法，以增加砖整体承重力。元山镇烧砖瓦窑，一般是砖瓦混装，窑的下层码砖，上层码瓦，遵循“一砖二瓦”的原则。

通过对剑阁县元山镇、长岭乡窑洞及砖瓦工艺的调查研究，在认真研读了古代有关青砖瓦的文献后，发现中国青砖瓦陶瓷建筑文化的源远流长，是中国传统建筑文化的象征。以青砖瓦修建的中国传统建筑，风格古朴而庄重的，无论是长城、故宫，还是现在尚存的普通民居建筑，都有古青砖瓦的身影。所以青砖瓦在我们心目中是中华文明的象征之一，它的制作工艺也是中国人民智慧的结晶。青砖瓦烧制工艺是重要的非物质文化遗产，希望通过这篇文章的写作，对青砖瓦传统烧制工艺的保护有所帮助。

附注：采访者资料

张友银，男，1944年1月出生，四川省广元市剑阁县长岭乡桥楼村二组人，是当地在世青砖瓦制作工艺最好的艺人，具有50年的制作经验。

张炳发，男，1962年4月出生，四川省广元市剑阁县长岭乡桥楼村二组人，师从张友银，具有30多年的砖瓦制作经验。

贾美书，男，1946年7月出生，四川省广元市剑阁县元山镇爱国村三组人，是制作砖瓦经验较为丰富的老艺人，具有40多年的经验。

张丽芳，女，1966年8月出生，四川省广元市剑阁县元山镇爱国村三组人，师从张友银，在砖瓦煅烧方面具有丰富的经验。

陕西华山古代助升铁索与栈道考察

张　强

作者简介

张强，男，陕西西安人，1982年生，咸阳职业技术学院助理讲师，陕西师范大学西北历史环境与经济社会发展研究院硕士研究生。主要研究方向为地理学史、环境变迁。

华山又名太华山，五岳中属西岳，位于陕西省东部华阴市城南5公里处，南接秦岭主脉，北连渭河平原，东至潼关，西邻华县，面积约为150平方千米。以雄奇峻秀的自然环境和丰富的人文景观著称于世，备受人们尊崇膜拜，历代攀登华山之人络绎不绝。但华山素有“天下险”、“自古一条路”之称，登顶极其艰难且具危险性，晋代葛洪《抱扑子》中有：“‘凡为道合药及避乱隐居者，莫不入山（华山）。但入山不知法者，多遇祸害。’故谚有之曰：‘太华之下，白骨狼藉。’”[①]可见自古攀登华山之人非常多，同时也告诫登山者一定要注意攀登方式，否则“多遇祸害”。

古代华山攀登道路改善不断，但工程难度、技术要求最高的要数助升铁索与栈道的修建、改善，它们分别体现着古代华山道路的修建、发展状况。本文以华山此两种攀登方式展开论述，以求教于方家。

① （晋）葛洪：《抱扑子内篇》卷十七，张松辉译，中华书局，2013年，第537页。

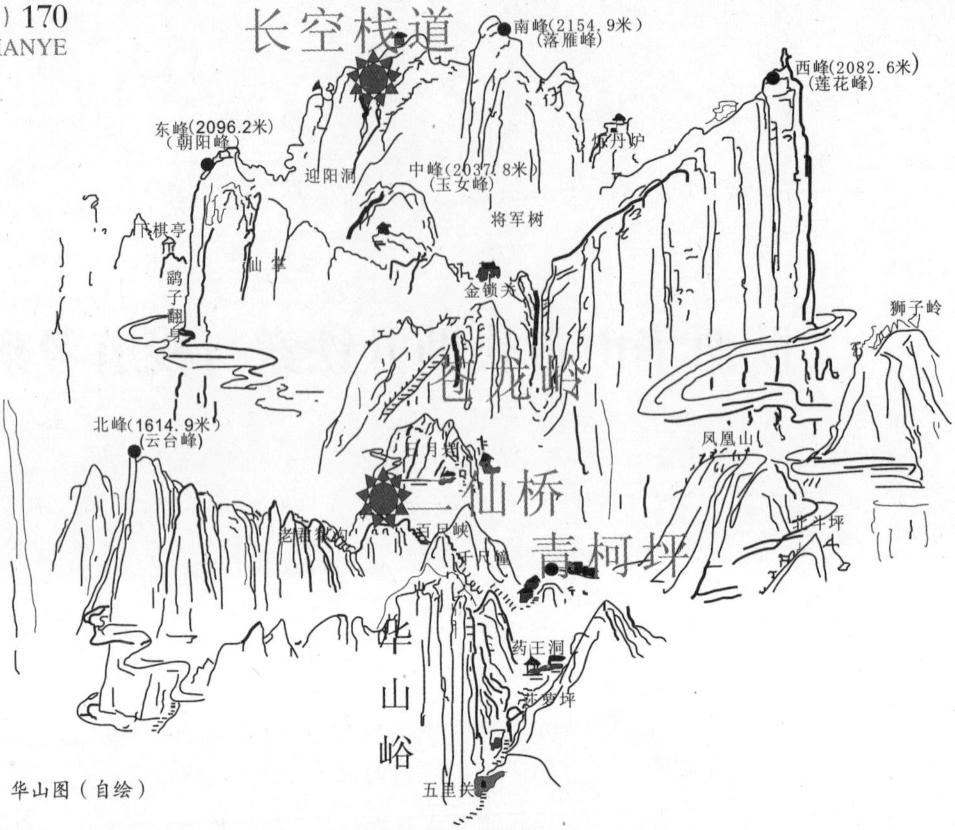

华山图（自绘）

一、助升铁索

攀登华山，过五里关、莎萝坪等地后到达青柯坪，华山路途变得险峻异常。为了便于攀登，青柯坪之后几乎全部路段都架设有助升铁索。一方面供人挽扶，一方面起到防护作用，坚固耐久，为登山者提供了极大方便。

华山历代加设助升铁索主要有三类，一是在峭壁上凿石为洞，穿索于洞中，以固定之，便于登山之人挽扶。例如千尺幢、百尺崖路段皆此类铁索。易鸣九《华山记》中记载："盖千尺幢为升岳门户，非铁絙不为功也。幢高百余寻，陡峻直上。"[①]看来，有了铁索挽扶，人们才更容易攀爬。明朝初年王履《始入华山至西峰记》也有记载："祠西南则始攀索处也。置丈草间，闻松风，飀然。"[②]可见王履当年也是攀挽铁索而上华山。二是铁索建于悬崖路段，以铁钎联之，起到防护的作用。例如在苍龙岭、老君犁沟、东西南北峰的峰顶处皆有此类铁索。明初王履《始入华山至西峰记》中有记载："峰直立，铁索下垂"；"索当背上，并索皆小坎，亦犹上方峰所托足者。过苍龙岭，二仆先示所以登，余匍匐踵其后以视，大喘不自禁，因四布伏岭背，窃窥其旁，则深不见底，安知其几千仞？"[③]以前有人认为，"在明初苍龙岭路段，只有石质阶梯并无护栏，护栏的出现时间相对较迟，而且很可能是木质结构"[④]。其实这一观点是不对的。王履是明朝初年人，他当年游历华山写下了《始入华山至西峰记》，上文即提到他在过苍龙岭、"铁索下垂"时"索当背上，

---

① （清）陆鸣九：《华山记》，《华山碑石》，三秦出版社，1995年，第351页。

② （明）王履：《始入华山至西峰记》，《中国古代绘画辑珍：华山图》，天津人民美术出版社，2000年，第57页。

③ 同上，第58页。

④ 李之勤：《论华山险道的形成过程》，《中国历史地理论丛》1997年第4期，第183-184页。

并索皆小坎”。由此可见，至少在明朝初年苍龙岭上就装有铁索护栏。因此苍龙岭上加装铁索的时间至少在明代初年甚至更早，并不是在后期才有“枝栏砌道”，而且护栏是铁质不是木质。但当时王履过此岭时仍然“大喘不自禁，因四布伏岭背，窃窥其旁，则深不见底，安知其几千仞”，可见苍龙岭之险。之前在没有加装护栏时，人们过岭更得小心翼翼：“犹须骑岭抽身，渐以就近。”[①]三是在一些接近垂直的悬崖路段，设立了梯型索链以方便人们上下攀爬，可称为索梯。例如在日月岩附近的上天梯处就有索梯，古人有记载：“南为日月岩，崖如垣，旁有赤白圈，高可三千仞，索立垂镵为梯，不及寸手与足并力及得上曰：上天梯。”[②]“铁索累千寻，直垂下，引而上，如粘壁之鼯。”[③]另外，王士性的《华游记》还记载道：“春时，一切锤锁可攀，俱夏道师收其锁，余止攀石坎而上，故危较倍。余生度险多矣，乃握念闭息，仍曳絙而才升之，匍匐至其半，据一石稍憩，黄冠渐曳余至顶。”[④]可见明代后期有些华山索梯具有季节性，人多时放梯索，助人攀爬，人少时收其索，等来年再用。但缺少了梯索，仅仅攀爬石坎则“危较倍”。

华山老君犁沟处助升铁索

那么，这些铁索究竟是何人所建？始建于何时呢？元代文学家姚燧编《太华真隐褚君传》中记载：“云台华岳也，为山益奇，上方又天下绝险，自趾望之，石壁切云霄，峻削正矗，非持铁絙不得缘緪上下，不知铁絙成于何代何人。意者，古能险之圣也。”[⑤]元代攀爬华山已经是“非持铁絙不得缘緪上下，”可见铁索在华山的装设已经非常普遍，又说“不知铁絙成于何代何人”，虽不能说明该铁絙成于何时，但显然装设的年代已相当长远了。由此，笔者估计华山上最早一批铁索的装设出现于唐代，原因如下：

1.关于助升铁索，唐代杜甫有《玄都坛歌寄元逸人》诗记载“铁锁高垂不可攀”[⑥]，可见唐代就已开始使用铁索助升。但其描述的是长安城南子午谷玄都坛的升山铁索。此外，《法苑珠林》当中也有助升铁索的记载，“垂崖铁索长丈余”记于终南山大秦岭竹林寺。这些事例说明唐代已有在山上冶铁建索、辅助爬山的理念和技术，并在子午谷、大秦岭竹林寺中装有铁索。而比之于更加著名、更加险峻的西岳华山，若无索攀爬似乎不太可能。

2.西岳华山唐代即被封金天王，而且据《旧唐书·礼仪志》和《唐会要》记载，唐玄宗曾命御史大夫王鉷开凿华山险路以设坛场，举行西岳华山的封禅大典。说明华山险路的开辟早在唐代已有

---

① （北魏）郦道元：《水经注·河水》.卷四，中华书局，2007年，第102页。
② （清）谢振定：《登太华山记》，《小方壶斋舆地丛钞》，第四佚10页，杭州古籍书店，1985年。
③ （明）袁宏道：《华山记》，《袁宏道集笺校》，上海古籍出版社，1981年，第1468-1469页。
④ 周振鹤编校：《王士性地理书三种》，上海古籍出版社，1993年，第42-43页。
⑤ 陕西省考古研究院、西岳庙文物管理处编著：《西岳庙》，三秦出版社，2007年，第578页。
⑥ 《全唐诗》卷二一六。

所致力了。与此有关，金元时期王处一在《西岳华山志》中也记载苍龙岭附近有“御道”，“唐玄宗曾游此，因名御道。今两旁有石臼子，乃当时栽阑干用，锦绣遮护危险”[①]。由此可看到唐代对华山是十分重视的，不断对华山道路进行修缮，很有可能加装助升铁索。

3.唐代华山铁索至今还没见到记载也有原因，唐代华山路况人为改造程度低，对于无缚鸡之力的文人，攀爬当然困难重重，只能在华山脚下一览概貌，或听人介绍间接获得资料。而与华山信仰、景致关系不大的辅助攀爬铁索，他们是不大注意的。如唐代杨敬之的《华山赋》[②]，由内容可知，作者并未上山只是在华山下触景生情，想象上华山的景色。杜甫的《封西岳赋》也属此类[③]。正好说明唐时文人并不是攀登华山的主力军。文人难于上山，对华山路况并不了解，自然难以留下铁索的文献记载。

4.华山最早的磴道开始于唐代，李之勤先生已有论述[④]。但如此险峻之山，仅靠磴道是难以上山的，必须有铁索挽扶与防护，才可登顶。华山石坎石窝的修造，很可能同时就架设有挽扶防护设施的铁索，只是质差数少而已。登顶华山最早的一篇游记出现于唐代，记载了王元冲登顶华山事件，其中有“前者即入华阳川中，寻微径，索纡至莲花峰下，止一宿方登”句[⑤]，提到“索纡”说明王元冲上华山也是攀索而上的，这里的“索”，很可能就是华山最早装设的铁质索链。

自此之后从宋元到明清，华山上的助升铁索不断加设改造，日渐增多、完善，作用也越来越大。南宋周密《癸辛杂识·华岳阿房基》中有记载：“王国用佥省云，五岳惟华岳极峻，直上四十五里，遇无路处皆挽铁絙以上。”[⑥]元朝初年，李白皋《太华山创建朝元洞之碑》记：“至元丙子，希贤尊师来自陇西……遂登太华之颠，辟山膺而洞焉……复絙铁就道，西折而下，得平台崖腹间，石室在焉……始事丙子而毕功于壬子也。”此处记载的是华山南峰长空栈道处修建朝元洞之经过。其中记载有“复絙铁就道”。长空栈道为登顶华山主峰的一条绝险支线，它的开辟比千尺幢、百尺崖、老君犁沟等干线上的险段为晚，其磴道的设计、铁索和铁钎（连接铁索间的铁柱。）的安装当由干线上沿袭而来，既然此时支线上已架设有助升铁索，那么华山干线的助升铁索就应更加普遍。至今人们还在华山长空栈道等路段的固索铁钎上，发现铸有成化、弘治、雍正字样，可见，从宋元到明清，华山助升铁索的架设安装与改善是在不断进行的，人们攀登绝险华山又多了一重保障。

二、栈道

在华山特殊绝险地段，为方便人们攀登，修造有栈道。何为栈道呢？蓝勇先生曾解释：“我国

---

① （金）王处一：《西岳华山志》，涵芬楼影印明正统间刻道藏本，第8页。

② 张天喜：《〈华山赋〉译并析》，《渭南师专学报（社会科学版）》1996年第4期，第38-41页。

③ 陈贻焮：《杜甫评传》，北京大学出版社，2003年，第163页。

④ 李之勤：《论华山险道的形成过程》，《中国历史地理论丛》1997年第4期，第183-184页。

⑤ 韩理州主编的《华山志》认为《登莲花峰记》一文出自北宋，但侯甬坚教授近来研究华山发现此文并非出自宋代，而是唐代。

⑥ （宋）周密：《癸辛杂识·华岳阿房基》，中华书局，1997年，第193页。

古代在今川、陕、甘、滇诸省境内峭岩陡壁上凿孔架桥连阁而成的一种交通建筑物，是为了便于险峻地段的通行。”[①]

华山上栈道的修建历史非常久远，唐代即有记载，有李白诗为证，《西岳云台歌赠丹丘生》：“云台阁道连窈冥，中有不死丹丘生。”其中“阁道”，一般就属于古代木质栈道。

据史料记载，华山至少曾经存在两条栈道，一条在二仙桥处，明清游记中多有记载。明李攀龙《太华山记》中有：“崖绝为桥者二所（二仙桥），东北径云台峰……栈北得崖径丈，人仄行于穿，手在决吻中，左右代相受。”[②]清毕沅《华岳祈泽记》也有记载：“至二仙桥，桥当山曲径，木中断，架栈悬度而西。”[③]清人乔光烈在《游华山记》中对二仙桥的描述最为具体：“过二仙桥，见铁钎横贯壁中，上架木板，为飞梁，下瞰无底。践板以过，板不盈尺，蹑之振振然，益危惴。念昔时凿悬度，施穷人力，疑鬼神所为。”[④]看来此处真为绝险。但到民国时张大千上华山时（1934年）写道：“过二仙桥、车厢谷、媪神祠，皆平衍可行，无事小心。”[⑤]原来“蹑之振振然……疑鬼神所为”到民国时则“皆平衍可行”。可见清至民国期间对华山道路的修缮、辅助攀爬设施的改观还是很大的，二仙桥处的栈道已被石桥所替代。

华山另一条栈道即“长空栈道”，位于南天门外，为华山诸多险道之首。栈道开凿于南峰腰间，上下皆悬崖绝壁，铁索横悬，由方木搭成尺许路面，下由铁钎（新中国成立前有些为石柱，之后全换为铁桩，以保安全）固定。由于栈道险峻，故当地人有“小心小心九厘三分，要寻尸首，洛南商州”之说。这里只是探险家之道，并非登山必由之路。所以，石刻上有不少“悬崖勒马”、“云开诛荡”等警告之语。

长空栈道可分三段，出南天门石坊至朝元洞西，路依危崖凿出，长20米，宽约0.66米，是为上段。折而下，崖隙间横贯铁棍，形如凌空悬梯，游人须挽索逐级而下，称之“鸡下架”，是为中段。西折为下段，筑路者在峭壁上凿出石孔，楔进石桩，石桩之间架木椽三根，游人至此，面壁贴腹，脚道踏木椽横向移动前行。传说晨架木椽，晚上朽，故又称这段栈道为“九节臯臯椽”。虽为传说，但也可看出此段路程的险要。

华山长空栈道的主体属无柱式栈道，俗称空木桥。此类栈道专建于悬崖，木柱（或石柱、铁柱）垂直插入峭壁，底部根本没有顶托支撑之物，故为无柱式。人行其上十分危险。《水经注·沔水注》对此类栈道也有记载，称为“千梁无柱”、“逸涉者，浮梁振动，无不摇心眩目也”[⑥]。为了安全，这种栈道一般都建有栏杆防护，唐代刘禹锡的《山南西道新修驿路记》曾记载有金牛道栈

---

① 蓝勇：《中国古代栈道的类型及其兴废》，《自然科学史研究》1992年第1期，第68-69页。

② （明）李攀龙：《太华山记》，《华岳志》卷六，清光绪九年刊本，台湾成文出版社，第581-582页。

③ （清）毕沅：《华岳祈泽记》《华岳全集》，台湾成文出版社，1970年，第32页。

④ （清）乔光烈：《游华山记》《古代游记选注》，上海古籍出版社，1982年，第145页。

⑤ 张大千：《华山游记》，《北平晨报》1934年。

⑥ （北魏）郦道元：《水经注·沔水注》卷二七，中华书局，2013年，第618页。

现今华山二仙桥

华山第一险长空栈道

道“限以勾栏”[①]，宋人文同《过朝天岭》诗称：“且倚钩栏拥鼻吟。”又有载：“山峻水急，其中多峰岩壁立，难以凿路，募匠跳石成孔，横贯巨木，上覆木板，外作栏杆绕之，如桥梁状，故名曰栈道。”[②]但华山长空栈道由于“广八寸”，路面太窄，悬崖一侧难以安装护栏，只是安装有挽扶铁索，使得长空栈道又是险上加险。

三、小结

《山海经》记载：“太华之山，削成而四方，其高五千仞，其广十里。”[③]华山是最早受人崇拜信仰的山岳之一，因此吸引了无数仁人志士前来攀登，从古至今从未间断。

从华山助升铁索和栈道的应用、改善来看，早在唐代，华山的基本道路及助升方式已初步开始修建和改善，经过宋元的发展，直到明清，已促成了登山道路的贯通。在此过程中，华山助升铁索发展为攀挽类铁索、防护类铁索、梯形助升铁索三类，不仅仅用于助升，还有防护作用。华山险段苍龙岭处铁索架设时间至少在明朝初年甚至更早。华山栈道至少出现过两条，一为二仙桥栈道，此处在清末到民国时期随着华山道路修缮，已被石桥替代，显示出当时华山攀登状况大为改观。一为华山长空栈道，至今仍被称为华山绝险。

华山助升铁索、栈道的改善，不仅方便了人们攀登，更促进了华山上自然景观与人文景观的开发。直至今日，华山攀登方式虽已多样化，但助升铁索、栈道架设与改善仍是技术最为复杂、工程最为艰巨的部分。可以说，助升铁索与栈道的架设修缮为今日游人攀登华山提供了坚实的基础，并促进了华山旅游的发展。

---

① （唐）刘禹锡：《山南西道新修驿路记》，《刘梦得文集》，卷二六，民国十八年上海商务印书馆据武进影印本影印，四部丛刊集部。

② 严炳文：《三省山内风土杂记》卷二四，《中国风土志集刊》，广陵书社，2003年，第10-11页。

③ 《山海经传·西山经卷二》，中州古籍出版社，2008年，第29页。

中外田野学术交流

在雅诺马马人中做田野调查[①]

[美]拿破仑·A·查冈龙 著，阮玉明 译，谢国先 校

作者简介

阮玉明，女，湖北宜昌人，1988年生，三峡大学民族学院2012级硕士研究生。研究方向为民族文学。

谢国先，男，四川雷波人，1963年生，三峡大学民族学院教授。研究方向为民族文学翻译批评。

雅诺马马印第安人[②]居住在委内瑞拉南部跟巴西北部相毗邻的地带。大约有125个村庄零星散布于此，每村人口从40到250人不等，最常见的是75到80人。他们的总人数很可能接近10 000人，但这仅是猜测。许多村庄与外人尚无接触，所以无人确切知道这样与世隔绝的村庄到底有多少，住在里面的人又到底有多少，与非洲或美拉尼西亚人的部落相比，雅诺马马人数量稀少。然而，在全南美剩余的尚未接受外来文化的部落中，雅诺马马人仍是人口最多的部落之一。

---

① 译自[美]Napoleon A.Chagnon：Yanomamö：The Fierce People. Holt，Rinehart and Winston，1977，pp.1-17.

② Yanomamö这个词整个都鼻音化，其标志是变音符[ą]。该变音符出现于单词中时，整个单词都鼻音化。末尾的元音[-ö]是一个英语中没有的音，它相当于语言拼字法中的音素[ɨ]。在一般交谈中，Yanomamö除了用鼻音外，其发音像“Yah-no-mama”。最后，有元音[-ä]的单词发该元音时像“duck”中的音“uh”。因此，Kaobawä的名字会念成“cow-ba-wuh”，还是被鼻音化了。

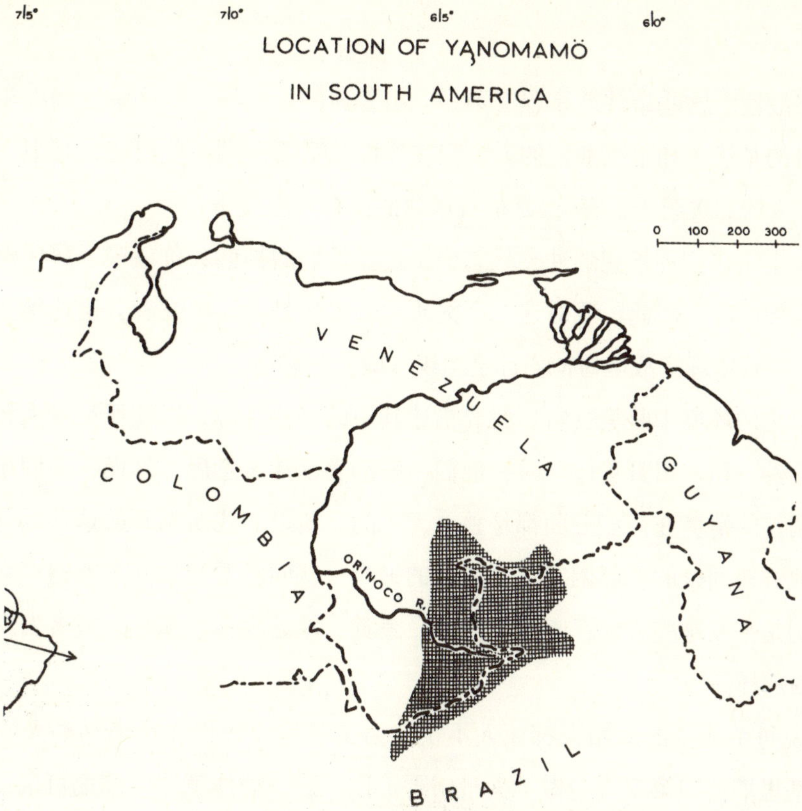

南美洲雅诺马马人部落分布地理图

除了部落大、文化纯外，雅诺马马人还有一个显著特性：他们至今仍然热衷于战争。他们的一则神话说，争斗是人的本性，这是因为“月亮”的血液溅到了宇宙的这一层，从而让人变得暴烈。我把雅诺马马人描述为“暴烈的民族”，是因为“暴烈”这个词最能准确地描述他们。他们自认为如此，也希望其他人如此看待他们。

我花了19个月跟雅诺马马人呆在一起①。在此期间，我已经逐渐熟练地掌握了他们的语言。在某种程度上，我沉浸于他们的文化和生活方式之中。让我印象最深刻的是他们文化中对侵略性的推崇。我有幸目睹了许多事件，这些事件一方面表现出个人的恶意，另一方面也

村里人正激动地跳着集体舞蹈以期待接下来的节日和战斗的胜利

① 我在南美洲总共呆了23个月，其中有19个月是在雅诺马马人中分别进行的三次田野调查。第一次去了委内瑞拉，从1964年11月一直到1966年2月。这期间，我花13个月与雅诺马马人直接接触，并定期返回加拉加斯去看望我的家人、核对我搜集的家谱。第二次调查从1967年1月一直持续到3月，我花了两个月呆在巴西雅诺马马人当中，又花了一个月跟委内瑞拉雅诺马马人呆在一起。最后一次，我回到委内瑞拉与雅诺马马人又待了3个月，从1968年的1月到4月。

表现出集体的好战性。这些事件严重程度不一，由普通的打老婆、捶胸脯，到决斗和有组织的成队突袭；突袭的目的是伏击和杀死敌村的人。我在后面几章要谈到一些村庄，其中一个在我进行田野工作期间遭受了大约25次袭击，有6次是被我居住的这个村庄袭击。

雅诺马马人生活在一种长期的冲突状态中，这在他们的神话、价值观、居住模式、政治行为以及婚姻习俗中得到反映。因此，我对这一个案研究的安排是要让研究者普遍地领会战争对雅诺马马人文化的影响，并具体理解战争对他们社会组织和政治的影响。

我在有些艰难的环境中收集资料。我要描述其中的一些环境，以便研究者大致明白，当人类学家谈到“文化震撼”和“田野工作”时，他们一般都表示什么意思。然而，我们还是应该记住这一点：每次田野调查的情境在许多方面都是独一无二的。所以，我所遇到的这些困难未必就是其他人类学家在其他地方遇到过的全部困难。不过，的确有一些问题看起来几乎普遍存在于人类学田野工作者中间，特别是涉及这些方面：吃饭、洗澡、睡觉、缺乏隐私、孤独，或者发现原始人并非总是像你最初所想的那样高尚。

这并非是说每个地方的原始人都让人不快。为了对比，我也在雅诺马马人的北部邻居——说加勒比语的马基里塔雷印第安人中做了少量田野工作。这一群体就非常和蔼可亲、招人喜欢。他们所有人都急于帮助我，并觉得在道义上有责任向任何来访者表现他们礼仪制度中无尽的好意。简言之，他们与我设想的原始人形象接近，跟他们一起工作绝对是一件乐事。科林·特恩布尔近期的著作（1966）引人注目地揭示了他研究的两个非洲民族在个性方面的巨大差异。

因此，我谈到的有关自己的一些经历很可能跟其他很多田野工作者的经历没有什么不同。我写出自己的经历，是因为现在显然缺乏可让潜在调查者参考的田野工作描述。我想，假如我当初能读到自己老师的个人不幸遭遇，我就会受益匪浅；至少，我本可避免我犯过的一些更为愚蠢的错误。在这方面，近期出现了不少田野工作者写成的文稿，描述他们自己忍受过的一些不便和不幸①。打算进行田野调查的研究者们，应该好好读读这些文稿。

在田野中的第一天就让我明白了我的老师们提到“文化震撼”时他们想表达的是什么意思。我乘坐一艘由舷外发动机驱动的小铝船走了两天半，从地区首府（奥里诺科河边的一个小城）深入到雅诺马马人地区。第三天早上我们到了一个传教团的驻地，这是一群美国人的野外“总部”，他们当时在两个雅诺马马人村庄工作。传教士们走出村子举行他们有关传教工作进展的年会，我到那儿时他们正在开会。在这个传教团驻地，我们搭载了一个乘客——詹姆斯·帕·巴克，他是第一个与这个部落保持持续而永久联系的非雅诺马马人（1950年）。他刚在美国休假一年回来，来委内瑞拉之前我就在美国拜访过他。我选好一个村庄当调查基地，他答应陪我去那儿，把我介绍给那里的印第安人。这个村落亦是他的主要调查点，但他已经有一年多没去那儿了，也不打算跟我一起在那儿再呆3个月。巴克先生跟这个特殊群体一起生活了大约5年了。

---

① 如梅伯利·路易斯（1967）、特恩布尔（1966）、劳拉·博安南（1964）等人近年写过的相关文稿即描述过这些感受。或许我们在马凌诺夫斯基死后出版的日记（1967）中会发现一个田野工作者对这些磨难的最隐秘的叙述。由于这部日记当时并不是为公开发表而写，故而包含了许多私密的、非常个人化的细节，描述作者当时的焦虑和遇到的困难。

下午两点左右，我们抵达这个叫比萨西泰瑞的村落。我们的船停靠在泥岸上一条小路的尽头，印第安人走这条路取饮用水。天气闷热，衣服被汗水浸湿。衣服黏在身上很不舒服，我此后工作期间就一直是这样。咬人的小昆虫大批出来，因为旱季刚开始。由于它们带着毒的密密麻麻的叮咬，我的脸和手都肿了。我马上就要见到我的第一个雅诺马马人了，我的第一个原始人。这次会面会怎么样呢？我想象着进入村庄，看到125个过群居生活的人在我周围奔跑着，按亲属关系彼此称呼，一起吃饭，每个人都等着，急切地盼望我去收集他的家谱。我会让他们一个个累得筋疲力尽。他们会喜欢我吗？这对我很重要。我希望他们喜欢我，接纳我成为他们家族的成员，让我过他们那种生活，因为我曾听说成功的人类学家常被他们所研究的民族当作亲人。我在密歇根大学接受了7年的人类学训练，这期间我了解到：在原始部落中亲属关系就等于社会，而且是一种合乎道德的生活方式，而“合乎道德”就是好事情和合意的事情。我决心要进入他们合乎道德的亲属关系中，成为他们社会的一员。

典型的雅诺马马人村庄

我们接近村庄，听到圆形大院里的活动发出的嗡嗡声，我的心开始砰砰直跳。巴克先生说他急着想看看自己离开的这段时间是不是发生了什么事，还想知道他不在时他们死了多少人。我把手伸到裤子后兜里确认笔记本还在里面，摸到它我就感觉安心多了。如果不这样，我当时真不知道该用手干什么。

村庄的入口掩盖着灌木和干棕榈叶，我们把这些东西推到一边，露出进村的低矮通道。我像鸭子似的蹒跚穿过这个低矮通道进入村庄的空地，那种将要见到我的第一群印第安人的激动心情几乎难以忍受。

我抬起头，还在喘着气，就看见十几个结实的、赤裸的、肮脏且可怕的男人正弯弓引箭朝下瞄准我们！他们的下齿和嘴唇之间塞着大卷的绿烟叶，这使他们看起来更加吓人。一串串暗绿色的黏液从他们的鼻子里滴落下来，有的就挂在鼻子上。我们到达村庄时他们正往鼻子里吹一种迷幻剂。这种药的副作用之一就是流鼻涕。这样的鼻涕里有绿色粉末，这些印第安人就让鼻涕从鼻孔里随便往外淌。我的下一个发现是大约有十几只凶恶的、欠缺喂养（改成“营养不良”会不会好点？）的狗正在猛咬我的腿，围着我跑来跑去，好像我是它们的下一顿美餐。我只有抱着笔记本站在那儿，无助又可怜。接着，腐烂植物和垃圾的恶臭刺激了我，我简直恶心想吐了。我吓坏了。对一个来到这儿想要与你们一起生活、学习你们的生活方式并想与你们交朋友的人来说，这是怎样的一种欢迎仪式啊？他们认出巴克后放下武器，继续念诵，紧张地注意着村子入口。

我们抵达时这里刚发生过一次激烈的战斗。头一天，相邻的一个群体绑架了村里的7名妇女。就在当天早上，村里的男人和他们的客人拿着棒子跟绑架者狠狠打斗了一场，几乎以射击战收场。他们抢回了5名妇女。绑架者7名俘虏丢了5个，很是生气，发誓要突袭比萨西泰瑞村。所以当我们出其不意抵达这里进入村庄时，这些印第安人害怕我们就是那些袭击者。接下来的两小时里，村里的男人们好几次一跃而起，拿起武器，紧张地等着辨别村外的动静。警报不断拉响，我收集民族志奇闻异事的热情也随之不断降低。事实上，当巴克先生建议我们在河对岸睡一晚上时，我松了一口气。那里会安全些。

我们沿着那条小路朝船走时，我琢磨着自己是否明智：我连这个部落的人什么样都没见过，就决定花一年半跟他们呆在一起。我现在毫不难为情地承认，如果当时能够以一种体面的方式离开，我就会当场结束这次田野工作。我不期望第二天的来临，到那时我要一个人留下来跟这些印第安人呆在一起；他们的语言我一个词也不会说，而且他们也跟我以前想象的截然不同。整个情况让人沮丧，我奇怪自己当初究竟为什么决定从土木工程转行到人类学。我一整天没吃东西，全身汗湿，小虫子在咬我。我身上还沾着红色的颜料，这是十几个粗鲁的印第安人挨个把我彻底检查了大约十几次的结果。有这些检查还好，否则这天会更糟糕：这些印第安人会把鼻涕擤在手里，猛抖手腕甩掉，剩下的就擦在头发上，再仔细地检查我的脸、胳膊、腿、头发，还有我口袋里的东西。我问巴克先生如何说“你的手很脏”，印第安人这样应付我：他们会先“洗”手——吐一大口黏糊糊的嚼烟叶的唾液到手里，再搓搓，然后继续检查。

我和巴克先生过了河，就把吊床挂了起来。在他从橡胶袋子里拽出吊床时，带出一股浓重的发霉棉花的难闻味道。我心想，“连传教士都肮脏不堪”。两周里，我的所有东西闻起来都是这种味儿，而且这种怪味伴随着此后的田野调查。我自己的个人卫生习惯到了如此地步，我也不在乎这些印第安人检查我了，因为适应环境后，我比他们也干净不了多少。

原始人并不像我当初想象的那样高贵、卫生，我的这一发现就谈这么多吧。我很快发现，要按我在美国北部相对整洁的环境中习惯了的方式来保养身体，那就太耗时了。要么我吃得好些，常换衣服，穿得相对舒服些，只做很少的田野工作；要么我尽量多做田野调查，但是吃得差一点儿，穿得也不那么舒服。

在丛林中做燕麦粥的程序极其复杂，令人吃惊。首先，我要走两趟到河边去取水。接着，我得往煤油炉里加注酒精，并让它燃烧起来。这做起来有点麻烦，如同一边搅着奶粉一边往咖啡壶里倒：往往是我还没打开煤油炉，引火的酒精就熄灭了，我不得不重来一次。或者，我打开煤油炉，指望炉子里依然很烫，好让燃料蒸发，在我棕榈做顶的小屋里生小火，而就在这时液体煤油喷满桌上和墙上，燃起来了。用酒精重新开始更安全。然后我得煮燕麦粥，挑出里面的虫子。当然，我所有的补给品都小心地储存在防印第安人、防老鼠、防潮和防虫的各种容器里，但没有一样容器真管用。就连把储备的食物从这些各式各样的容器中取出来，用完后重新收拾起来，这本身就已经是一个小工程了。等我做完这些事——打回做饭的水，拿出食物，准备好燕麦、牛奶、咖啡，烧好洗盘子的水，洗好、擦干盘子，把食物重新收好放到容器里，把容器储存在上了锁的行李箱中，最后再清理我造成的混乱——准备早餐的典礼就几乎已经持续到吃午饭的时候了！

一日三餐是不可能的。我的解决方法是：每天只吃一顿饭，每顿饭在一个容器中做好，或者，顶多用两个容器。没有干净盘子吃饭时才洗盘子，而且是用河里的凉水。每次换上衣服至少要穿一个星期，这样就把洗衣服的问题大事化小了，这在热带地区是一项勇敢的事业。我也不像以前那样在乎跟老鼠、虫子、印第安人以及大自然分享食物了，因此消除了复杂的食物储存程序。我能够用牛奶咖啡（一种加了很多糖的浓咖啡，按大约5：1的比例用热牛奶稀释）支撑大半天。我会在晚上把咖啡准备好，装在保温瓶里。我的每天一顿饭并不复杂，常常只是一罐沙丁鱼和一包饼干。但至少每周有两三次我会做一些复杂的东西，比如做燕麦粥或者煮米饭，加上金枪鱼罐头或番茄酱。我甚至设计引水系统免去了到河边的奔波，以此节省了时间。我用几块锌屋顶盖板做成了一个存水槽。我搜集落在锌盖板表面的雨水，引入空汽油桶里，然后从桶中接一根塑料软管到我的棚屋。到旱季桶里的水用完时，我就雇印第安人从河里取水装到桶里。

跟印第安人一起到其他村落时，我吃得要少得多。大多数时候，我的旅行食物是从印第安人那里得来的烤或煮的青大蕉。不过我总是带几罐沙丁鱼罐头，以防迷路或在外呆的时间超出预计。我发现花生酱搭饼干吃非常有营养，而且还是在旅途中都做得出来的简单食品。它不仅营养丰富还方便携带，做时只需要一件工具，就是一把用一片树叶就能擦干净的猎刀。更重要的是，这是印第安人让我相对安然地享用的少数几种食物之一。他们觉得它看起来就像是动物拉的屎，激不起食欲。

我有一回把花生酱称作牛屎，印第安人觉得这非常恶心。他们不知道什么是“牛”，但一般都知道我吃过几瓶这种动物的罐头食品。我瞎编这个假话，就算没有其他理由，也可让我在吃饭时脑子得到一会儿清净。田野工作者发明出各种奇怪的防御机制，这是我自己的一种适应方式。还有一次，我正在吃法兰克福香肠罐头，一个访客却多次要求分享，惹得我越来越心烦。他问我吃的是什么，我说：“牛肉。”他接着又问：“你吃的是动物的哪个部分？”我回答：“你猜！”他就不再要求跟我一起吃了。

吃饭问题还表现在另一个方面。分享食物是雅诺马马人表示友好的重要手段。在他们看来，“我饿了”几乎是他们打招呼的一种方式。我不可能带上够全村人吃的食物，但他们好像不明白这一点。他们看到的就是我顿顿都不让他们吃我的东西。在食物方面，我也不可能进入到他们的互惠系统之中。每回只要他们中有人“免费”给我什么，这个人就很可能会尾随我几个月，让我用钢铁工具而非食物来回报他。因此，如果我到另一个村庄调查时接受了某人一个大蕉，他后来就很有可能会上门，向我要一把大砍刀，当成他那次“招待”我的回报。针对这类要求，我常根据他们文化中互惠习俗——食物对食物——给一根香蕉，但这会让那人失望，因为他想象着随着时间的流逝那一根大蕉会长成一把大砍刀。

尽管大多数人知道我不会因为他们请求就与他们共享我的食物，有些人还是会在吃饭时间出现在我的棚屋中。我渐渐习惯了这一点，学会了吃饭时对他们的死乞白赖置之不理。因为我没有让步，有些人会生气，但大多数人接受了这一点，只把它当成不通人性的外国人的怪癖。有时我当真让步了，我的草棚很快便挤满了印第安人，每人都要一份跟我刚才给别人的一样的食物。如果我没有给每人一份，我在他们眼里就更为卑劣。

有几个雅诺马马人故意不让我好好吃饭，怨我没分东西给他们吃。比如说，一个男人来我这儿，看我吃一块涂了蜂蜜的饼干。他立刻认出了那是蜂蜜——一种特别受雅诺马马人喜爱的食物。蜂蜜只有很小的一瓶，他知道我不会让他吃，找我要也没用。于是他盯着我，冷冰冰地问："瞎蜂（Shaki）①！你抹在饼干上吃的是哪种动物的精液？"这个问题达到了他想要的效果，我这顿饭就此结束。

最后，孤独、与同类特别是家人分离也是个问题。我试图通过在印第安人那里寻找友谊来克服这一点。但这只会让事情变得复杂，因为我所有的朋友无非是利用我的信任来优先得到我储存的钢具和交易物品，来洗劫我。我感到心寒，我的"朋友"只是想精明地利用我们的关系，其唯一目的是得到我锁起来的东西。每次发觉这一点，我沮丧感都会加深一层。我的大多数印第安朋友认为我只不过能向他们提供想要的东西而已，这让我震惊。这种震惊给我带来的烦恼远远大于财产损失带来的困扰。他们根本就没给我留下一块栖息地，让我摆脱这些烦恼，因为我不是雅诺马马人，就低人一等。

最让我烦心的还是印第安人的那些无休无止的、狂热的、咄咄逼人的要求。这些要求让人无法忍受，我有时只好把自己锁在泥屋里躲开它们：尊重个人隐私是西方文化的最大成就之一。但我并不是为隐私而隐私，相反，我只不过是要避开这些乞求。不管白天还是黑夜，我跟雅诺马马人生活在一起的时候我总是被这样的问题折磨着："给我一把小刀，我穷！""要是你下次去维多凯亚-泰瑞时不带我，我就在你独木舟里凿个洞！""别拿相机对着我，不然我揍你！""把你的吃的分点给我！""用你的独木舟把我送到河对面去，快点儿！""给我一口锅！""把你的手电筒借我，我今晚要去打猎！""给我药……我全身痒死了！""拿上你的猎枪，带我们去打一个星期的猎吧！""给我一把斧头，不然我就趁你出去串门时闯进你屋里偷一把走！"这样的请求日复一日、连续几个月轰炸我，到后来我一看见印第安人就受不了。

要漠然对待那些持续不断的乞求并不算难，难的是无视他们提要求时表现出来的急迫感、激动语气，或者恐吓和攻击。同样难的是适应这样一个事实：只有你连吼带吓地叫"不"，雅诺马马人才会接受"不"这个答案——6个月之后这个答案就是这样说出来的。勉强答应一个请求，往往会给他们一个新起点，下次他们会要你给他们更大的东西、更多的帮助。如果没有满足这些印第安人的要求，他们会更加愤怒。很快我就认识到，要想以雅诺马马人的方式跟他们相处，我就必须变得和他们一样：狡猾、咄咄逼人、爱吓唬人。

如果我当时没有按这种方式加以调整，他们就会一天之内讨走我6个月的供给，或者我得用独木舟载着他们闲逛或为他们打猎，因此花掉自己的大部分时间。事实上，至少在刚开始的时候，我

① "Shaki"更确切地说是"Shakiwä"，这是雅诺马马人对我的称呼，因为他们发不出"chagnon"（查格农）这个音。只要有可能，他们就喜欢用某个显著特征来给人命名。"Shaki"是一种让人讨厌的蜜蜂的名字。它们大量聚集在成熟的香蕉周围，像害虫一样咬坏香蕉，水果的残骸就会如阵雨般落在香蕉树下面的人身上。雅诺马马人用这个名字称呼我可能是因为我也让他们讨厌：我不断地窥探、打听他们的事情，给他们照相。总之，我总是出现在他们不想让我在场的地方。

的确花了相当多的时间做这些事情，的确在他们肆无忌惮地向我要斧子和大刀时屈服了。更重要的是，如果我当时没有证明他们不能随便摆布我，那么，我被他们嘲笑、被他们偷窃、被他们愚弄的次数就会比实际的次数多得多。简言之，我必须对他们那种人际政治有一定了解，学会如何巧妙地暗示他们：如果他们如此这般对我，某些潜在的不良后果就会接踵而至。他们彼此这样对待，目的是要精确地确立一个点，到了这个点上，他们就不能再招惹别人了，否则必遭报复。一旦我明白了这一点，意识到他们对我的很多冒犯都是为了要试探我的忍耐限度，我跟他们相处就容易多了，并且重获了一些失地。这有点像一场人人都玩的政治游戏，但在这场游戏中，每个人迟早都要作出某种示意——他的虚张声势和蓄意恐吓会得到支持。我猜想频繁发生的虐妻事件就是这种综合症的构成要素，因为男人们可以用这种方式展现他们的凶猛并向其他人表明他有能力滥施暴力。用棍棒虐打妻子被认为是表现凶猛的一种合理的方式，这样做并不会把男人暴露在更多危险当中。要紧的是男人展现了他的暴力潜质，言下之意是其他男人最好对他敬而远之。

6个月后，在我用作大本营的村子里，他们的要求已可忍受。印第安人和我彼此互相适应，并知道在物品、帮助和服务方面他们该提些什么要求。如果我的田野工作仅限于那个村子，我的田野经历将会愉快得多。但我的兴趣在更大区域的人口模式和社会结构，所以我经常为了搜集家谱或者核查我已经得到的那些家谱去十几个不同的村子进行调查。因而在田野工作期间乞求和恐吓是相当经常的，以致于我每到一个村子都得在那种充满凶暴的权势等级中确立自己的位置。

多数情况下，我的“凶猛”就是像雅诺马马人吼我时那样大声而愤怒地吼回去，特别是当初我不很懂他们的语言的时候。但随着我对他们的语言的进一步熟练和对他们的政治战术的更多了解，我就越精于他们那种虚张声势的艺术。比如，我支付给一个年轻人一把大刀，让他去砍棕榈树并把这些树做成木板。我要用这些木板在我的独木舟底部做一个平台，以便我在河上航行时东西不被弄湿。那天下午，我正在村里向人搜集材料，期待已久的使者——供应船抵达了。大部分印第安人都跑出村子去向船员们讨要物品，我则继续在村里又工作了一小时左右，然后准备到河上去跟供应船上的人打招呼。当发现印第安人把我所有的棕榈木板都劈了当桨，把他们自己的独木舟划过河时[①]，我很生气。我知道如果我对这件事不闻不问，就无异于鼓励他们今后更随意地对待我的东西。我过了河，把小舟停在他们的独木舟中间，并大声叫那些印第安人出来见我。少数几个“犯人”出现了，脸上带着恶作剧后的笑容。我慷慨陈词，给了他们一顿教训。我告诉他们我将这些木板放置在独木舟里有多不容易，我又是如何为这些木头支付了一把大刀，还有因为他们急着到河对岸去而毁掉我的工作我是多么的生气。接着，我拔出猎刀，在他们的笑容消失的时候，砍断他们的独木舟的绳子，并把它们推入水流中，让其漂走了。然后我立刻离开，看都没回头看一眼。

他们设法借到了另外一条独木舟，费了些劲找回了他们的小舟。村落酋长后来咯咯笑着赞扬我，说我做了一件正确的事情。除了那些“犯人”，村里人人都支持我的行为，说我做得对。这件事提高了我在村里的地位。

---

① 这些独木舟都是从传教士那里得来的，传教士又是从别的部落得到这些独木舟的。

每当我采取这样的做法来维护我的权益，我都与雅诺马马人相处得比以前更好。他们那样对我，本来主要是想弄清我在何种情况下会作出防御性反应。他们许多人后来回忆说，我来这儿调查的初期还很胆小并有点怕他们，他们尚可吓唬我，使我将东西分给他们。

盗窃是需要我采取一些防御措施的老大难问题。只是我不能把我所有的东西都锁在箱子里，而且印第安人总是随意地进出我的屋子。后来我发现了一种非常有效的方法找回了几乎所有被偷的东西。我只要问一个小孩谁拿着这个东西，然后在那个人不在的时候拿走他的吊床就可以了。我假装愤怒地拿着小偷的的吊床离开，也算是给其他人进行了一次生动的教训。没人想要阻止我做这件事，而且他们几乎所有人都告诉我，我寻回财产的方法是极妙的。当夜幕降临的时候，小偷就会拿着他偷的东西出现，或者让其他人把东西拿过来，和我交换。其他人就会质问他，因为他被捉到了，还不得不归还赃物。

在搜集我要的资料的时候，碰到了一个令人沮丧的问题。原始人的社会结构是一种血缘组织。为了理解雅诺马马人的生活方式，我必须搜集大量的家谱。就此而言，我再怎么故意选择也选不到比雅诺马马人更让人头疼的群体来调查了。这些群体有着非常严格的名字禁忌。他们在给人命名时试着遵循这样一种方式：这个人一死，其他人就不能再使用他的名字了。而该语言中这个词的消失并不会带来不便。因此，他们用事物的具体而微小的部分来给人命名，例如“某种啮齿动物的脚趾甲”，这样就能保留“脚趾甲”和“（具体某种）啮齿动物”两个词，但却不能直接指称那种啮齿动物的脚趾甲了。该禁忌甚至用于活人：个人威望的一个标志就是其他人为表示对你的礼节，就不使用你的名字。这种禁忌背后似乎既有恐惧又有尊敬，这很不寻常。

最开始，我试图通过亲属称谓来搜集这些印第安人的家谱，但这里的亲属称谓歧义很大，我最终还是得利用名字。当地印第安人很快就明白我一定会研究每个人的名字，于是他们就在我一无所知的情况下给村里的每个人想一个假名字。在花了几个月的时间搜集名字并对它们进行研究之后，我失望了：我没办法和来自远处村落的其他报告人一起核查这些家谱。

他们喜欢看我研究这些名字。我曾错误地相信，我将能得到每一个问题的真相，并通过当众工作而获得最佳信息。这种想法搭建了一个舞台，让他们把一项严肃的计划变成了一场闹剧。每一个报告人都试图超越别人。他们的方法是想出一个比我之前所得到的名字更为可笑的名字，或者声称我所打听的那个男子和他母亲或者女儿结了婚，诸如此类。我要他们在我耳边悄悄说出那个人的名字，这才知道他原来就是某某小孩的父亲。接着周围的所有人会坚持要我大声重复那个人的名字。当我笨拙地说出那人名字的时候，他们又会歇斯底里地喊叫。我以为他们是在笑我违犯名字禁忌，或笑我蹩脚的发音。这是个合理的解释，因为那些被我大声叫出名字的人总是会变得很生气。在我知道其中一些名字的意思后，我才开始懂得这些笑声的真正涵义。其中有几个比较粗俗的例子是：“毛茸茸的阴道”，“长长的阴茎”，“热带大雕的粪便”，还有“脏兮兮的直肠”。难怪那些受害者们会生气了。

由于这种恶作剧和胡闹，我不得不私下里进行谱系调查。我一这样做，报告人的讲述就开始形成一致，于是我设法得到几个新的、真实的名字。然后我可以向新的报告人搜集一份我明知准确的家谱，从而检验他。我也能以这种方法来淘汰那些喜欢恶作剧的报告人。渐渐地我将家谱内容扩大了并知道了真名字。然而我还是不能弄到死人的名字从而把家谱追溯到过去。而且甚至我最好的报告人在谈及他们的近亲时仍在欺骗我。他们大多数人会把一个还活着的男人的名字当做某人父亲的名字告诉我，就是为了避免提到真正的父亲已经死了。

家谱的质量部分取决于它所包含的代数，但名字禁忌习俗使我得不到任何有关已故祖先的实质性信息。没有这些信息，我就不能发现过去的婚姻模式。我要得到这些信息就必须依靠年长的报告人，但这些人是最不愿提到故去的祖先的。随着我更加精通他们的语言和更擅长识别他们的谎言，我的报告人也变得更擅长说谎了。他们中间有一个人特别狡猾，能言善辩，后来我才惊奇地发现他一直是在编造信息。他精于一本正经地告诉我假名字。他会先环顾四周以确定没人在我的屋子外面偷听，并嘱咐我不要再提起这个名字，举止紧张且鬼鬼祟祟的。然后抓着我，靠近我的脑袋低声说出这个假名字。在和他谈话之后，我总会非常高兴，因为我又发现了还活着的人的几代已故的祖先。其他人拒绝给我这样的消息。为了表示感谢，我付给他多出别人四倍的报酬。当我提高报酬的消息传开时，自愿提供消息的人就开始涌入我的草棚要给我家谱。

争夺妇女的战争，有个青年的头已经被打流血了

我是偶然发现那个老人在说谎的。有一天村子里爆发了一场械斗，起因是为了争夺一个女人。这个女人是已经被许给了热热巴瓦的。热热巴瓦是个特别好斗的青年，是“嫁”进这个村子里来的，已经与这个女人的姐姐结婚了。这个女人开始与村里的另外一个男人私通时，并没有想瞒着热热巴瓦的意思。热热巴瓦被激怒了。他向那个男人提出了械斗挑战，但他在挑战时百般辱骂，使情敌的父亲生气了。这位父亲挥舞一根长长的棍子，和他儿子一起冲进村子中央空地。热热巴瓦昂首阔步地走向决斗场，将两个人一起骂，试图刺激他们用棍棒打他的头，好让他有机会去打两人的头。但他的对手拒绝打他，这场打斗就终止了。热热巴瓦获得了精神上的胜利，因为他的对手害怕打他。其后，他趾高气扬地走来走去，并在两人背后骂他们。热热巴瓦真的对他父子两人很生气，就用那位老人已故父亲的名字来叫他。我马上抓住这个搜集准确的家谱的机会，向热热巴瓦打听他对手的祖先。到目前为止，热热巴瓦一直都特别地不喜欢我，但我们结成了坚固的同盟：在当地村落，我们都属于外来者。我随即向他询问其他已故祖先的名字，马上得到了回答。他对整个村里的人生气，并不怕告诉我那些已故者的名字。当我把他关于家谱的说法与那个老者的说法进行比较时，就发现两人中显然有一个人在撒谎。我对热热巴瓦提供的信息表示怀疑，他解释说每个人都知道那个老人在欺骗我，并且还在村里吹嘘这件事。那位老人给我的名字是另外某个村落成员的已故祖先的名字。这个村落离得很远，所以他认为我绝不会有机会就这些名字去进一步打听。事实证明，热热巴瓦认识那个村落的大多数人并知道他们的名字。

后来我和热热巴瓦一起仔细检查了所有的家谱记录。我曾以为这些家谱已是定本。但由于其间充斥着大量的谎言和杜撰，我必须对所有的家谱进行修订。因此，在连续5个月对一个群体的家谱进行了收集和记录后，我不得不几乎从零开始。

重新开始虽然很令人沮丧，却仍然是我田野工作的第一次真正的转折点。在那以后，我开始充分利用当地的争吵和仇恨来选择我的报告人，并更广泛地利用那些“嫁”进这个村子里来的人。为了核对家谱，我开始走访其他村落，并选取那些与我想要调查的人关系紧张的村子。然后，我就会返回我的大本营和当地的报告人一起核对新资料的准确性。如果我提到从不友好的群体获得的新名字时，这些报告人生气了，那我几乎就能确定这一资料是准确的。为了进行这种检验，我就得非常了解这些报告人的家谱：他们与已故之人之间的关系要足够远，我提到这类名字时他们才不会发怒；但关系又不能太远，免得他们难以确定资料的准确性。因此，我必须把我不敢在每一个报告人面前使用的名字列一个清单。尽管我小心翼翼，偶尔还是会碰到一个让报告人勃然大怒的名字，比如其他报告人并未提到的已故兄弟或姐妹的名字。碰到这种情况，跟那位报告人一天的合作通常就结束了。因为他会由于过于敏感而难以继续工作，而我也迟疑不决，生怕很快又意外发现报告人的另外一个已故族人的名字。

这些意外常常是令人不快的经历，偶尔还很危险，这取决于报告人的性格。有一次，我计划走访一个一星期前刚被袭击过的村落。我名单上的一个女人在袭击中被杀了。我打算逐个检查名单上每个人的名字来估算这些人的年龄。我将这个女人的名字除去以免我在村里大声念出来。我知道如果我在这个女人刚死不久就大声念出她的名字我会遇到相当大的麻烦。于是我拜访了我最初的那个报告人，并让他告诉我被杀的那个女人的名字。但他拒绝了，他说这个女人是他的一个近亲。然后我就问他如果我把名单上的所有名字都读出来他是否会生气。这样他就不必说出那个已故女人的名字，而只需在我提到那个名字时点下头就行了。他是我的一个相当不错的朋友，而且我想我能预料到他的反应。他向我保证这会是一个好方法。我的屋子里只有我们两个人，所以不会有人偷听到我们的谈话。我轻声念出这些名字，他表示不是时，我就继续念下一个名字。最后，当我念出那个已故女人的名字时，他猛地从椅子上站起来，举起胳膊就要打我，还大吼道：“你个婊子养的①！如果你再说一遍那个名字，我就杀了你！”他气得发抖，但还是安静地离开了我的小屋子。我不敢想象，如果我无意中在这个女人所属的村子里说了她的名字会发生什么。我在其他村子也有过类似经历。但幸运的是这些已故之人已经离世有一段时间了，而且与听我小声说这些名字的人关系不是非常近。我仅仅是被提醒不要再念这些名字了，免得人们生我的气。

我研究家谱差不多有一年的时候，得到了另外一个人的帮助。他就是卡巴瓦。卡巴瓦是北部比萨斯泰瑞部落的酋长。我大部分时间都待在这个部落里。一天，在其他人都离开后，他来到我的茅草棚，主动帮我记录家谱。他解释说：他很穷，需要一把大刀，他可以给我帮忙，但条件是我不会

---

① 这是最接近他的实际说法的英语翻译，用我们的语言直译过来就失去其本来意义了。

问他已逝的父母或其他近亲的名字。他还补充说他是不会像其他人过去所做的那样对我说谎的。这可能是我田野工作中最重要的一件事。因为在这次会谈之后我们之间逐渐形成了一种非常温暖的情谊，以及报告人与田野工作者之间一种十分有益的关系。

卡巴瓦熟悉群体的历史并且非常率直。他对细节的了解近乎渊博。不仅那样，他还很热情地鼓励我去了解原本我可能会忽略的细节。如果有什么他不是很熟悉的，他会建议我等等，直到他找村里人核对清楚。这些他都会在私底下进行，并在第二天向我报告。根据约定，我要限制我自己，避免讨论他已故的近亲，这样我就不得不依靠热热巴瓦来获得卡巴瓦家族的信息，但却能从卡巴瓦那里获得热热巴瓦家的家谱。

我与卡巴瓦将已整理的家谱又仔细核对了一遍。这一次任务艰巨：这些家谱来自四个不同的村落，包含了两千个左右的名字，代表着好几代人。热热巴瓦提供的信息非常准确，而卡巴瓦的贡献则在于他能让我追踪更早的家谱。因此，在对家谱进行了近一年的持续研究之后，雅诺马马人的人口统计和社会结构开始成型。只有在那时，我才能看到亲属团体是如何形成的，不同时期团体之间是如何交换妇女的。而且只有在那时，大村落分裂成小村落才显出独特的模式。于是我能就此提出一些更聪明的问题了，因为我已经可以使用某种模式。如果没有热热巴瓦和卡巴瓦的帮助，我就没办法透彻理解我从其他许多报告人那里搜集来的那么多具体信息。

我花了大量的时间和这两个男人以及他们的家人待在一起并逐渐了解他们。经常，他们提供消息的方式就是把他们自己牵扯进正在讨论的话题中。我们变成了非常亲密的朋友。我将会在接下来的各章中把他们作为“典型”的雅诺马马人经常提及，如果有人真的愿意谈论任何典型事物的话。我会简要评论这些人的性格以及他们在各自村里的身份地位。

卡巴瓦大约40岁。我说“大约”是因为雅诺马马人的记数系统只有三个数：1、2、多于2。卡巴瓦是北部比萨斯泰瑞部落的酋长。到目前为止，他有过5或6个妻子，另外还与5个或6个女人保持着短暂的暧昧关系，这些女人中有一个为他生过一个孩子。眼下他只有两个妻子，就是巴伊米和考玛西玛。巴伊米是他最喜爱的妻子，年纪最大，为他育有一儿一女。考玛西玛20岁左右，最近才生第一个孩子，是个男孩。卡巴瓦可能会把考玛西玛给他最小的兄弟，尽管现在她就已经在陪他兄弟睡觉了。卡巴瓦最近把他第三个妻子送给了他的另一个兄弟，因为她被公认很“淫荡”。事实上，这个女孩曾嫁过两个男人，但他们都因为她与别人私通而抛弃了她。卡巴瓦有一个女儿就是她生的，现在正由他的兄弟抚养着。

考玛西玛——考巴瓦的妻子，正在与她的孩子玩耍

热热巴瓦

卡巴瓦年纪最大的妻子巴伊米，35岁左右，是卡巴瓦的大表姐。我来这儿做田野调查时，巴伊米就已经怀孕了。但这个小孩刚一出生就被她杀死了，是个男孩。她含泪解释说这个小孩若活着就会跟她正在哺育的儿子艾瑞瓦瑞抢奶吃。为了不让艾瑞瓦瑞去冒可能提早断奶的危险，她杀掉了新出生的婴儿。根据雅诺马马人的标准，巴伊米与卡巴瓦有着一个非常稳定的家庭。卡巴瓦很长一段时间才打她一次，而且从不打得很重。巴伊米也从不与其他男人乱搞。

卡巴瓦温和、热情、聪明且谦逊。他领导大家，更多的是依靠给他的族人树立榜样而不是威胁和高压。他能够采用这种方式是由于他在很久以前就建立了凶暴的名声，而其他男人也尊敬他。他还有5个成年的兄弟支持他，并且他把许多姐妹嫁给了村里的其他男人，这样一来这些男人对他就有了些义务。简言之，他的“天然的”追随者（亲戚）队伍很庞大，他不必经常炫耀他的凶暴。人们已经很尊敬他了而且会认真对待他的意见。

热热巴瓦更年轻一些，仅有大约22岁，只有一个妻子，这位妻子给他生了三个孩子。他来自卡罗西泰瑞——卡巴瓦的村落与之结盟的村落之一。热热巴瓦离开自己的村落去卡巴瓦的群体里找妻子，是因为他的村子里没有适合跟他结婚的女人。

热热巴瓦很关心他的凶暴的名声，并想尽办法装得冷酷。从这个意义上讲他可能比卡巴瓦更具典型性。然而他确实要比其他同龄人更勇敢并用行动来兑现他对别人的威胁。此外，他还很关心政治并了解广大地区内村际关系的详细情况。在这方面他表现出了一个酋长所具备的所有特质，尽管在他自己的村子里他还太年轻且有很多能力强的兄长，以致于他不能指望轻易爬到领导者的位置。

热热巴瓦并不打算待在卡巴瓦的群体中，所以他自己没有建园子。他觉得他给妻子的父母供给了三年的新鲜猎物就算是充分地履行了自己对他们的义务了。他们应该让他带着妻子一起返回他自己的村子的，但他们拒绝了，还想诱使他永久地留在比萨西泰瑞村，以便在他们年老时他还能供给他们猎物。他们甚至承诺如果他将来永久地留在这里，就把他们的二女儿嫁给他。

虽说热热巴瓦在很多方面都表现得凶暴，但有一件特别的小事显示出了他的性格到底是怎样的。在他离开自己的村子出去找妻子之前，他与一个哥哥的妻子有着暧昧关系。被发现的时候，他哥哥用棒子打了他。热热巴瓦很愤怒，所以他用一把斧头把他的兄弟彻底打败后就把他赶出了这个村子。这位哥哥很害怕，好几天没回村里。最近我和热热巴瓦一起拜访了他的村子。他故意要把我介绍给他的这位哥哥。他拉着他哥哥的胳膊，将他从吊床上拽起来，并对我说：“这就是我的那位哥哥，他妻子跟我好。”这是致命的侮辱，但他哥哥什么都没做，就偷偷地回到了他的吊床上。这位哥哥有些耻辱，但没再让热热巴瓦拎住胳膊，他总算得到了解脱。

热热巴瓦尽管钦佩卡巴瓦，却不大看得起比萨西泰瑞村的其他人。他曾私下承认他认为比萨西泰瑞村是个糟糕透了的群体：“这是个可怕的邻居！年轻人都又懒又胆小，每个人都在乱伦！如果能回家我会很乐意。”他也敬佩卡巴瓦的兄弟。他兄弟曾是摩洛泰瑞村的头人，在我做田野调查时被袭击者杀死了。让热热巴瓦很厌恶的是，其他人发现有人射击，却并没有去追赶袭击者：“他是整个群体中最凶猛的；他是我的密友。胆小的摩洛泰瑞人像女人一样藏在丛林中，甚至都不去追赶袭击者！”

热热巴瓦凶暴狠毒，但他也有好的一面。他有着辛辣的幽默感，并能一连数小时用笑话和妙语来逗大家高兴。他是雅诺马马人中我感觉能够信任的少数几个人之一。在我离开一年后再回到比萨西泰瑞村时，热热巴瓦正在他自己的村子里走亲戚。他听到我回来的消息就马上来看我了。他用一个巨大的熊抱来欢迎我，并大声嚷道：“瞎蜂！你怎么外出这么久？你知道吗，在你离开的这段时间我很心冷，有时因为想见你，连东西都吃不下了。”不得不承认，我也想他。

在我认识的所有雅诺马马人中，他是最真实也最忠于他自己的文化方式和价值观的人。虽然我不能说我赞成或认可这些价值观，可我还是很敬佩他的真实和忠诚。相比之下，卡巴瓦就显得年纪大些也更聪明。他以另一种眼光看待他自己的文化，并批判他不喜欢的方面。在许多同村人把迷信和解释性的神话说成是真理、说成是事物的应有形态时，卡巴瓦怀疑它们，并在私下里取笑那些人。可能更多的雅诺马马人像热热巴瓦，或者至少尝试去模仿他。

峡江一瞥

[英]蒲兰田 著，张铭、李娟娟 译

作者简介

张铭，男，四川德昌人，1987年生，西南大学历史地理研究所博士。研究方向为中国历史地理。

李娟娟，女，重庆城口人，1988年生，西南大学历史文化学院博士。研究方向为专门史。

《峡江一瞥》作者系英国人康奈尔·蒲兰田，其代表作品还有《川江航行指南》，该书中的众多黑白的插图与素描由艾维·A·唐纳利提供，该书于1921年由别发印书局印刷出版，仅限上海、香港、新加坡、横滨、汉口等地出版发行。关于蒲兰田，国人在湖北省秭归县新滩东寺大岭蒲兰田居住及培训中国船员故址修建的高约17米的“蒲兰田纪念碑”碑文记述了其生平：

蒲兰田君，英国福蓝临岗镇人，中国海关任以巡江工司之职，清光绪二十六年，长江上段第一次航行汽船，司驾驶者即君焉。君生于清同治五年六月二十八日，民国十年春航海返国，一月十九日卒于途次。君之旧友及有志振兴长江上段航业诸人，感君情愫，思君勤劳，醵金刻石，以志不忘。

中华民国十一年十二月吉日立

序 言

对于那些熟悉中国长江上游地区的人来说，蒲兰田船长就不需要我的介绍，而对于那些不熟悉中国长江上游地区、仅仅想了解一下这条大江的一些奇观的人来说，这本由在长江上游开辟航道的元老写成的书就足够了。已经将大部分生命奉献于学习和克服在长江上航行的危险和困难上，因而蒲兰田船长是写关于这个话题的书籍的理想人选。由于天生非常谨慎，并同时被中国人和外国人喜爱，他最终被说服愿意和公众一起分享他广博知识福利。过去几年蒲兰田船长成为了长江上游的巡江工司，他最近出版的《川江航行指南》，对于在这一河段航行的领江（引水），是一部具有重要意义的专业书籍。而《峡江一瞥》则主要针对普通大众，因其富有趣味并且充满了传奇与中国民俗，该书主要描述长江三峡及宜昌到重庆的精彩旅程，也描写了许多有趣的古镇、小村、古塔、寺庙，以及各种各样使得穿越中国成为全世界最令人着迷的旅行的事物。接下来的一章描写了各种不同寻常且绝妙的中国帆船，它们之所以不同寻常且绝妙是因为它们的船老板和船员穿越急流的操作方法和惊心动魄的经验技术。第三章主要涉及为在这条暴躁的河流上航行而建造的轮船，给我们描述了这些轮船的货运能力与成功航行的必要准备工作以及蒸汽船的未来前景，等等。这本书写得如此生动，以至于我觉得任何读到这本书的人都期望能有机会参加这样的一次旅行。

这些正文写完之际，宜昌到重庆之间的轮船航行已经有了相当大的发展。“蜀亨”号与“蜀通”号轮船因为四川的政治动乱不能再继续航行，但在1919年5月，隆茂洋行重新在江南船坞和上海工程设计公司建造了一艘新船，继续开拓川江航运事业，这艘新的轮船名叫“隆茂”号，它于1920年3月2日下水，并于6月17日编入现役，而且是现役中最大最快的轮船。为了鼓励乘客和旅游、贸易者乘船通过三峡地区，外国游客受到了特别的关照，当然除一次事故以外：当时“隆茂”号从宜昌出发，在她的第二次行程中于南沱附近以22节的航速撞上了江边的崖壁。但从此之后，她便一直满载货物和旅客平稳地运行着。

当“隆茂”号下水不久，大来洋行从美孚石油公司买下了“美春”号，她于1920年4月编入现役，是大来洋行的第二艘轮船。从那时起，四川轮船公司陆续将“洪福”、“洪江”两艘轮船投入运营；安利洋行的“安康”号、中国西部轮船有限公司的“美顺”号也陆续投入运营。1921年这支在川江运营的小船队会随着三艘更大轮船的投入运营而更加壮大，这些轮船多由怡和洋行、太古洋行、中国轮船招商局投入。

当作者在写这本书的时候，长江上游的贸易已经有了进一步的发展。蒲兰田船长在这本书中提到的重庆到叙府（即今宜宾，译者注）贸易的可能性正在被尝试，著名的“蜀通”号及其驳船最近被“隆茂”号的主人买下，准备用于这两个港口间的贸易航行。

随着更多的轮船开通穿越三峡的航线，这个精彩的旅程距离普通旅游大众已经近在咫尺了。我希望通过这本书的精读，能够带给大家前去这条航线旅游的更强烈的冲动。

最后，需要提到的是：开创首次旅程的“隆茂”号的船长蒲兰田决定公开出版这本著作，委托

我安排这项愉快的出版工作。本书制作收录的大量插图，绝大多数都能传达出在中国最伟大的水路中航行的壮丽宏伟。却没有任何一帧插图能够传达出站在轮船甲板上或坐在挂子船里航行于长江上的细腻感触，那些能花三周时间从上海出发进行这趟旅行的人不会错过体会这种感觉的机会。

艾维·A·唐纳利

上海，1921年1月

第一章　峡江一瞥

体会这条大江的荣耀与危险的最好方法是，乘坐当地的小船旅行。在接下来的描述中，作者会竭力给读者描述穿越三峡时的见闻，这些见闻就像是站在挂子船（旧时宜昌到重庆江段间常见的一种客运木船）的甲板上看到的一样。

从宜昌出发

从宜昌出发，随即来到三峡下游。虽然这里仅距海洋1000多英里，但从海上来到三峡的这段旅程却多少有些乏味。我们这艘挂子船的船老板不得不为这次旅行重新检查船只，雇佣船员，更不用说结清他的债务了，等等。但在租船契约被签订和四分之三的旅费支付给他之前，他什么事情都不会做的。可是，一旦最终出发，如果幸运地有一阵上行的顺风（上风），且所有的风帆都升起张开后，随着前甲板上的各色船员吹着口哨，呼唤着更大的上风时，游客便会在船中愉快地享受帆船平稳地疾驶了。

宜昌城

穿过层层小船之间的水路，利用近岸缓缓的回水，我们的挂子船离开了宜昌，将其抛在船尾后面，西坝岛上船员的家逐渐进入人们的视野。在此休息时，开始给船舶和船员补充物资。在“全体上船”的口令声中，主帆再一次升起，游客发现他们正在进入长江的第一个大峡谷，此峡即黄猫峡，黄猫峡连同灯影峡一起构成了外国人所熟知的宜昌峡。16英里长的河流，冲破一系列山峦的束缚继续奔腾向前，巨大的岩石构成了它的岩体河岸。这个峡谷给游客展现的风景让他们忘掉了从上海乘坐轮船航行到宜昌的单调景观，让游客成为自然的热爱者，也让其心情愉悦。然后，他的思绪会在一个全新的不受世俗的束缚的世界里遨游，并尽情地享受自然的壮丽景色。

当游客继续前行，宜昌峡将其全貌逐渐展现出来，游客们会发现宜昌峡的确非常宏大。幽静深邃的长江，在险峻的石灰岩崖壁之间威严地流淌，这些崖壁的顶部都是巨大的岩体和峰峦，就像中世纪城堡上的城垛。而这些看起来像中世纪城堡围墙的陡崖上，一些地方为灌木、草丛所覆盖，有些则只有色彩各异的巨大裸露岩体。这样的崖壁，让阳光明媚的晴天真正成为拥有壮丽风景的万花筒，而游客坐在轮船中仓促通过，是无法完全彻底地欣赏完这些风景的。

宜昌峡虽然风景如画，但绝不是宜昌到夔府之间最为壮观的峡谷。这里的峡谷景观能够很好地被读者所理解，因为笔者正是带着读者的眼光去描绘水位较低的冬日里的峡谷景观的。峡谷景色在不同季节的变化是如此巨大和奇妙，因而书中描绘的景色必须针对特定的季节才能清晰地体会。

通过宜昌峡时“龙洞”是值得去的一个景点，该景点位于离平善坝不远的长江右岸，而海关关口即位于平善坝。当地中国人说这个被水冲蚀的洞穴绵延有数英里长，洞穴里面还有一个出口。“龙洞”得名于洞穴底部形成的一个奇特的类似于一条龙的软石灰石，这一岩石距离洞穴口不过数码的距离。

当游客到达南沱后，这个小村庄后面的灯影峡航行极度艰难，挂子船甲板上的物件，会随着江水不断变化的翻腾起伏而波动和摇摆。旅客转弯进入湍急的腰叉河时会领悟已经看到的景物并准备好接受新的观感。腰叉河是一段呈叉状且蜿蜒曲折的河段，在14英里的范围内，河水冲刷出一条1英里宽的山谷。从高处俯瞰时，就完全是个满是岩石、沙子、荒地的原野。河流两岸尽是成堆的鹅卵石、绵长而参差不齐的礁石、满是沙石的河湾，就像崎岖的海岸一样。獭洞滩是我们遇到的第一个险滩，除了獭洞滩和几个比较棘手的地点外，腰叉河在冬天并不危险。可是，当河水水位从低水位上涨到中等水位时，情况会迅速变糟，冬日里平静透明的江水，会逐渐变成猛烈汹涌并带着漩涡的红色浊流，这些红色浊流会淹没掉宽谷，在巨大且成堆的鹅卵石和焦石之间产生许多险滩、激流漩涡和窄窄的航道，让航行变得痛苦漫长且危险，就像是专为虚弱的挂子船、粗壮的老式货物帆船和现代轮船准备的一样。

石牌——宜昌峡

乘风破浪过宜昌峡

南沱——宜昌峡中一个独特的角落

平善坝

腰叉河的一个特色是黄牛峡的白垩质白色崖壁，非常类似于多佛尔海峡的崖壁。这些白垩质白色崖壁位于河流右岸高耸险峻的斜坡上，在到达牛肝马肺峡巨大的入口前，这些白垩质白色崖壁会一直呈现在眼前。

腰叉河的另一个特点是，帆船随时可能会遭遇意外，卸下货物并成功修复再重新出发后可能会于某一时刻在上游或者下游不远的地点再次完全失事。

獭洞滩——帆船正在这一险滩

黄石——腰叉河里一处危险的礁石，较为平静的水面，等待船被拖过獭洞滩

如果旅客选择步行通过险恶的腰叉河的话，他应当心登上右岸，因为环顾河流左岸，他会在江水的最高水位线上发现一条清晰的小路，可能只有半英里长，但足能使旅客避开攀爬岩石的疲劳与前滩上紧随而来的纤夫，有时还能避开不能入乡随俗的严肃问题。在腰叉河的河湾与其他水域上能经常看到人们用水獭与鸬鹚来捕鱼，这是非常有趣的。

牛肝马肺峡（东面入口）

牛肝马肺峡

黄牛峡——附近有黄陵庙

抵达崆岭峡

腰叉河上面是牛肝马肺峡，英文名叫Ox-liver Gorge，牛肝马肺峡宏伟壮丽的入口即是崆岭峡，英文名叫Pierced Mountain Gorge。在这些峡谷底部的景色是如此宏伟壮丽、不可思议、空旷异常，并堆着许多令人生畏的崆岭石。

一大批黑色岩石矗立在江心，其中一些高出水平面50英尺，这些高出水平面50英尺的黑色岩石被一些更小的的黑色岩石环绕着，在枯水季节，这让江心一边的通道变得不可通行，又让另一边的通道布满暗礁，导致它们之间的航道变得异常狭窄、曲折且危险。在枯水季节里，当地的中国人，就驾驶小船在这些峡口中上下穿行，他们的家就在牛肝峡下一个叫庙河的小村庄里，村庄就在崆岭峡上面不远的地方。雇请他们引水驾船过滩的服务一般需要提前衔接，特别是顺流下行时更是如此：在满布暗礁的狭窄航道中通行时任何一个错误的判断都会意味着毁灭。

1900年12月28日，德国轮船“瑞生”号在其首航中从宜昌出发3小时后就在这些礁石上失事。它在进入这弯曲的航道并撞上珍珠般密布的暗礁之前，行程都很顺利。它的侧舷被撕开了一个巨大的洞口后变得难以操控，在顺着激流向下游行进了半英里之后一头扎进江底，现在它就躺在23英寻深的水底。它是一艘非常好的明轮翼式轮船，型号类似于“肇通”号，但是它速度更快。

峡江左岸最高洪水位线上方有一条非常好的小路，从这条小路上俯瞰江流，崆岭峡的绝好风景就可以尽收眼底。在枯水期最低水位时，旅客通常需要上岸步行通过这条危险的航道，在这一过程中需要带上一名船夫或纤夫来引路。

崆岭峡

经过崆岭峡后，人们必须在一个叫庙河的小村庄重新登船，如果有顺风的话，就升起主帆；如果没有，就需要人工摇橹，喊着号子通过宏伟的牛肝峡，牛肝峡仅一里路长，并从正西折向西北部。牛肝峡中河湾弯曲处就是美丽的九畹溪，英文名叫Nine Cornered Stream。一条小路蜿蜒在险峻的悬崖上，人们花一些时间登上九畹溪溪口后面的小村庄，顺着蜿蜒在九畹溪上的小道爬上陡峭的悬崖。在悬崖边，有令人兴奋的平坦小道，还有最广袤、最天然的风景。经过千辛万苦欣赏到牛肝马肺峡后面的奇妙山峰，也算是对脱离主要航线的丰富补偿吧。

崆岭峡航道中心的巨石

离开牛肝峡，游客就会到达新滩下面，新滩英文名叫New Rapids，虽说名字叫新滩，但它根本不是新的，它的历史可以追溯到300年前。历史上，新滩形成于长江南岸的塌方，大量的岩石沉到江里，最终在枯水期阻塞了长江，在一段时期内帆船航运完全停止。可是，最后长江找到了自己的路线，它冲破岩石，在阻塞长江的塌方中到处都冲出了缺口，就像巨大的水闸，船只通过它时需要将船上的货物都卸掉，并拆除桅杆、船舵和其他所有可以去掉的东西，然后仅凭人力拖动。甚至在今天，这些急流在冬季的几个月里，也仍然是相当可怕的。新滩的险滩共有三个，即头滩、二滩、三滩，英文名叫“Head, Second and Third Rapids”，它们的位置极为相近。头滩，英文名叫Head Rapid，是迄今为止最难通过的险滩。这里需要用最结实坚韧的竹制缆绳，缆绳的一头被牢固地绑在甲板上面的桅杆上。100多个男人在岸边险滩的尽头手脚并用拉船，慢慢地、一寸一寸地挪动，船才得以从暗礁之间的空隙中继续前进。拉船的缆绳在巨大的拉力下噼啪作响，滔滔的江水以一种极好的节奏奔腾着，可是峡江两岸的礁石看

一艘货船在新滩顺流而下

头滩——新滩的第一个滩

我们的船被拖过新滩

新滩

红船

起来让人感觉非常不舒服。总之，这给游客制造了一段焦虑的时刻。一条有缺陷的系船索、一个不结实的绳结、一个错误的操作都意味着船会在参差不齐的礁石上失事，这样的事故总是在长江上游等待着游客。

然而，人们没有必要如此冒险。人们可以经由陆上的路线安全舒适地通过这些险滩，这条路线位于长江左岸，即面对上游来水时是在右手边。登陆地点位于鹞子崖，英文名叫Sparrow-hawk Cliff，很快就能到达三滩上面，三滩的英文名叫Third Rapid，此处靠近双龙庙。苦力们经常在这里忙着帮人们搬运行李，每人适当收取80或90元现金。这条崖岸边的道路非常好，因为它有几点优势，从这条道路上人们可以欣赏并拍摄这些险滩。

在前往这条小路之前，游客应该攀爬到双龙庙的台阶并爬到宝塔的上层，从那里能看到长江上最美的风景。

此时，一幅长江的壮丽全景图呈现在游客面前。在游客脚下即是奔腾的急流，能够清楚地听到长江的沉闷的轰鸣，轰鸣夹杂着大概100多艘帆船上船夫们的声音。这些帆船停泊在这些险滩下面的涡流中，依次等待着被拖过这些险滩。游客头顶周围都是白雪覆盖的山峰。远眺上游，狭窄绵长的兵书峡延伸至远方；遥看下游，牛肝马肺峡蜿蜒至九畹溪，英文名叫Nine Cornered Ravine，在九畹溪转向东部并消失在视野中。这两个峡谷都能清晰呈现在游客面前，如果阳光明媚，这些峡谷的崖壁就会光芒四射、色彩斑斓；如果天气阴沉，这条航道就像一些通往无尽忧郁区域的可怕道路。

新滩一个显著的特征是“红船”的存在，它们是长江上游的救生船。这些救生船建造得非常牢固，船舷涂成红色，并由勇敢强壮的人员操作，这些人员都能非常熟练地操作他们的小船穿过激流漩涡去营救那些不幸落水者。一年中他们会从溺亡的威胁中拯救许多中国人。这些红船根据季节变化驻扎在长江上最危险的险滩与地点上，他们驻扎在著名的危险地点附近，在听到呼救后，他们可以在最短的时间内迅速从驻扎地点冲出并拼命地划向失事的船只，营救眼看就要溺死的人们。长江上游的航行者应该随时带着一条救生红船。人们通过本国在宜昌的领事向当地中国官员要求获得一条红船，是非常必要的，而且也已成为一种惯例。当人们的船在一些危险地点遇险脱离航线，并随着激流漩涡绝望地冲向参差不齐的暗礁时，附近存在一条救生红船是非常令人欣慰的。携带救生红船这一奢侈行为并不十分昂贵，每天仅需500元，如果游客偶尔请他的红船救生船船员吃些猪肉的话，他会得到很好的服务。

尽管这个峡谷仅有几英里长，但如果有江风吹向下游时，人们继续驶往长江上游的行程就会受阻，因为在峡谷险峻的悬崖之间没有通道，实际上在绝大多数地方甚至连山羊都没有立足之处。即使没有一点风，通过这个峡谷也是一件非常艰苦的工作。需要用长长的“爪竿”（一种顶端绑有钩子的竹竿）拼命紧紧抓住岩石中的缝隙，使劲往前拉，从而在岩石中缓慢地前进。

船夫在这里认真地吹着口哨，呼唤“上风”（吹往上游方向的风）的到来。他们可能会真的呼唤到一阵清风，因为一阵清风会让小船在一个小时内平稳急速的驶过该峡谷，可是顺着崖壁拉动船只行进时可能会花费一整天的时间。

从小路返回船上时能看到峡谷最壮丽的景色，当进入峡谷西部尽头时，其几乎垂直的崖体对着一些三四千英尺高且积雪盖顶的壮丽山峰时显得非常粗糙突兀。这些壮丽景色在阴沉的日子里的效果是让人们感觉峡谷缩短了，给人们以其是通往无尽的忧郁的神秘道路的感觉。

如果游客有足够的时间自己支配，他就应该在香溪停泊一下。香溪是长江左岸的一个小村庄，紧邻兵书宝剑峡，游客还应该沿着这条支流（香溪）的左岸散散步，香溪河即在香溪村这个地方注入长江。香溪河清澈透明的河水蜿蜒缓慢地流动在幽谷之中，在阳光明媚的日子，幽谷看起来非常宏伟壮丽。大约离长江1.5英里的香溪河左岸斜坡上，有一个不同寻常的洞穴，叫玉石洞，英文名叫Pure Jade Cave。人们通过在山坡高处的一个洞口进入洞穴，下行到一个约100英尺宽、六七十英尺高的巨大的半圆形洞窟中，就会看到洞窟的穹顶和石壁镶嵌着奇特的钟乳石。其中一个钟乳石就像白玉一样，这个洞穴即得名于此。夕阳柔弱暗淡的阳光穿过洞口照入洞穴，人们可以想象这个地方铺上漂亮的东方地毯，就会像古老的帕提亚王国的演奏厅一样了。在玉石洞的背后，通过洞穴石壁上的裂缝，接着通过一条狭窄的通道继续下行，就会到达一个相对较小的洞穴，这里有一个类似于巨大的向日葵的钟乳石。从这里还有一条狭窄的通道通往地下——当地中国人说，这条通道通往地球的中心。可是，笔者却没有旅行到如此远的地下的意向。

从新滩看兵书宝剑峡

探索完玉石洞，人们应当走水路完成这个回程旅行，登上定期往来于香溪河上的一艘轮船是不错的选择。香溪河是如此的浅、曲折、湍急，以至于下行的时候产生了一种类似于从瀑布上或者从之字形路上下降的刺激经历。

滚子角，英文名叫ROLLER POINT，纤夫们利用固定在峭壁表面的滚子（绞盘）绞动600码长的竹制缆绳以拖动船只上滩

重新回到我们船上继续前进，我们必须应付一段湍急的河流，这段河流被认为是归州河，得名于峡江左岸山坡上一个古老独特的小城镇。河道中密布着巨大的礁石，就像峡江中其它地方遍布的巨大礁石一样，礁石从左岸一直延伸到湍急的江中，就像巨大的防波堤，形成一连串急流、漩涡。由于缺乏大风，直到抵达滚子角（英文名Roller Point）前，一整天的艰苦奋斗以跨越这段急流显得非常必要。在泄滩映入眼帘之前，游客还可以再次长舒一口气并放松放松。

一个奇妙的且具有“乔纳与鲸鱼”这一传说特点的神话被附加到了蚂蝗沱前滩的一个庙宇上，这座庙宇位于归州河的左岸，在老归州的对面，这座庙宇叫屈原庙，是根据屈原府圣地的传说建立起来的。屈原是大约700年前（作者误，实为2200年左右，译者注）最受皇帝喜爱的大臣，他失宠之后感到非常懊恼，于是投江自尽。可是，他的尸体被一条大鱼吞下并带回其在蚂蝗沱的家乡，然后被完好无损地抛给在河床上等候他归来的姐姐。屈原的姐姐为屈原举行了葬礼并修建了坟墓。中国人认为屈原的尸体仍然在木乃伊化状态下完整地保存着，那条大鱼仍在附近出没，引起了三个可怕的大漩涡，即屈原三泡。正是因为长江的这种可怕状况，人们修建了屈原庙，并长期保存下来。

抵达泄滩，需要加一条缆绳，外加20多个纤夫抓住缆绳尾部就足以把船拖过泄滩，因为泄滩在枯水期还是相当温顺的。

人们在泄滩拖一艘帆船过滩

“蜀通”号冒着黑烟蹒跚着通过泄滩

可是，安全平淡的行进并不能持续很长时间。长江北岸一侧猛烈的流水将大量碎石直接冲到河床半道上，形成巨大的扇形碎石堆延伸入长江将其阻塞。于是，巨大的扇形碎石堆约束着春天的长江水就像在一个漏斗中流动一样，导致更大的洪水如同倾斜的水舌一样猛烈地冲击巨大的扇形碎石的外围。

大约每秒30英尺的流速是一个非常可怕的速度，经常有多达100多条的帆船等在这个险滩下相对平静的水面上，等着被拖过险滩。十分不幸的是游客的船“打张”，换句话说，即小船刚进入这个险滩时就疯狂地偏航并随波逐流，一转眼就被冲到下游很远的地方，它不得不停在一长排船的最后，而片刻之前她还是排在最前面的。

在开拓川江轮船航线的日子里，“蜀通”号作为第一艘长期运行的轮船就与威严的泄滩有过多次交锋。这艘小轮船不仅要拖它自己，还要拖它的伙伴，即由它拖动的没有动力的“驳船”。它依靠船上的绞盘和一根很长的钢缆将它的伙伴拖上这个险滩，这根钢缆铺在满是岩石的岸上且末端紧被绑在了最大的岩石上。有时候拉小船过险滩是困难且繁重的，只能一步一步地向前挪动，钢缆上的拉力总量几乎快要使钢缆断裂了。事实上许多次钢缆确实断裂了，就像小提琴的弦线突然断裂发出的弦声，接着小船就被冲到险滩下游很远的地方去了。所有的工作都必须重做一次，有时甚至还要做第三次。

有一次它差一点就因为没有习惯去检查船只而过早地失事。在下午晚些时候抵达泄滩后，它停泊在险滩下面过夜，离一排停泊在泄滩下等着过泄滩的帆船并不远，其中两艘帆船正好满载煤油。大约午夜时分，所有的人都被一团耀眼的光和一阵恐怖的嘈杂声惊醒。其中一艘满载煤油的帆船着火了，且在它没来得及从这一排帆船中分开之前，它又点燃了另外一艘满载煤油的帆船。最终这两艘船被拖出了这一排帆船，哎！由于没有在主流航道之中，这两艘船只能在漩涡中旋转飘荡，从头到尾猛烈地燃烧。对“蜀通”号的问题是，这两艘着火的帆船将会采取哪条路线前行，是靠近“蜀通”号，还是远离“蜀通”号？如果靠近“蜀通”号，则“蜀通”号将意味着毁灭。乘客们迅速登岸，他们可不想第二次被命令下船时才登岸。轮船尽可能快地启动了，系泊缆绳已经挑出准备好随时从这一排船中分离出来了。但是在那漆黑的夜晚，如果“蜀通”号真的从这一排船中分离出来，前面则会有咆哮的险滩、暗礁、岩石等着它，数英里内都没有下锚的地方，人们每次焦虑地看着这两艘燃烧着的帆船时，它们在激流中或近或远地飘荡着，在漩涡中画着圈。它们将很快从漩涡中冲出，要么冲进奔腾的急流中，要么冲进“蜀通”号停泊的缓水区域。最后，在它们到来时，虽然缓慢，但它们肯定会径直朝“蜀通”号冲去，此时这两艘满载煤油的船上发出噼噼啪啪的爆炸声和煤油燃烧的嘶嘶声，船上跳跃的火焰达到15英尺高。人们没有机会乘救生船去牵引这两艘燃烧着的船，因为他们根本没办法接近那熊熊燃烧的运煤油的帆船。那是一种只能坚持到底的情况，就像阿拉伯人信奉真主一样。我们只得坚持，准备好最后一刻从这一排帆船中分离开。当这两艘燃烧着的船越来越近时，在我们船上就能感受到这两艘船燃烧所散发出来的热量。当时，在准备用斧头砍断最后一根系船索以离开这一排帆船的关键时刻，一个友好的漩涡困住它们并将它们带远了一点，接着它们被远远地冲到下游地区去了，当它们从“蜀通”号旁边通过时，“蜀通”号被灼热了。此时，人群中迸发出一阵快乐的欢呼声，但此时还为时尚早。另一个漩涡抓住一些燃烧着的遗弃物，把它们带回并靠近“蜀通”号的船尾，然后这个漩涡突然把它们干脆地抛向奔腾而下的激流中。那是一个特殊的夜晚，永远都不会被忘记。

牛口滩，英文名叫Buffalo Mouth Rapid

从失事船只中打捞起来的物品

离开泄滩后，轮船经过两个小时的航行将游客带到了牛口滩，英文名叫Buffalo Mouth Reach，在枯水期这段江水非常温顺，但在丰水期确实非常狂暴，包括石门，英文名叫Stone Gates，以及两个八斗滩，英文名叫Eight Bushel Rapids，在这一危险航道有许多帆船罹难。帆船先是被汹涌的漩涡困住，失去巨大的船首后变得无法操控——船首是被汹涌的漩涡折断的，接着它在一些岩石尖和礁石堆上撞得粉碎。

至少有六艘红船，英文名叫life-boats，在丰水期被配置在这一危险的河段，它们船员的表现再三证明了他们与我们的救生员有着相同的不屈不挠的勇气与技术。

牛口滩位于这一危险河段的最前面，英文名叫Buffalo Mouth Rapid，牛口滩的江水可能没有泄滩的狂暴汹涌，但是要经过它却更加危险，主要是因为牛口滩下有巨大的漩涡。“云雀”号炮艇就是在这里遇险的。一个巨大的漩涡抓住了这艘炮艇的尾部的一瞬间，导致它三个强有力的船舵变得相当无用，致使它不能通过急转向摆脱漩涡。接着，它的侧舷陷入激流之中，发动机立即颠倒，但是急流与这艘炮艇的动力结合起来，强行带着它撞向了满是岩石的岸边，它的船首撞向岸边时撞得起褶皱，使它就像是硬纸板做的一样。幸运的是，它是用防水型型材构建而成的。炮艇上的工程师将炮艇船首撞得起褶皱的部分移除，把这些板材和框架弄直后重新将它们铆接在一起，最后用螺栓将它们固定回原位。这项工作做得如此之好，以至于到重庆后几乎看不到一点这次意外事故的痕迹。

英国的“云雀”号小型军舰

我们的船被安全地拖过牛口滩后，竹制粗缆被收回来盘好，所有的东西又被安排得很舒适，两个小时的顺风将巴东亭（即秋风亭，译者注）和巴东村（即巴东县城，译者注）带入我们的视野，巴东村对面的长江左岸上有一座电报站，大概所有的巴东人都会为此自吹自擂。

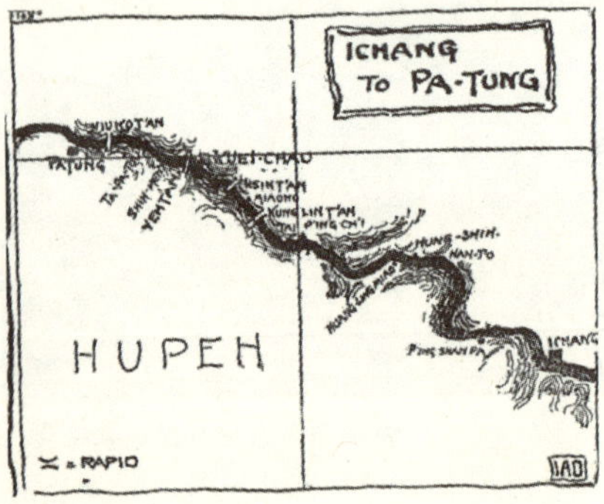

宜昌到巴东的航道图

在这个村落（即巴东县城，译者注）上游1英里左右的地方会遭遇另一个险滩，即青竹标。青竹标在枯水期是一个非常险恶的险滩，主要是由于它有又长又乱的航道。

从青竹标到官渡口是一段大约5英里的比较好行驶的路程，官渡口即是位于巫峡下游底部的一个小村庄。巫山大峡，英文名叫Witches Mountain Great Gorge，是长江诸峡中最长的峡谷，而且被认为是到重庆途中最为壮观的峡谷。这个峡谷绵延近30英里，能给游客展现出各种各样的峡谷河段。巫峡令人敬畏且寂静，如果阴雨绵延，巫峡会笼罩在阴暗之中，这一庄严肃穆只会被一连串小瀑布冲击岩石时发出的隆隆声所打扰。如果阳光明媚，巫峡就会美丽漂亮且万紫千红、五光十色。从悬崖峭壁到江边的鹅卵石，从平地到斜坡，都闪耀着各种颜色。当一阵微风拂过江面，巫峡的魅力会随着1000多名船夫洪亮的呼喊而增加，因为他们要向风神呼喊并吹口哨，以期风神能帮他们与强有力的急流作斗争。

在培石镇附近见到的巫峡

长江上游丰水期的巫峡

遍及巫峡，江风始终萦绕在险峻的山崖底部，这些山崖的垂直高度在一些地方达到了1000英尺甚至更高，到处都是高峻奇妙的山峰，坚硬的石壁上像纸一样布满了层层褶皱，因为造物主的重大失误，它们才被从许多角度安置于此。在巫峡中的许多地方，岩层水平地分布着，这些墙体一样的岩体侧面形成了许多阶地。这些低一些的阶地表面上分布着大量坑洞，单调且垂直地降到枯水期悬崖底部的水面上，有点类似于管风琴的巨大管子。

这个峡谷的广阔无垠让人敬畏，因而它被恰当地命名为巫峡。巫峡恶魔般的敌意与《浮士德》中的女巫不相伯仲，任何乘坐当地居民的居住船或帆船在夏季的几个月中横穿巫峡的人都会作证。当大洪水来临之时，洪水将会把江面提升到100英尺高，远比其冬天的水面高。洪水使长江充满了滔天的红色江水，红色江水以之字形路线向下游猛冲，猛烈地冲撞着长江左右两边如墙体一般的粗糙岩石，并分成各种各样的回流与漩涡，直到整个峡谷回旋着大量湍急的洪水，给这些脆弱的船舶呈现出了一条漫长而危险的航道。为克服巫峡这种情况之下的困难，可能要花费一个星期的大部分时间。然而，随着夏秋交替、秋冬交替，滔天的急流逐渐降为清澈平静的流水，这一平静只会被不时从深深的峡谷中碎屑岩外缘竞相落下的碎屑声音打破。

培石村位于长江右岸，大概在整个巫峡的中间位置，是湖北省与四川省分界的标志。从培石村开始，就有一条铺设得很好的路沿着悬崖表面一直延伸到巫山县城，巫山县城是巫峡西端的一个城镇。

游客应该沿着这条道路前行，这条道路非常容易通行，从这条路上可以看到许多漂亮的景色。从青水洞（英文名叫Clear Water Cave）开始，巫峡在这里有个大转弯，这里能看到“巫山十二峰”的绝好风景，“巫山十二峰”的英文名叫The Twelve Fantastic Peaks。

去巫山路上的石桥

在巫峡大转弯拐角处的下游不远处的左岸悬崖上，有一座“孔明碑”，位于险峻悬崖的表面上，在水面上不远的地方，有块又大又圆又平且有凿痕的石头，像一个大圆石板，关于这块岩石有一段能让人铭记的传说。此外，每个王朝的末期，这块岩石板的表层都会脱落，留下一片全新的石板记录新的历史。

摆脱这个巨大峡谷的限制，进入一片更为空阔的旷野，游客可能会有一种奇怪的如释重负的感觉。因为巫峡如墙壁一样厚重的悬崖逐渐开阔起来并能看到巫山县城了。巫山是从长江下游上来所能看到的第一个有城墙环绕的四川城镇，位于四川与湖北交界的边界之上。巫山，就像位于长江边的大多数城镇一样，位于长江支流与长江的交汇点上，这条支流在当地被叫做“小河”，英文名叫Small River，这条“小河”实际上是“大宁河”，英文名叫Ta-ling，类似于刚朵拉小船（gondola，威尼斯常见的一种平底船）的中国帆船都能够在大宁河里航行约200里。据说坐在这样一艘小船上顺大宁河而下是最有趣的。著名的植物学家欧内斯特·亨利·威尔逊在其最有趣且最具启发性的书《一个博物学家在华西》中的第一卷第七页说：

下马滩，英文名叫The Wild Horse Rapid

“1910年，我通过一条鲜为人知的陆上通道从宜昌旅行到成都。在这一旅程中，我穿过了岷江东部从左岸注入长江的所有最主要的河流。观察到令人惊奇的事实是它们全都适于各种尺寸的船只通行很长的距离。但通过询问我发现大多数支流上的航运在其与长江的交汇处前2至5英里就停止了。”

从巫山又一次出发时，长江江面变得相当宽了，再也没有被两面崖壁束缚的感觉了，这一感觉在巫峡中是一直存在的。在接下来抵达风箱峡前13英里的航行中，一段名副其实的由急流险滩构成的艰难险途将摆在游客的面前。这段艰难险途最主要的就是下马滩，英文名叫Dismount Rapid，下马滩与泄滩非常相似，它是因为深谷里汹涌的支流携带并堆积于此的碎石阻塞长江而形成的。从这一深谷上行大概15里有一个叫做老龙洞的巨大洞穴，其英文名叫Old Dragon Cave，通过这一巨大洞穴的骑士都要下马鞠躬，因而即以此命名这一险滩。

拖肚子、独树子、焦滩、油札碛、贵子岩和铁滩都是水流较浅的小险滩。但是，虽然如此，这些小险滩对于当地的帆船来说却是非常麻烦的。特别是焦滩更是如此，焦滩有宽广的水面，焦滩周围江水以漩涡的形式猛烈地奔腾着，那是一个非常危险的地方，很多帆船在此失事。

接下来来到宝子滩，这仅仅是这段艰难险途中间的一个棘手的险滩。宝子滩看似特别不喜欢轮船，它已经“劫掠”了两艘轮船的方向舵而令其遇险，它也将其他几艘轮船硬拖进剧烈的漩涡打转，试图将这些轮船裹挟着撞向其丑陋的礁石，将其撞得粉碎。

这一整段航行都在考验游客的耐心，船长和全体船员都一样，人们不得不佩服长江上游船夫与纤夫们的勇气和耐力。他们常常冒着巨大的性命危险从早到晚连续与长江上的惊涛险滩作斗争，为此他们只能得到最少的货币报酬，辅以粗制大米与蔬菜做成的一日三餐，但他们通常都是欢乐愉快的。

在这一段航程中的错开峡，英文名叫False Gorge，来源于河神禹王治水的传说。3426年前，禹王坐在涂山上导水，但在这里山神反抗他，直到术士巫子以猿人的外形到来帮他解决这个问题，从他鼻孔中吹出的一阵飓风使这些山向西部裂开得更远些，这导致了风箱峡的形成，英文名叫Wind-box Gorge。人们也相信术士巫子帮助禹王开过巫峡，并确信巫子应当在巫峡居住过，巫峡即取自他的名字。

错开峡

在这一连串险滩的上游，离风箱峡入口不远处有一个石头，即猫子石，英文名叫Cat Rock，它在枯水期对顺流而下的帆船是一个巨大的威胁。猫子石位于长蛇梁（英文名叫Long Snake Reef）所构成航道最窄处的激流中，长蛇梁从对岸缓缓地伸入长江，延伸得很宽，使长江在这一段因江面变窄而形成激流，横跨长蛇梁的激流猛烈而直接地撞向猫子石。

法国“奥立”号军舰

当接近这段危险的航道时，下行船只的船老板与头纤都站在了甲板上，在那里他们能更好地指挥船员。一旦命令下达给这些光膀子的船员，就不管什么样的天气——不管下雨、下雹还是下雪——这些船员都要脱掉衣服，每个船员都弯下赤裸的背膀套上拉纤的背带，拉纤的背带在巨大的拉力作用下嘎嘎作响。船老板和撑头的前领江（引水驾长）都连续不断地大声呼喊，责成这些船员更加努力地工作。舵手（后领江、驾长）和前领江通力合作，才能操纵帆船迎着顺风而非逆风前行。帆船以她最好的状态劈波斩浪，缓慢前进。得益于良好的领航与驾驶，帆船以一码或更短的距离避开了江中的礁石。一切都进行得很顺利，船老板点上了他长长的烟斗，汗流浃背的船员们重新穿上了他们的破旧的“衲陀衣”。但并不是每一次如此顺利，不少帆船都在猫子石遇险失事。

从前，峡江上没有轮船往来时，一个居于重庆的欧洲家庭，包括父亲、母亲和一个孩子被特许乘坐挂子船前往宜昌。船老板他们到达夔府（今重庆市奉节县，译者注）后便在那里泊船，此时，一阵强烈的江风吹起，乘客们急于到达目的地，抗议他在此停船并怂恿他继续前进，但船老板解释道，在江风如此肆虐的时候尝试通过猫子石是非常危险的。可是，当船老板思考其他拖延的办法时，乘客们坚持前进，船老板在绝望中继续向下游前进。但是，哎！太多的不利因素结合在一起，船老板未能平安通过猫子石。尽管非常不情愿，狂风和激流将这艘船推向猫子石，船舷撞上猫子石后成了碎片。幸运的是这个家庭的成员在这艘船沉没之前，在全体船员的帮助下设法爬上了猫子石，他们在那里被当地的救生船救起时全身都湿透了，他们船上的东西什么都没能留下，更不用说他们的船了。这一事例已经被引用来证明无论游客多么小心，他哪怕知道河流的一点点情况或关于河流的一些危险，在一些看似合理的理由被提出时，他都不应该说服他的船老板赶快前进。

当安全渡过这些令人烦恼的激流险滩后，这些激流险滩被恰当地称作“朝圣者的阶梯”，当游客到达风箱峡（英文名叫Wind-box Gorge）入口后发现这些峡谷险滩绝不是最无趣的，还可能是到重庆的航程中最独特别致的峡谷。风箱峡中有险峻且覆盖着矮树的斜坡、险峻清晰的峭壁和伟岸的山麓，活像巨人的梯道，峡谷中散落着各种各样的礁石，如黑石（英文名叫Black Rocks）和石板岬（英文名叫Stone Projecting Shelf），它们使长江在丰水期成了最危险的航道。

风箱峡

风箱峡的石板岬

沉思——船主在他的船失事后坐在他仅剩的所有东西上面

风箱峡中的黑石滩

在风箱峡的中段，长江左岸陡峭悬崖表面的崖洞中有一些窄窄的木头箱子，有点像中国风箱。据说它们都是棺材，但它们为什么会被放在如此不同寻常的位置是一个谜。越往峡谷西部的尽头前行，一串凿入悬崖右岸岩石表面上的之字形方形孔即会映入眼帘。传说它们是被湖北将军孟良为他的军队建造栈道而凿出来的，孟良的军队即依靠插入这些方孔的木头柱子建造的栈道爬上这悬崖到上面的斜坡的，为什么孟良没有从长江里继续行军则没有被记录下来。

距这里几百尺从长江左岸突出了一块平石板，有两根铁柱立在这片平石板上，这块平石板叫做铁柱石，据说清朝四川统治者为了阻止巴蜀帆船载盐去湖北省，道光年间便拉了铁链连接两根铁柱横锁江面。

在峡谷的西面入口，突兀地立于激流中像守卫着这峡谷的即是巨大的滟滪石。滟滪石在冬日枯水期高处水面约60英尺。根据传说，滟滪石立于一个巨大的石鼎上面，石鼎下面是一个著名的龙宫，即“夔龙宫”。当滟滪石顶部与江水齐平或江水浅得无法通过行船时，顺流而下的船都会停泊在夔府，直到江面水位上升或下降到能安全通过这一段航道时再继续前进。

在冬季的几个月里，峡谷里的江水显得非常平静无力，如果顺风的话，一个小时内就可以扬帆通过这个峡谷。然而在夏天，情况就完全不同，奔流而下的水量会增加约1万倍，疯狂地奔腾着、狂暴地撞击着峡谷的两边崖壁以摆脱峡谷的束缚。在这个季节里，游客乘船可能需要一两天才能通过这个峡谷，游客甚至在洪水消退之前都可能会停泊在峡谷的下游，因为在夏季洪水肆虐之时是没有帆船会出现在峡谷中的。在这时，这个峡谷就像是一个巨大的水闸，拦下了比冬季水面高150英尺的水，整条长江的水通过这个峡谷猛烈地奔流着。什么因素决定了长江目前的流经路线，长江在此将山脉的核心地段拦腰斩断后夺路而出，而不是选择一条在东北方一点点、阻力明显最小的路线前进，这对地质学家来说将会是一个非常有趣的问题。

风箱峡西面

滟滪石，英文名叫The Goose-Tall Rock

蓦然回首，风箱峡西部尽头的风景非常美丽，天气晴朗明媚的时候，峡谷会色彩斑斓。夔门入口左面山上是古要塞——白帝城，英文名叫White Emperor’s City，白帝城在刘备统治时期非常繁荣，刘备即蜀汉的皇帝。在白帝城顶部有许多有趣的古老寺庙和碑碣。但是，哎！近来当地中国人逐渐在这些古迹之中修建了一些令人厌恶的看似半西式的茶楼，这简直是对古迹的亵渎。游客乘船顺流下行时可以参观白帝城，也可以从白帝城步行通过风箱峡，步行的道路是一条在风箱峡坚硬岩石中开凿出来的小路，贯穿整个风箱峡峡谷，步行完这条道路后可以在峡谷下端重新乘船继续前进。

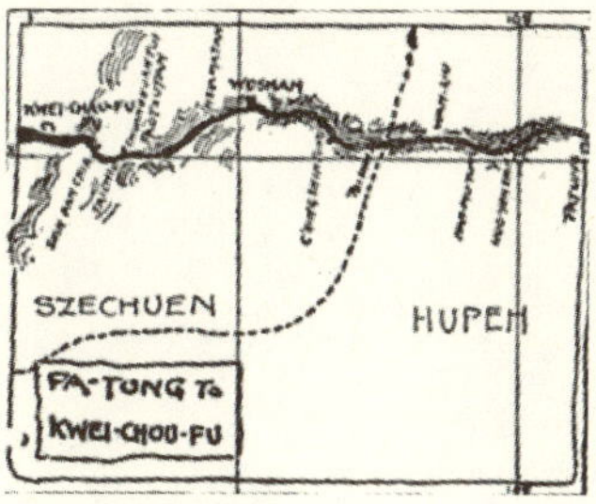

巴东县到夔州府的航道图

渡船插图

将风箱峡甩在船尾后，游客的眼睛将会被无数蒸汽烟雾所吸引，这些烟雾是从分布在夔府城下面长江边上的一大片瓦片覆盖的民居中升起的，乍一看，人们还会以为一个小型制造业城镇位于这里呢！但这却是一些煮盐的蒸馏器。一股天然的盐泉从这层层叠叠的房屋中间流出，接着，这些卤水将会被倒入架在煤炉上的铁锅中蒸煮蒸馏。游客花一些时间去参观这些盐泉是非常值得的。传说是在咸丰年间被一个乞丐发现的，然后被命名为臭盐碛，英文名叫Stinking Salt Streams。

夔府的臭盐碛盐井

在这一大片瓦片覆盖的民居后面即是历史名城夔州府，现在夔州府通常被称为夔府，尽管它古代的名字叫奉节县。许多世纪以前，夔州府还是国王行宫所在，但很久以前它已经变成了普通城镇。然而它还有许多浪漫传奇故事，人们甚至称之为“长江上的威尼斯”，大概因为有许多狭长小船在相邻的河流中定期往来，或许是因为夜里载着歌女的画舫在层层帆船中来来回回揽客，为这些能吃苦耐劳的船夫唱些小曲儿，而这些船夫则以那些岁月里帆船水手们所特有的生活方式无拘无束地花着他们辛苦赚来的钱。

夔州府插图一

夔州府插图二

第二章　乘风破浪

乘帆船在长江上游航行是如此有趣，在继续向上游航行时，一些关于它的观察描述会很适合读者。

最大的帆船也不过花费1000到1500盎司白银，它长达120英尺，上水时能载60吨的货物，下水时能载80至90吨的货物。从宜昌到重庆的行程可能会花费25至60天，时间长短根据季节与河流情况决定，跑上这样一趟行程将会花费700到800美元。

最大的帆船上的船员合计会超过100人，这还不包括船老板和他的家人，他的家人通常会多达12人。

这些出色的船员没有太多花哨的工作，甚至没有老式的双桅横帆运煤船上的工作多。他们也没有什么好事值得吹嘘，实际上他们的外貌一点也不聪明。可是，他们非常适合他们的工作，不需要在外貌打扮上浪费什么东西，当作水手船员的危险性考虑进来时，这就很容易被人理解了。中国人说每趟行程10艘船中有1艘会严重受损，20艘船中就会有1艘完全失事，这当然不是一个过高的估计。可能只有不到20%的船只抵达重庆时是毫发未损的，从来没有船未经历过千钧一发的危险时刻。

长江上游的典型帆船：柏木船

行程中船上需要公正的条律以维持秩序，可信的技术策略和命令程序才会被执行。

纤夫

最有趣的是观看船员们操纵一艘大帆船通过一些危险的航道，岸上的七八十个人肩上套上棉制“搭把”（背带），拖着结实的竹制纤藤，弯着腰，手臂无力地下垂并摇摆着，手指几乎能触碰到地面。此时，陀螺们，即船员的领班们，像他们出生时一样赤裸着身体，手里拿着劈开的竹鞭，在这些排成两行的纤夫中间上上下下疯狂地奔跑着，声嘶力竭地吼叫着，检查纤夫们的背带时用他们的竹鞭轻敲纤夫们的背，就像是大钢琴的调音师，但在懒虫们的背上则会给予重击。在这两排纤夫的后面有三四个人分开呆在拉船的缆绳旁边，他们的工作就是清理缆绳不时缠住的岩石和预测缆绳可能会勾住的尖石头（俗称“捡挽口”，译者注），这是一个充满大量危险的工作，危险在于可能会严重地摔倒并骨折。

一个临时的修船厂为了修理船只使船倾向一侧

站在滚滚长江边的岩石上，能看见几个赤裸的男人，准备着跋山涉水以便紧紧跟随着缆绳，当纤夫们拉动缆绳时将其周围的障碍物清理干净。这些人都是游泳健将，他们都擅长最大胆的特技，他们经常冒着生命危险系上一根竹制绳索就游到离岸边很远的地方去营救因失控而胡乱漂流的帆船。

一艘船屋上的用餐时间

缆绳的另一端，在满是岩石的河道里，帆船在缓慢地前进。在帆船的前甲板上，十五六个水手站在那里准备着在领江一声令下时操纵巨大的船舵。领江通常是一个饱经风霜、头发斑白的长江之子，他富有经验的眼睛明锐地观察着激流漩涡的每个运动，他急促地发出命令的语气就如同深海水手长。

厨师占据着帆船中部的座舱，一天到晚地忙着给他船上饥饿的船员准备饭菜。在一般情况下他也可能充当杂工、木匠和裁判，在大部分事情中他也是一个权威，总而言之，他是船上最重要的人。

在桅杆底部的神龛上蹲着一个鼓手，一面鼓放在他的两膝之间，他用两根鼓槌连续不断地击鼓。这鼓声对纤夫们来说是一切都好的信号，当缆绳被勾住或其他任何麻烦的事情发生后，鼓手就会立即将鼓声转变成急促的砰砰的声音，通知纤夫们停止拉船。

在船尾安装舵柄的房屋中，舵手即站在其中一个凸起的平台上，操控着一根14英尺长的舵杆。这名舵手也是一名领江，依靠他和他的船舵上的参照物来操纵帆船。

船老板或者船长经常坐在甲板室的顶部，在甲板室的顶端他能很好地观察帆船的动向。任何障碍出现的时候他都能应付自如，且经常拼命跺脚、诅咒、怒吼，直到船老板夫人，即船老板的太太再也不能忍受后，船老板才会在领江（驾长）的劝说下恢复平静。领江（驾长）指挥航行的技术当然要更胜一筹。船老板夫人来到甲板上，只需寥寥数语就能结束这场吵闹，即使是泰晤士河上的船员也会惊叹于船老板太太的这种技术。

殷童衡——长江上游一个具有代表性的领江

文溪（在今丰都县高家镇），光绪《丰都县志》名文溪，今名汶溪

操作这项有些看似精巧工艺的重活，需要相当的技巧才能用长长的竹制缆绳尾端将这帆船安全拖过底部满是漩涡的激流。这些礁石的尖部对帆船来说是非常

难以通过的，奔腾的激流冲击着帆船的一侧，激流漩涡敲打着帆船的另一侧。如果拖船的长长的缆绳由于过分拉伸而几乎断裂时，船尾十之八九都有一个礁石在等着这艘帆船，在这危急时刻拖船的缆绳几乎与帆船前进方向呈直角状。

插图

顺流下行的航程也并非更安全，尽管小事故发生的频率要小些，完全的失事更加可怕。顺流航行时，帆船货物装载量几乎达到帆船运载能力的极限，帆船上的桅杆被卸载下来和一些顺流下行时不需要的帆横杆绑在一起。此时，帆船或多或少看起来就像是一个漂流物。顺流航行时，船头很少扎进汹涌的河水中，反而经常横斜在水面上占据上风的有利位置，以便弄清楚1英里或者更远的下游河流中的危险情况。船上的三对橹（英文名叫Huge Sculls）需要70个船上的临时工共同操作才能使船获得有舵效的速度。因此，下水航行的帆船是为人所讨厌的，下水航行的轮船也是如此，在如此狭窄的航道中，前面航行的船占据了大量的空间。激流漩涡经常光顾这些帆船，不管愿不愿意，激流漩涡会突然把帆船冲得直打转，可能正好与即将到来的轮船船首方向相反，在许多情况下，帆船不得不以威胁它自身安全为代价靠近岩石航行以避免发生冲撞。

帆船作为一个整体，在外形和气质方面都俨然与人的身体一样。尽管帆船的名声是艰苦费力且考验普通人的耐力的，但通常情况下帆船上的水手也是勇敢、愉悦的。在同行中这些水手是较为优秀的一群水手，其中湖北水手更是被视为水手中的高手，而来自湖北黄陵庙村的水手更是水手中的绝顶高手，他们夏天的服装就完全只有一个裹在头顶的红色破棉布。

一艘装备良好的帆船正在航行，它巨大的主帆和三角帆已经打开并由一群纤夫们操作着航行，这群纤夫们除了他们红色的头巾外几乎是裸体的，整个画面呈现出一幅古希腊式的画卷。

（本文翻译修改过程中得到泸州赵永康先生的大力帮助，在此表示感谢！）

——《中国人文田野》征稿——

《中国人文田野》是我国唯一的反映人文学者田野科学考察纪实的学术辑刊，暂时一年一辑，现向海内外学术界征稿。

《中国人文田野》尤其欢迎历史学、人类学、民族学、考古学、社会学、人文地理学方面的稿件，具体稿件要求为“六有”：

一、有目的主题。深度的科学考察是应该有具体的目的的。所以，作为科学田野考察纪实的论文，应该有具体的考察主题，如皇木采办、滇铜转运、屯堡水利、梯田文化，或某某具体遗址、某某具体社会现象等。不欢迎那种在一个地区综合观光考察而成的无主题论文。

二、有深度研究。作为学术辑刊要求文章有相当的科学深度，实际上本辑刊的宗旨之一是尝试将以前形式僵化死板的学术论文变化为雅俗共赏的一种科学论文，是试图将科学研究过程、结论融入田野考察纪实的尝试。所以，要求论文夹叙夹议，将传统的科研论文融入其中，有计量统计、文献引用、表格图示。

三、有发现过程。作为田野考察纪实，主要是通过科学发现研究的过程来展示科学结论。所以，科学发现的过程本身有时比结论更重要。这就要求论文以叙述过程为主，夹叙夹议，在展示过程中融入自己的理性的思考、科学的结论。

四、有观点思想。作为田野考察纪实，我们欢迎论文将自己的思想、观点融入其中。特别鼓励将科学研究与现实结合起来，有感而发，浅则发表感想，提出建议，深则诠释已有理论或构建新的理论。

五、有图像地图。从中国传统的“图经”时代到现在“读图”时代，图像传递的信息不仅直观，而且相同的版面传递量十分大。所以，我们倡导在学术研究中用图像说话。要求所有稿件都应有照片，最好配有相关地图、示意图，使照片、地图的版面占全文较大的比例。

六、有文采场景。为了改变我们以前学术论文在文字、内容上的枯燥无味，我们既提倡将科学考察中理性的内容用感性的语言展示出来，同时也鼓励将科学考察过程中有趣味的场景用通俗的语言记录下来，前者可使我们的科学研究得到更高的社会知晓度，后者则使我们的纪实在以后会成为正史不载的珍贵史料留给后人。

来稿请先将图片配放在文章中间，并注明文字。另用文件夹将照片、地图汇总，并与来稿同时寄给我们，以备出版社调整印刷效果所用。文章发表后我们将付稿酬。

纸质稿请寄：400715　重庆市北碚区：西南大学历史地理研究所《中国人文田野》编辑部。

电子文档请发：zgrwty@swu.edu.cn

《中国人文田野》编辑部

图书在版编目（CIP）数据

中国人文田野·第七辑 / 西南大学历史地理研究所编. — 成都：巴蜀书社，2016.1

ISBN 978-7-5531-0635-9

Ⅰ.①中… Ⅱ.①西… Ⅲ.①历史地理-考察-中国-文集 Ⅳ.①K928.6-53

中国版本图书馆CIP数据核字（2015）第264424号

中国人文田野·第七辑

西南大学历史地理研究所 编

责任编辑 谭晓红
封面设计 经典记忆
出版发行 巴蜀书社
成都市槐树街2号 邮编：610031
总编室电话：（028）86259397
发行科电话：（028）86259422 86259423
网 址 http：//www.bsbook.com
经 销 新华书店
制 版 四川省经典记忆文化传播有限公司
印 刷 成都蜀通印务有限责任公司
成品尺寸 210mm×285mm 1/16
印 张 13.5
插 页 8
字 数 320千
版 次 2016年1月第1版
印 次 2016年1月第1次印刷
书 号 ISBN 978-7-5531-0635-9
定 价 55.00元